地势坤，君子以厚德载物。

《寒食帖》（局部），［北宋］苏轼

《木石图》（局部），［北宋］苏轼

《东坡寒夜赋诗图》（局部），［明］仇英

《墨竹图》，［北宋］苏轼

《东坡品砚图》，[清]任伯年

《西园雅集图卷》（局部），[宋代] 刘松年

心态王者

苏东坡

李阳泉

著

中国 友谊出版公司

目 录

第一章 · **眉山少年**

第二章 · **赴京赶考**

第三章 · **初仕凤翔**

的原谅并不是一种高姿态，而是对具体的人的同情。换句话说，是非恩怨固然重要，但不丧失人性、不失人味儿更重要。用现代人熟悉的语言，在绝对的革命之上还有绝对的人道主义。

同样的和解也发生在苏东坡和王安石那里，王安石算得上苏东坡人生坎坷的最大推手，但是当两人有机会见面的时候，苏东坡仍能跟王安石相逢一笑，甚至写下过"从公已觉十年迟"这样的句子。在王安石变法被司马光全部废掉的时候，苏东坡曾经试图阻止司马光的行为。可以说，苏东坡虽然属于司马光一党，但他对新旧两党的主张都有保留，都有同情。

最为难得的是，当王安石辞世时，他的不可戴天的政敌和朋友司马光认为"尚宜优加厚礼"，所以哲宗皇帝对王安石追赠太傅称号。苏东坡当时任中书舍人，负责为皇帝起草诰命。苏东坡超越了政见，站在更高的层面上为王安石盖棺定论，"有非常之大事，必生希世之异人。使其名高一时，学贯千载；智足以达其道，辩足以行其言；瑰玮之文，足以藻饰万物；卓绝之行，足以风动四方。用能于期岁之间，靡然变天下之俗"。我曾为此评点说，苏东坡向自己的敌人致敬，因为他们共处才有生命，才有美。

苏东坡为皇帝代笔说，"具官王安石，少学孔孟，晚师瞿聃，罔罗六艺之遗文，断以己意；糠秕百家之陈迹，作新斯人"。我当年称道这个"不世出的才子""为他时代的圣贤和大地种子送行，因为他看到了种子的示范效应"，尽管有人以为苏东坡文字里有皮里阳秋，但我相信他对王安石的追悼发自肺腑。"因为苏东坡赶上了欧阳修、司马光等仁宗时代的士大夫同气相求、与尔靡之的余光，他在晚年曾感慨当时人已不曾见古人之大体，幸而他以及门下黄庭坚等人还在，他为此努力，甚至在辞章领域，苏东坡有意识地让大家唱和，以增进人们的同类意识"。

苏东坡不仅希望示范一种文化共同体的存在，他其实比师长一辈走得更远，他走到人性本位上来。用他的话说，"吾上可陪玉皇大帝，下可以陪卑田院乞儿，眼前见天下无一个不好人"。正是在这样的意义上，我们说宋代中国出现了一个现代人，宋代中国是有政治文化再创造的历史可能的。

四

令人遗憾的是，宋代中国没能出现真正意义的政治文化变革。王安石变法的失败也说明制度不变、权力的性质不变，仅靠权力的归属和政策变化，不仅改变不了积贫积弱的局面，还会使社会风气沦丧下去。

朝廷或权力机构主导下的时代社会命运，跟个人生命成长一样，有着成熟或幼稚的分别。现代人对"垃圾人""爱生气人""情绪失控人"等人格有分析和判词，其实，宋代中国的时代命运，在仁宗之后就进入了情绪失控阶段。尽管每一个台上的人都以为自己不得已，以为自己事关江山社稷或天下苍生，他们却不知道自己跟否定的前任前朝政令之间同气连枝，他们跟自己的政敌之间的关系，不过是一个人人生中的好消息阶段、坏消息阶段，是"此亦一是非，彼亦一是非"。因此，对政敌或前朝政令的推倒重来，貌似不得已或唯我独尊的正确，却是他们无能无知罪性的表现。

我们也可以说，宋代一流思想家们的"仇必和而解"的思想，乃至一流人格的人生示范，在当时朝野上下，根本就没有多少人明白其意义。大家的目光短浅得只为自己的名位争是非，以至于"二程"兄弟都未能免俗。

历史学家注意到，靖康之耻的一大原因，就是宋朝跟北方的辽、金等政权的关系朝令夕改，签订过的协议转眼之间就不认账。对朝廷来说，这样的权力任性似乎天经地义；殊不知，在正常思维的人看来，这样的朝廷、这样的时代已经像个垃圾人。对于垃圾人，要么远离，要么毁灭。

后来的朱熹等人本来可以从王安石变法乃至苏东坡的个人成就中提炼出民族文化急需要的共识，甚至他只要把仇必和解的思想推广开来就可，知行合一，中国人迟早会在制度层面进行相应的创造。朱熹也曾有过学苏东坡的话语，"此地古称佛国，满街皆是圣人"。但朱熹的格局远不能跟苏东坡、司马光相比，他甚至以卫道者自居，遇到机会就会嘲讽、挖苦佛道，对老子、庄子等人极尽讽刺之能。

因此，靖康之耻之后的南宋在时代精神上没有多少长进，更大的耻辱如崖山事件几乎命中注定。我们后人看待宋代中国的历史确实能看出一些端倪、蛛丝马迹。宋代人没能发现独立的个人，没有发现个人、朝廷、政见和持不同政见者的自处及共处之道，宋代人守着张载、苏东坡一类的大宝藏而陷入到党争甚至讨饭的境地。

五

宋代是先天易被重新发现的朝代。在此前，包括孔子在内的思想家们几乎都在后天易这道防火墙内思考，先天易的再发现，使得宋代的思想可直接宇宙大道，用现在的话说，可以立足于自然哲学和自然神学，这就是周敦颐、张载们重新思考太极、无极的原因，也是邵雍发明《皇极经世》的原因。流风所被，使得苏东坡等才子都能注解易经，而陆游等人直觉到文明世界的底层逻辑，"揖逊干戈两不知，巢居穴处各熙熙，无端凿破乾坤秘，祸始羲皇一画时"。用现代人的语言，在第一性原理或底层逻辑的奠基后，每个人都可以建立自己对世界总体性的解释，都能创建出一套体系。

这些思想学术花果，催生了宋代中国的科技高峰和人文高峰。这就是王国维、陈寅恪等人称道过的，华夏民族之文化，历数千载之演进，而造极于赵宋之世。宋代中国因此有着前述历史假设的可能性，不仅如此，宋代中国最有可能为个体生命的权利代言。在宋代之前，社会结构中的士农工商，上下格局中的贵族、士大夫和平民，只能是先知圣王带动大家的状态，王者通吃、独尊一术、独夫民贼的现象成为常态。到唐代，科举制度的发明，使得权力下移，"万类霜天竞自由"，王者、圣者、才子集体出现，诗王、诗圣、诗仙、诗佛、诗魔，一个时代可以有二三十个天才共存，那是上至皇帝、王公、大臣，下至士女、童子、僧侣等彰显个性的时代。

到了宋代中国，直取无上正法的学术思想跟社会市场的开发相映发，文化界的领袖、共同体的意识跟每个人自身的至上权利并存不悖，飞龙在天跟群龙无首的局面相呼应，知识、权利、生活更大规模地下移，到普通民众那里，人人都有自我可以依靠可以抒怀。柳永更是明确，才子佳人，不必追取功名，他们的存在本身就是白衣卿相。苏东坡大概意识到了这一时代精神，他才会说眼中无一不是好人。朱熹才会学舌，满街皆是圣人。到了现代，毛泽东更是说破，六亿神州尽舜尧。

可见，宋代中国本来可以为个性进行张扬，为个体的不可让渡做见证，为个体的权利立言立法；用现代的语言，每个人都是人类大脑中的一个神经单元。但宋代中国从这一大众权利的极端走向了另一极端，人们相互组成了尊卑秩序，用朱熹的话说，"一有聪明睿智能尽其性者出于其间，则天必命之以为亿兆之君师，使之治而教之，以复其性"。如此一来，生命就在真理面前被侮辱被损害，那就是统治者和梁山好汉们均视性命如草芥的极端，是"你这厮只是俺手里的行货"，是朱熹们所说的"存天理，灭人欲"，是生命如韭菜、牛马，是现代人"你的名字比我的生命更重要"。

六

苏东坡对这些时代的命题未必能够如我们事后诸葛亮式地认知，但他几乎本能地应对了这些时代命题。这就是本书著者称道的心态王者。何谓心态王者？自唐宋的个性大解放以来，中国人就明了，心生万法，无数修行者都熟悉慧能尊者的本自具足，但在宋代中国，行走人世间的大概只有苏东坡发明并用足了本心。

后来人对苏东坡的认同，除了苏本身的魅力外，重要的一点是苏东坡已被追认。而在当时，在苏东坡活着的时候，虽然其才华已被承认，但时势权力下的苏东坡不过是几经沉浮的文人，用现在的话说，他时而被抬上省部级大员，时而被贬为县乡科级小吏，或是被边控被监视居住的敏感人物。这样的人能得到上至皇帝下至普通民众的欣赏，足见宋代人的心态有开明的一面。

认清苏东坡的现实身份，有助于我们推己及人，有助于我们实现生命的自我完善。对苏东坡来说，他必然要经历如此多的磨难、焦虑、抑郁、彷徨，才能实现人类的本体之善。用佛语，人生时间为其授记，其于来世，当得作成觉悟，号苏东坡。而在当世现实生活中，他必然只是个职尽其天命之人。一如精神文化世界中的陶渊明、鲁迅，鲁迅在当时人如蒋梦麟等人眼里，只不过是个思想有些左倾的文人；陶渊明在当时人眼里，不过是个辞职回乡务农躺平沦落的文人。

笔者当年在云南参加一次笔会，其中就有几个农民作家，酒酣之余，说起他们刚刚插了几亩秧田，怡然自得，让我想到在当时偶尔打打牙祭的聚餐中，陶渊明在别人眼里或许就是这样的农民诗人。当年的檀道济不理解这样的人生，他曾经劝陶渊明："今子生文明之世，奈何自苦如此？"而结局大家都知道，檀道济被杀而死，陶渊明被时间授记，其于来世，当得作成觉悟，号陶渊明。

这是我们文化最可宝贵的遗产之一。人必然历尽劫波，甚至就在劫波之中，才能示现自身的性命，才能跟周围的世界相互成全。苏东坡能够顶礼每一个人，因为他从身边人身上收获了善意，看到了人类的生机。无数绝望者都有对爱的渴望，"请在我们脏的时候爱我们"，苏东坡得到了这样的爱，并愿意把这样的具体而抽象的爱回报人间。

在我古典文化的转折点上，苏东坡以身检验了这一遗产的真实不虚。时势权力的自私和势利没能毁灭真正的生命，宋代中国的变异气候没能冰封住人类的心灵，苏东坡像陶渊明、鲁迅等人一样成功地与他们身处的黑暗时代相剥离，时代溅起的污秽没能玷污他们的名字，他们都成为后代人随时可取用的资粮和安慰。

七

苏东坡在知命之年才知道自己的天命，好在那时他的才能和积累已经足够，他不惧怕任何不确定的时世。即使穷窘依旧，据说他有过把每月花销分若干份挂起来，每有用度时才取一份的穷困时光。但在他的文字中，他却没有哭天喊地，没有抑郁，而是顺应，并从中找到诗意和审美。我们可以说，他一生一直左手担着风雨，右手指着晴天，阴晴圆缺在他那里可以共情，可以千里婵娟。

苏东坡生于冬至半月后左右，他的命运乃是屯卦，云雷屯，君子以经纶。这是一个利建侯、建功立业的人生，但屯卦涉及天造草昧而不宁，其中有屯如班如，有泣血涟如。苏东坡可以成就素王的功业，他意识到自己也是谪仙人，只不过他这样的谪仙跟李白相比，他得负重前行，他这样的谪仙来到人间，如羊进入狼群，坚守、驯良，默默地为大家奔走，敦促人们一心向善。

苏东坡的态度既引来了后世无数的效法，也引起了一些有识之士的不安。王夫之就曾站在儒家正统的立场上对苏东坡大加指责，认为苏擅权纷乱；当代学者梁卫星先生则认为苏东坡开启明清以来逆来顺受思潮的先河，是鲁迅创作的经典人物阿Q的前身。

这样的指责多少有些道理，但如果站在历史的层面，我们可以说苏东坡跟这类指责并无关系，他不用对后人的潮流负责。苏东坡甚至对强化这一态度的行为也是持保留意见的，他临终前说过，着力便差。这个态度即是对劝告者的说法，是对"有何胜利可言，挺住意味一切"的回应。何况，逆来顺受和阿Q精神固然是我们民族文化下降阶段的一大特征，但这一现象个中人对权力、对国朝并非无感，而是冷眼旁观，用我民族的语言，公道仍在人心；在权力、国朝、变法把自己变成绞肉机的文明阶段，苏东坡代表的现代精神正冷眼看着其变化。

本书作者李阳泉先生是我的老友，我们多年前即有交集。半月前他告之有此书稿，请为之序。我稍有犹豫，还是答应下来。我知道自己并非本书最佳导游者，但这些年跟苏东坡的缘分让我厚颜在读者面前饶舌。阳泉先生的气质跟传主有同有异，他在本书中平实地讲述了苏东坡的一生。在众多苏传中，阳泉先生这本传记可谓深入浅出，要言不烦。苏东坡的材料太多，阳泉先生举重若轻，剪裁得当，让我以为臻于化境。我先睹为快，再次陪着自己喜欢的人物走过他的一生。

谢谢阳泉先生给我这样一个机会，让我借机一吐为快。谢谢读者，让我们都来做好自己，做个现代人。

是为序。

曾经有人问我，你最想生活的朝代是哪个？我说是北宋，因为我可以去找苏东坡，和这个有趣的灵魂面对面。

东坡先生在许多领域取得了非凡的成就：他以书法名列"宋四家"之首；他名列"唐宋散文八大家"之一；他与黄庭坚并称"苏黄"；他开创了"豪放词派"，他和辛弃疾并称"苏辛"；他在绘画领域开创了"文人画"；他还是个充满文艺精神的生活家；他制作的"雪中春信"香丸至今被人模仿，他制作的"东坡松烟"墨成为千百年来文人墨客的垂涎之物……

或许他在书法史上没有王羲之、颜真卿的地位，或许他在诗歌史上没有李白、杜甫的高度……然而，就综合实力而言，他在风雅领域取得了不俗的成就。东坡先生是综合性的百科全书式的艺术大师，是不折不扣的千古风雅第一人！他在离开黄州之后，顺江而下，在金陵见到了王安石，他们相处月余。临别时，王安石看着东坡的背影感慨地说，不知更几百年，方有如此人物！

王安石还是保守了，那次分别后近一千年，中国也没有出现这样的人物。

一千个读者眼中有一千个哈姆雷特。同样，苏东坡也被人们从多个角度解读。苏东坡是天才艺术家，是公认的金句王，是高品位的生活家，是马不停蹄的旅行者，是"不可救药"的乐天派，甚至有人说他是"顶级吃货"……

而所有的界定，似乎都是苏东坡，也似乎都不是。

他一生的足迹遍布大半个中国，有些地名因为东坡先生才变得广为人知。

于是，我尝试着在我的生命当中加入一段又一段的旅程。这些旅程都是东坡生前做过重要停留的地方。从 2020 年 9 月开始，我先后走过了他的出生地四川眉山、他仙逝的江苏常州，也到过他曾经想终老而花钱买地的江苏宜兴。当然，我还多次到过他的西湖。说起西湖，大家马上会想到杭州的西湖。但事实上，东坡的一生似乎从来都没有离开过西湖。我还去过安徽阜阳的西湖，阜阳别名颍州。后来他被贬到惠州，惠州同样有西湖。我到过凤翔的东湖，在那里还见到了美丽的喜雨亭。我还去了定州，见到了雪浪石。在海南儋州，在东坡先生曾经生活过的中和镇，我徘徊了大半天。我看到大街小巷贴满了褪色的春联，春联上的诸多典故让我目瞪口呆。我猜想，东坡若生活在此时，乡里乡亲会不会排成队请他写春联呢？

当然，黄州这个"死了一个苏轼，活了一个东坡"的关键之地，我也去了，并且有幸住在了安国寺，站在东坡之上、雪堂之前，站在赤壁矶畔，深情凭吊他。想起他的《赤壁赋》"且夫天地之间，物各有主，苟非吾之所有，虽一毫而莫取。惟江上之清风，与山间之明月，耳得之而为声，目遇之而成色，取之无禁，用之不竭，是造物者之无尽藏也，而吾与子之所共适"，那一刻，我与东坡先生同在。

这一路行程走过来，大约是东坡先生一生一半的旅程吧。我每到一处，都会把他在那里创作的诗文拿来阅读。许多次，我深深陷入感动中：感动于"十年生死两茫茫"的真情，感动于"但愿人长久，千里共婵娟"的告白，感动于"可使食无肉，不可使居无竹"的高洁，感动于"只恐夜深花睡去，故烧高烛照红妆"的细腻，亦感动于"不识庐山真面目，只缘身在此山中"的出尘境界……

东坡先生在北归途中，经过镇江金山寺，看到当年李公麟为自己画的像还在，便对着这张画像感慨道："心似已灰之木，身如不系之舟。问汝平生功业，黄州惠州儋州。"

他何尝不想为积弱的大宋王朝尽心尽力，但他眼里揉不下沙子，那些上书陈情、那些据理力争换来的是江湖之远甚至牢狱之灾。黄州、惠州、儋州是他人生的三个事业低谷，却成了他一生艺术创作的江湖。

　　这两年来，在追寻东坡先生脚步的过程中，我每到一处都会为他奉上一瓶酒。先生爱酒却不善饮酒，于是，奉献给先生的酒，我常常与先生同饮，一为分担，二为交心。我相信，先生是有感知的：那个贪嘴的家伙又来了，明明是你馋酒，还说我不善饮酒，呵呵！

　　如同他那样真诚地赞颂陶渊明、王维、颜真卿……我对东坡先生的敬爱，也是一种跨越了时空的真实存在。任生活百般苟且，他总是能收获快乐，并且用他的快乐感染他人。这么有趣的灵魂一直在牵引着我，让我深爱着当下的一切。

苏洵二十五岁那一年，跪在即将辞世的母亲床边，母亲拉着他的手说："你不能再这样下去了，应该多读书。"苏洵含泪记下了母亲的遗训。他其实早就想读书，因为在数年前，他到过四川阆中，见到了做通判的兄长苏涣。苏涣很有政绩，而且他的两个儿子也都很优秀，各自考取了功名。在宋代这样一个崇尚文化的时代，考取功名是很多年轻人大展宏图的必由之路。母亲临终前的话，加上苏涣一家的成就，刺激了苏洵，他立志发奋读书了。后来他进京结识了欧阳修，提到自己是二十五岁开始发奋读书，但事实上他直到二十七岁才开始真正发奋。二十五岁的他，虽然已经开启了读书的状态，但起初那两年，他认为自己才华甚高，身边年纪差不多的人读书都不如他，所以时不时陷入骄傲之中，读书也只是停留在表面。直到二十七岁，他才开始真正地读孔孟之学，读韩愈、柳宗元的文章，反对玩弄辞藻的文字游戏，主张文章要有真情实感和充实的内容。《三字经》中也记载了苏洵的故事："苏老泉，二十七，始发愤，读书籍。"他这一发奋可不要紧，那真的是十年板凳苦啊。

苏老泉二十五岁的时候得了个儿子，不幸的是，这孩子刚两岁便因病夭折了。因此他对相继出生的二子苏轼和三子苏辙寄托了巨大的希望，绝不能看他们重蹈自己的覆辙。

在苏轼八岁、苏辙六岁那一年，他把这两个孩子送到了当地有名的一所私塾——天庆观北极院读书。这私塾的开办者是位道长，名叫张易简。在中国古代社会，方外之人办学并不罕见。张易简学问扎实，对苏轼也格外关爱，在课堂上经常表扬他。这段求学经历，让苏轼对方外道人有了很深的印象，也给他后来和高僧高道交往打下了基础。

苏洵是一位严厉的父亲，对兄弟二人读书的要求非常严格，每天都会布置功课。他要求孩子们读书时做到重点考察"古今治乱成败、圣贤穷达出处"。对于父亲的要求，苏轼铭记在心，终生难忘。苏轼被贬谪至海南儋州时已六十二岁，梦里竟还出现五十多年前读书的情景："夜梦嬉游童子如，父师检责惊走书。"

为了让两个孩子的赶考之路变得顺畅，苏洵还利用自己的社会人脉，找到了当时出知益州（今成都）的户部侍郎张方平。张方平对苏家两兄弟非常喜爱，在举荐他们进京考试之前，还对他们进行了摸底考试。后来到了京城，苏洵拿着张方平的举荐信先见欧阳修，可劲儿夸自己的两个儿子，希望得到主考官大人的特别关照。这次会面对他的两个孩子有没有产生直接影响，还真不好说。但是，出人意料的是，对他本人的人生倒产生了一次彻头彻尾的转变。欧阳修对苏洵说："我终于见到你了，之前我就听闻你的文章写得好，何时带给我欣赏欣赏啊？"苏洵对欧阳修的热情感到受宠若惊，但他没有马上抄录自己的文章给欧阳修看，直到第二年秋天，两个儿子双双高中了，他才不紧不慢地把自己的文章交给欧阳修。欧阳修看了这个只比自己小两岁的同辈的文章——诸如《权书》《衡论》《几策》等，觉得他深有汉代贾谊的风范，立即写了一篇《荐布衣苏洵状》上报宋仁宗，举荐苏洵。欧阳修对苏洵的文章大加赞赏，苏洵也因此声名鹊起。

从此，开封城内开始传抄苏洵的文章，他的写作风格和那种老辣、不俗的气韵，成为学人们崇尚、模仿的范本，甚至有人把苏洵比喻成韩愈、柳宗元。

在欧阳修的举荐之下，苏老泉真的成就了自己。常有人说，苏洵和苏辙不过是苏轼的陪衬，这句话从某种程度上也许是成立的，但是他们每个人都有自己独特的光环，这一点是不可忽视的。

母亲程夫人：三个成功男人背后的女人

一个成功的男人身后一定有一位了不起的女性，这句话用在苏洵身上非常恰当。而这个了不起的女人，还生了两个了不起的儿子，也都在"唐宋八大家"之列。从某种意义上来说，苏轼的母亲程夫人堪称中国历史上最了不起的女人之一，有人甚至把她推到与孟母、岳母一样的高度。当然，要达到这样的高度，光看丈夫和儿子的成绩还不行，我们来看看这位了不起的程夫人究竟有什么过人之处。

程夫人比苏洵小一岁。她出身眉山望族，祖父为摄录参军程仁霸，父亲为大理寺丞程文应。程夫人十八岁嫁给苏洵。刚刚嫁到苏家时，日子过得清苦。有人对她说："程家那么富有，你为何不到娘家去求助呢？为何要甘愿在苏家吃粗茶淡饭呢？"程夫人说："我只要向娘家开口，肯定会得到娘家的帮助。可这样一来，别人就会说我夫君无能，不能养活妻子儿女，那怎么行呢？"由此可见，程夫人是个懂得替他人着想且随遇而安的人。

苏家家境如此一般，苏洵还在外游历，按一般人的看法，程夫人遇上这样的人家、这样的丈夫会难过。可程夫人毕竟不是一般人，她看在眼里、急在心里，却从不埋怨。婚后的苏洵不光在川内游历，还到中原、江南游历。程夫人坚信，丈夫喜欢游历、四处结交朋友是他的一种活法，天才的人生轨迹和一般人往往是不一样的。

果然，多年游历之后，苏洵在二十七岁停了下来，开始发奋读书了。所谓"始发愤"就是"始有志于功名"，开始想要通过读书考试走仕途来建功立业了。苏洵下定这个决心之后，和夫人认真谈了一次。他担心自己有意于功名之后，养家糊口的重担无人承担。程夫人见丈夫下了决心，很高兴，她说："你放心地读书吧，家里就交给我了！"

为了养家糊口，程夫人把自己的嫁妆、首饰都卖了，换了一笔为数不少的钱。但是，再多的钱财都有用光的一天，于是程夫人经过一番考察，最后决定在眉山城南纱縠行租铺面，经营布匹生意。由于程夫人精打细算、诚信经营，不过数年，苏家逐渐富起来。

现在很多人有一个误解，认为古代的妇女只知道相夫教子、三从四德，自身并没有文化。其实好读书、有文化的古代妇女是很多的。我们了解了程夫人的故事后，恐怕就应该摒弃一些陈旧的观念了。

苏轼十岁以前，父亲都在游学和科考的路上，教育苏轼、苏辙的重任就落在了程夫人肩上。程夫人教子，有一个非常经典的故事。

有一天，她教儿子读《后汉书·范滂传》，不禁长叹。范滂是谁？东汉刚直之士也，为官清正，嫉恶如仇。汉桓帝、汉灵帝时，宦官专权，李膺、杜密等贤臣与之斗争。宦官以"诽谤朝廷"为名，逮捕了李膺等二百多人，史称"党锢之祸"。范滂也受牵连被杀。临刑前，范滂母亲来和他告别。他安慰母亲，让她不要为自己悲伤。母亲说："你今天能够和李膺、杜密齐名，还有什么遗憾的呢？有了好名声，还要求长寿，怎么能两样都得到呢？"范滂跪拜之后，母亲又说："我若是让你为恶，恶是不可为的。我既然教你行善，我又怎么能为恶呢？我愿意你舍弃生命，实现自己的理想。"在场的人听了这些话，无不流泪。

苏轼在母亲的引导下看了这个故事，他问母亲："如果有一天我也像范滂那样，母亲赞成吗？"程夫人说："你要是能做范滂，难道我就不能做范滂的母亲吗？"

从这件事情也能看出程夫人的过人之处，的确非一般知识阶层的妇人可比，即便是有文化的男性，也未必有这样的气量。

可惜程夫人去世得比较早，年仅四十七岁。女儿苏八娘十六岁嫁给程夫人的侄子程之才，虽说是亲上加亲，但令人非常痛心的是，苏八娘十八岁就病死了。这对程夫人来说是一个沉重的打击。暴脾气的苏洵大骂程家，认为是程家虐待之故，并断绝往来。处于中间的程夫人虽然和丈夫做出了同样的选择，但她的内心是痛苦的。苏洵父子三人进京赶考的时候，程夫人郁郁寡欢，还没有接到两个儿子高中的喜讯就撒手西去了，留给我们无尽的叹息。

司马光为她写墓志铭时说："贫不以污其夫之名，富不以为其子之累；知力学，可以显其门，而直道，可以荣于世，勉夫教子，底于光大。寿不充德，一代文豪并非异于常人，只不过是找对了方法，并且坚持深入下去。

"中式浪漫鼻祖"苏轼的初恋

1051 年，苏轼来到眉山青神县中岩书院求学，当时的任教老师是进士王方。年少的苏轼虽然懵懂顽皮，喜欢游山玩水，但已表露出不俗的才华。每每老师提出问题，他不仅对答如流，还能让众人心悦诚服、眼前一亮，颇受老师喜爱。

转眼间三年已过。有一天，几位文士来看望王方。王方就请众学子陪着一起到书院不远处的一泓潭水边赏玩，并当场出题让大家竞笔为潭水起名。

一位眉清目秀、举止文雅的学子先开口了，他说《礼记·檀弓上》里面讲"藏也者，欲人之弗得见也"，鱼藏在潭中，因此叫"藏鱼池"比较好。他话音刚落，另一位学子开口了，说《韩非子》有云"观听不参，则诚不闻"，清清池水，百般奇观，不如叫"观鱼池"。王方听了，沉吟不语。这时候，一位高个子青年拖着长调说，《庄子·逍遥游》云"南冥者，天池也"，这潭水年代久远，天地造化，不如叫"天鱼池"吧。王方听了，还是不语。

突然，几条鱼在水面跃起，姿态优美，荡出涟漪，大家看了都拍手叫好。一位白面书生说，《诗经·大雅·旱麓》中有云"鱼跃于渊"，就叫"跃鱼池"吧。

王方显然是被众弟子掉书袋的举动搞烦了，招呼着几位友人背着手就往前院走去。这时，苏轼开口道："几位先生请慢行，今天风和日丽，山色清朗，我们相会于此，池中鱼儿想必也了解宾主之乐。唤之即来，挥之即去。我看不如命名为'唤鱼池'。学生献丑了！"王方一听，当即说，好一个"唤鱼池"！来访的文友也觉得大妙。

恰在此时，王方的女儿王弗的丫鬟跑了过来。原来，王弗在闺房内也为此起了一个名字，写在纸上，并让丫鬟送过来。王方接过纸来一看，也是"唤鱼池"。众人齐声欢呼，真是不可思议！后来，苏轼由父母做主，娶了王弗为妻。为此，苏轼填了《南乡子·寒玉细凝肤》这首词来表达新婚的温存，其中末句为"罗帐细垂银烛背，欢娱。豁得平生俊气无"。这样美好的日子，不做英雄也罢！

婚后三年的东京大考中，苏轼一举中第，颇得当时文坛领袖欧阳修的赞赏。在后来的制科考试中，苏轼以"贤良方正能直言极谏科"考入第三等，获得了极大的荣誉，并被授予大理评事、凤翔府签判的官职。

苏轼在凤翔做官时，有一年冬天到山上去赏雪。突然，他看到一棵高大的桧树下，有一块约两尺见方的地上竟然没有一点雪迹，他觉得非常奇怪。不久以后，他又经过这里，看见那块没有雪的土地竟隆起两寸多高。苏东坡是个打破砂锅问到底的人，就去问普门寺的和尚。和尚告诉他："这种现象表明那块地可能是仙人藏宝的地方，只能被有缘人看到。别人没发现，你发现了，说明上天有意把宝赐给你，快去挖吧。"

苏轼听了非常兴奋，马上跑回家去拿家什，准备去挖宝。王弗见他慌慌张张的样子，问明了原因，正色说："你还记得先夫人不许挖宝藏的教诲吗？"

苏轼一听，羞得满脸通红。原来，小时候住在纱縠行的一年，仆人在花园里发现一块用石板盖着的地洞。大家都认为下面肯定藏着金银财宝，纷纷提议把宝藏挖出来。苏轼的母亲程夫人知道了，赶来拦住众人，说："非分之财，谁也不能妄取，这是做人的品德！"她让仆人取土来，把洞填上，再用夯夯实，还在上面垒了一座假山，并下令今后任何人都不准去挖。

经王弗这一提醒，苏东坡扔下家什，再也不提去挖宝的事。

王弗不愧是书香门第出身，万事皆洞明。她用自己的智慧和操守，让苏轼免于犯错。她的所作所为堪称典范，她是苏轼的贤内助。

然而，宋英宗治平二年（1065），王弗不幸因病去世。满腹文采的苏轼并没有马上写诗文来纪念她，痛定思痛，痛何如哉？！

　　王弗去世十年后，熙宁八年（1075），苏轼来到密州。这一年正月二十日，他梦见王弗，醒来时泪流满面，于是写下了《江城子·乙卯正月二十日夜记梦》。

　　　　十年生死两茫茫，不思量，自难忘。千里孤坟，无处话凄凉。纵
　　使相逢应不识，尘满面，鬓如霜。

　　　　夜来幽梦忽还乡，小轩窗，正梳妆。相顾无言，惟有泪千行。料
　　得年年肠断处，明月夜，短松冈。

　　这首饱含深情的词作，成为古代悼亡诗中的绝唱。这份怀念伴随着他们早年的浪漫故事，被人传诵千年。

卷儿回家了。

苏轼在试卷上所写的《刑赏忠厚之至论》，先是被梅尧臣发现的。梅尧臣是欧阳修的好友，也是北宋了不起的诗人。梅尧臣先看的考卷，他觉得苏轼的文章写得极好，言之有物，纵横开阖，只是其中有个"皋陶曰杀之三"的典故不知出自哪里，便跟欧阳修提了一句。

苏轼笔下的"皋陶曰杀之三"这个典故说的是什么呢？当贤明的尧治理天下的时候，皋陶被任命为法官。一次，皋陶认为一些罪犯应该受死刑，并多次坚持自己的观点。然而，尧却说应该宽恕他们，同样尧也多次坚持自己的观点。所以，天下百姓都惧怕皋陶严厉执法，而喜欢尧的宽大。

欧阳修看完文章之后，觉得梅尧臣的判断是对的。这篇小文文字不多，却言之有物，环环相扣，实在是难得的好文章，他便毫不犹豫地判卷"取"。为防徇私舞弊，那时的考卷采取无记名式，姓名是糊住的，所以欧阳修看完文章也不确定作者是谁。他隐隐约约觉得，这样的文章恐怕只有他的弟子曾巩可以写得出来。如果真是这样，他这位主考官可能就会被人议论。就这么一犹豫，在排名的时候，他把这篇文章排为第二名。

礼部考试结束之后，东坡去拜谢恩师。欧阳修忙问他："你的文章中提到了'皋陶曰杀之三'的典故，我和梅尧臣都不知道出处，请指教。"

没想到苏东坡的回答却是"想当然"，他还进一步解释说："我这样做，也是有章可循的。别看我是编故事，但我不是编故事的第一人，汉末三国时期的孔融就留下这样一个故事——曹操灭掉袁绍以后，将袁绍长子袁熙的妻子赐给了自己的长子曹丕。孔融对此不以为然，在一旁说道：'当年武王伐纣，将妲己许与周公。'曹操听了，忙问孔融是从哪里听说的。孔融回答：'从丞相你今天的所作所为推出来的！'皋陶这事儿，我也是推出来的。"苏轼的意思很明显：既然前人孔融为了论述需要做过类似的推断，后人为什么不可以灵活运用呢？是什么让他这个还没出道的毛头小子如此自信呢？我想，只有才华。

欧阳修盼星星盼月亮般听到的却是这般意料之外的答案，但他没有半点责难，反而大加赞赏："此人可谓善读书，善用书，他日文章必独步天下。"倘若苏轼遇到的是一个格局小的主考官，说不定会招来一顿臭骂，但幸运的是他遇到了欧阳修这样心胸宽广、慧眼识人的贵人。

苏轼在文坛上迅速崛起，当然离不开欧阳修的赏识。欧阳修有一次和梅尧臣谈到苏轼时说："读轼书，不觉汗出。快哉！快哉！老夫当避路，放他出一头地也。可喜！可喜！"这就是成语"出人头地"的来历。

此后的岁月中，苏轼受教于欧阳修十六年。这十六年间，苏东坡除了先后回老家为父母守灵尽孝的五年多时间外，先后任凤翔签判、直史馆、杭州通判等职，而著名的"乌台诗案"发生时，恩师欧阳修已魂归黄泉。如果欧阳修尚存活于世，面对苏东坡遭遇的文字牢狱，又会是一番怎样的感人营救呢？

欧阳修果然是慧眼超群，一下看准了苏轼这个接班人。苏轼接过恩师的大旗，一生勤于著作、积极发现新人，在欧阳修去世后不久，他就成了北宋新的一代文坛宗主。

考而不死是为神

宋仁宗嘉祐元年秋闱，兄弟二人双双中举。苏轼考了第二名，第一名是诗人袁公济，这个人后来成了苏轼的好友，苏轼还给他写过一些诗。这次考试相当于一个入围考试。兄弟两人初出茅庐，笔头千字，胸中万卷，自然是不在话下。

第二年正月，兄弟二人双双参加春闱考试。这次考试的主考官是欧阳修，苏轼大出风头也正是在这次考试上。苏轼凭借一篇《刑赏忠厚之至论》博得了主考官欧阳修的大力称许。这算是第二次考试。这次考试之所以取得这么大的成功，和苏洵关系很大。苏洵在发奋读书的那段时间，对古文运动的发起者韩这里有个小插曲，当时来开封参加这次考试的学子原本有数十人，相国韩琦放出话去："二苏"在这里，还有人敢来较量，真不知道怎么想的！这话很快传了出去，弃考者竟十之八九。最后真正参加秘阁考试的只有十人。

秘阁考试残酷得有些不近人情，命题作文六篇，要求每篇文章不得少于五百字，必须在一天之内完成。喜欢写毛笔字的朋友们可能有体会，一天写三千字，照着抄，累不累？而这次考试没的抄，只能边想边写。考而不死是为神！苏轼觉得自己应对这样高强度的考试似乎不是什么问题，他不仅及时交卷，而且每一篇都具备很强的实力，自然是轻松过关。这是第六次考试。

八月二十五日，仁宗皇帝亲自来到崇政殿，以"贤良方正直言极谏"为策问，规定对策不得少于三千字。苏轼洋洋洒洒一口气写了五千五百字。

参加殿试的只有四个人，最终三人被录取：苏轼、苏辙和王介。制科考试成绩分五等，苏轼和王介三等，苏辙四等。不过，宋朝自从有了制科考试制度，就没出现过一、二等。苏轼之前，只有一个叫吴育的人得过三等。这是"二苏"在京城经历的第七次考试。这次考试给仁宗皇帝留下了非常深的印象。考试结束后，仁宗回宫说："我为子孙找到了两个太平宰相！"

苏轼兄弟以高超的智慧与笔力在汴京城收获了让人瞩目的荣耀。苏轼有词曰："当时共客长安，似二陆初来俱少年。有笔头千字，胸中万卷，致君尧舜，此事何难。"

父亲苏洵也说："莫道登科易，老夫如登天；莫道登科难，小儿如拾芥。"

第三章

初仕凤翔

时间： 宋仁宗嘉祐六年十一月至宋英宗治平二年正月

地点： 凤翔、开封

　　苏轼在凤翔做签判，先后经历了两任太守——宋选和陈希亮。宋选对他可谓言听计从，而陈希亮却对他百般刁难。初入职场的苏轼就陷入了人事的旋涡中，才华横溢的他咽不下这口窝囊气，瞅准机会和陈太守"杠"了一回……

　　和人杠还不过瘾，他和山神也干了一架，最终求来了三天三夜的大雨，苏轼称之为"喜雨"。苏轼真的会求雨吗？

　　工作上政绩突出，文采上超拔雄奇，初出茅庐的苏轼已经有了一些追随者。他在和董传分别的时候，写出了千古名句"腹有诗书气自华"来勉励对方。

　　他在这一时期还写出了著名的《凤翔八观》，介绍凤翔的古迹，其中《王维吴道子画》一首，初步表明了"尚意"的艺术主张。

敢和山神抬杠的小判官

宋仁宗嘉祐六年年底，苏轼以大理评事签书的京官身份去凤翔府任判官。

苏轼当时的官有多大呢？曾经让他做九品主簿他不乐意，所以后来才参加制科考试。这次真的升官了，比主簿大了一级半。判官相当于七级和八级之间，大致相当于当今地级市的市府高级秘书或秘书长。

苏轼很幸运，他初入仕途，碰到了一个好上级。这个上级叫宋选，也就是当时的凤翔太守。

宋选这个人非常忠厚，而且非常爱才。听说朝廷派大才子苏轼来做助理，他高兴极了，心里琢磨："朝廷挺看得起我的啊！对苏轼这样的人，我必须也得让他出人头地。"的确，宋选做到了两点：第一，凡是苏轼起草的公文，一字不改；第二，凡是有机会让苏轼去干的事儿，他往后退。所以，虽然苏轼官儿不大，但在任上主持做了好多事儿，包括修东湖。按道理这是太守负责的大事，什么时候轮得着一个秘书长上啊。这就是上级抬举他，是苏轼的幸运。这样一来不要紧，百姓看在眼里，赞在口中，大家都说这个"苏秘书长"既有才，又能为百姓着想，担得起"苏贤良"的美誉。

苏轼到凤翔任上的第二年春天，碰到了一件棘手的事儿，就是一直不下雨。怎么办？他跟太守一商量，说咱们得求雨。宋选说："前两年遭遇干旱，我也试着求过，求下来了，但是不大。你来了，看看咱们能不能一块儿把这个事儿办得漂亮一些。"苏轼便向太守请教求雨的仪轨，宋选说："仪轨没什么特别的，但是要有一篇祈雨文，这事儿得靠大才子你了。"苏轼领命，回到住地，摊开纸，开始构思。为这事儿，他憋了一肚子气，因为他干别的事儿都很顺，就是老不下雨，他觉得老天挺不给面子的。想到这里，他文思泉涌，很快，一篇《凤翔太白山祈雨祝文》挥笔而成。

开篇先是赞美山神，"维西方挺特英伟之气，结而为此山。惟山之阴威润泽之气，又聚而为湫潭"，"挺特英伟之气"，用来形容山的雄奇；"阴威润泽之气"，形容山的灵秀。赞美到此结束，"抬杠"即将开始。

接下来，苏轼写道："瓶罂罐勺，可以雨天下，而况于一方乎？乃者自冬徂春，雨雪不至，西民之所恃以为生者，麦禾而已。今旬不雨，即为凶岁，民食不继，盗贼且起。岂惟守土之臣所任以为忧，亦非神之所当安坐而熟视也。"太白山神啊，你作为一方守护神，职责就在于滋润天下。而现在呢？自从去年冬天到今年春天，基本没有降水，这让庄稼如何有收成，让百姓如何生活呢？如果再不下雨，今年就成了灾凶之年。一旦百姓陷入饥荒，盗贼也会继之而起。发生这种事情，固然是太守的失责，但山神也不能视若无睹吧？

质问之后，苏轼继续讲道理："圣天子在上，凡所以怀柔之礼，莫不备至。下至于愚夫小民，奔走畏事者，亦岂有他哉！凡皆以为今日也。"圣明的天子在上，凡是敬天礼神的举措，一样不缺。愚昧的小民更没有别的想法，战战兢兢地四处奔走，不就是盼望着一场雨吗？作为一方神灵，您为何不看一看呢？

最后，是苏轼对山神的期待，或者说是下通牒："神其盍亦鉴之。上以无负圣天子之意，下以无失愚夫小民之望。尚飨。"希望山神早日履行自己的职责，对上不辜负圣明天子的仁慈之心，对下不辜负平头百姓的热切盼望。

整篇祈雨文读下来，我不禁被苏轼的可爱和霸气逗笑了。如此振振有词甚至有些咄咄逼"神"的祈雨文，除了苏轼，还有谁敢写呢？

太守宋选照例不看，对苏轼说，就照这个念吧。于是苏轼就在太白山上的一座道士庙里用此文祈雨。事后第二天，果然下雨了，但是雨量太小，对缓解旱情几乎没有帮助。宋选回过头来一看，心想："好家伙，你这么一篇文章，换成我是山神，我也不给你下雨。"

而苏轼认为一定另有原因。于是，他开始四处走访调研。这一走访，他明白了——原来太白山神在唐朝时是封了公爵的，但到了宋朝却被无端改封为侯爵。爵位降低了，山神当然不高兴了，所以祈求便不再灵验。于是，苏轼立刻草拟了一个奏折，以太守名义递到京城，请求恢复山神以前的爵位，仁宗很快批了奏折。后来，大雨连降三日，是一场真正的透雨，旱象彻底解除。

今天的凤翔东湖，还有一个由苏轼主持修建的小亭子，苏轼将其命名"喜雨亭"以纪念这场雨，并作了著名的《喜雨亭记》。

凌虚台上"泄私愤"

苏轼在凤翔任上的工作顺风顺水，多半是因为太守宋选对他的赏识，宋选给了他很多施展的机会，再加上他确实也很用心，因此得了一个"苏贤良"的称号。可惜两年后，宋选被调任他处，新来的太守名叫陈希亮，为官三十多年，很有经验，而且人送外号"白脸青天"。这"白脸青天"是什么意思呢？青天，说明他公正；白脸，说明他不好接近。

的确，陈希亮的到来，是苏轼万万没有想到的挫折的开始。怎么讲呢？我们前面说过，苏轼写的文书，宋选一字不改，而且宋选给他出人头地的机会。到了陈太守这里，风格突变，苏轼很快就感到别扭，主要表现在三个方面：

第一个别扭之处来自文书的修改。苏轼的文书开始被圈圈点点了，而且不是小范围圈点，是大刀阔斧地修改。被删改掉的部分，往往是苏轼最得意的部分。陈太守说了，他只要求把话说清楚，不要有浮靡的词汇。那些文艺范儿、有风采的东西，他都不喜欢。这让苏轼有些不开心。

第二个别扭之处来自"苏贤良"的称号。有一天，在升堂的时候，有一个衙役见到苏轼，一口喊出了"苏贤良"，结果陈希亮听见后说："把这小子给我拉下去，重责三十杖。这个人叫苏轼，不叫苏贤良，不可以在我的公堂之上如此叫嚣。"实际上，打的是谁呀？打的是苏轼。谁都看得出来。

第三个别扭之处来自中元夜的聚会。按照惯例，每年的中元节之夜，知府要把主要官员召集起来聚会，苏轼收到了陈希亮的请帖，却借故不去。陈希亮为此上表朝廷，罚了苏轼八斤铜，虽然不多，但是这个脸打得很疼。

苏轼心中暗想："这个老陈太把自己当回事儿了。行，你最好别找我办事。"年轻气盛的苏轼把陈希亮对不起他的地方都记在心里了。

没想到机会很快就来了。陈希亮在府衙官舍的后院修了个高台，并命名为凌虚台。这是宋代官员的习惯，在职期间修建一个建筑，以彰显自己的政绩，并为辖地留下个念想。台子建好后，陈希亮找到苏轼，说："你文采出众，平常写公文埋没了你，这次你放开了写，我保证一字不改。"

苏轼满口答应下来，心说："可让我逮着机会了。"很快，他写就了《凌虚台记》。这篇文章实在是够劲爆，堪比求雨时和山神"抬杠"。其中有一段文字是这样写的：

> 尝试与公登台而望，其东则秦穆之祈年、橐泉也，其南则汉武之长杨、五柞，而其北则隋之仁寿、唐之九成也。计其一时之盛，宏杰诡丽，坚固而不可动者，岂特百倍于台而已哉？然而数世之后，欲求其仿佛，而破瓦颓垣，无复存者，既已化为禾黍荆棘丘墟陇亩矣，而况于此台欤？

苏轼在表达什么呢？他说，站在凌虚台上可以看到当年秦穆公的祈年、橐泉二宫，汉武帝的长杨、五柞二宫，以及隋朝的仁寿宫，也就是唐朝的九成宫遗址。当年它们何等宏伟奇丽，又是何等坚固而不可动摇，应该比脚下的凌虚台坚固、宏伟百倍吧？然而几百年之后，想要寻找它们的样子，却连破瓦断墙都不复存在，已经变成了种庄稼的田亩和长满荆棘的废墟了。相比之下，这座高台又能怎样呢？

新台落成本当祝贺，苏轼这样写堪称煞风景，纯粹是扫知府之兴。本以为陈希亮又会像以往那样对文章进行修改，谁知陈希亮看了文章后，哈哈大笑，说："看来苏轼跟我真结梁子了。赶紧把这个年轻人请来，设宴款待。"

苏轼坐在陈希亮对面，心里有几分胆怯，但表面上还是故作镇定。陈希亮一改往日的严肃表情，语气也温和了许多。他对苏轼说："子瞻呀，我跟你说句心里话。你是不是觉得我有点儿太难对付了，故意写这篇文章来气我，对不对？我告诉你，我和你可是有因缘的。我和你们苏家是世交，你夫人王弗是青神县人吧，我也是青神县人，你夫人论辈分应该喊我一声爷爷。你知道吗，你一举成名天下知，你身上的傲气呀，不敲打敲打你，我不放心哪……"

话说到这份儿上了，苏轼一听，也觉得有点不好意思。他当即提出想把这篇文章撤回来重写。

陈希亮说："我说过一字不改的，来人，一字不许改，雕成碑。"《凌虚台记》就这样传世了。

非常有意思的是，苏轼在文中提到的那些宫殿都倒掉了，但是凌虚台从宋代起建立，中间经历几次修葺，如今仍屹立在东湖畔，见证着这段佳话。

陈希亮在苏轼的人生中或许不如欧阳修那么重要，但也算是较早打击他的一个人，这种打击其实是对他的一种关爱。后来，苏轼和陈希亮的儿子陈慥成了极为要好的朋友。苏轼被贬至黄州的时候，正是陈慥陪伴他度过了最孤寂的时光。

陈希亮去世以后，陈慥请苏轼写墓志铭。苏轼洋洋洒洒写了三千多字，此外还写了一首长诗，来表达怀念之情。其中有这样的句子：

> 才高多感激，道直无往还。
>
> 不如此台上，举酒邀青山。
>
> 青山虽云远，似亦识公颜。

我因为才华高，导致我情绪特别容易激动，只知道一门心思前行，不知道变通。如今，凌虚台修好了，站在这高台上，可以邀青山一起喝酒。青山虽然离我们很远，但是它应该知道陈公你的高风亮节呀！

腹有诗书气自华：论墨水如何影响气质

北宋治平元年（1064）腊月，苏轼在凤翔三年任期已满，要回到开封。这在宋代叫"磨勘"制度——文官三年一迁，武官五年一迁。苏轼作为文官，这次回到开封，接受的任命是殿中丞。不要以为有个丞相的"丞"字，这官儿就大得很，其实这只是一个有名无权的虚职，掌管天子的医药、车辇、饮食等，属于礼的范畴。外省回来的官员真正被起用，还需要更好的机遇。

苏轼倒不是很在意，他知道人生的路还长。

辞别凤翔的父老，苏轼第一站先去了长安，在那里和一个叫董传的人见了一面，分别时还为董传作了一首诗——《和董传留别》。董传在凤翔时跟着苏轼做日常杂役，相当于兼职，苏轼每个月都会给他一些生活费。当时董传生活贫困，衣衫朴素，但饱读诗书、满腹经纶，平凡的衣着掩盖不住他不同寻常的精神风骨。苏轼在诗中称许了董传的志向，同时预祝他皇榜得中。

> 粗缯大布裹生涯，腹有诗书气自华。
>
> 厌伴老儒烹瓠叶，强随举子踏槐花。
>
> 囊空不办寻春马，眼乱行看择婿车。
>
> 得意犹堪夸世俗，诏黄新湿字如鸦。

这首诗写成后不久就流传开来。尤其是"腹有诗书气自华"一句，阐明了读书与高雅气质之间的必然联系，凝练概括，深受读者喜爱。苏轼好友黄庭坚也有类似说法："士大夫三日不读书，则义理不交于胸中，对镜觉面目可憎，向人亦语言无味。"事实证明，读书与不读书、读书多与读书少所表现出的内在气质是绝不相同的。"气"在这里还有气节的含义。读书人面对人生的失意和困窘，能够表现出乐观与豁达，这是尤为难能可贵的。孔子的弟子颜回，"一箪食，一瓢饮，在陋巷"而能"不改其乐"。董传虽然生活困顿，却始终保持着乐观向上的态度，这一点是深为苏轼看中的。苏轼本人也时常践行这样的"气"，得意时努力做个好官，为民请命；失意时做个好文人，为后世留下千古名篇。

"囊空不办寻春马"，这句比较费解，其实这里面包含了两个典故。"囊空不办"来自《南史·虞玩之传》，是说虞玩之一双鞋穿了三十年，也不愿意去买新的。"寻春马"来自孟郊《登科后》："昔日龌龊不足夸，今朝放荡思无涯。春风得意马蹄疾，一日看尽长安花。"

苏轼赞赏董传乐观向上的精神，因此对董传表示了肯定和鼓励。我们不禁要问，这样一个得到过苏轼鼓励的年轻人后来怎样了呢？后来，董传与苏轼分开一年后，真的高中进士了。然而，非常不幸的是，五年后，他年纪轻轻就染病离世了，这不能不说是一个遗憾。董传堪称苏轼最早的弟子，倘若董传能够健健康康地活到天年，说不定也能名列"苏门四学士"之一呢。

"腹有诗书气自华"，后来成为苏轼诗词流传甚广的一句。更有好事者给这句诗配起了对子，诸如"胸藏文墨虚若谷，腹有诗书气自华""最是墨香能致远，腹有诗书气自华"之类。文人雅士对这句诗的演绎，使得很多人忘记了它原本的出处，如同苏轼后来在杭州写的那句"欲把西湖比西子"，后面原本跟的是"淡妆浓抹总相宜"，可是后人把苏轼的另一句"从来佳茗似佳人"凑了上去，而且凑得相当工整，以至于很多人忘了原句。我们在阅读苏轼作品的时候，不可不留心。

第四章

拍案汴京

时间： 宋英宗治平二年正月至宋神宗熙宁四年（1071）七月

地点： 开封

苏轼结束了凤翔的任期回到京城开封，父子三人再次相聚，其乐融融。苏轼被任命为殿中丞，兼任直史馆，这位文艺天才得以借此机会饱览宫廷藏书和书画。

几个月后，苏轼的爱妻王弗因病去世。

时隔不到一年，苏洵病故。

兄弟二人护送父亲和王弗的灵柩回眉山，为父丁忧守制三年。期间，宋英宗驾崩，宋神宗即位。

他们再次回到京城，已经是熙宁二年（1069）了。新上任的神宗皇帝励精图治，希望让积弱的北宋迅速强大起来。于是，他起用了王安石，实行新法。初衷无疑是好的，但是在实操过程中出现了问题。由于改革力度太大，触及许多人的利益，一时间，反对的声音此起彼伏。司马光、欧阳修、张方平都站到了反对变法的队伍中，苏轼于情于理地加入了同一阵营，他上书皇帝，痛陈变法的诸多弊端。然而，一心想要强国的神宗早就和王安石"肝胆相照"了，改革之路一定要坚定地走下去……

倏忽匆匆过半生

苏轼在凤翔任上的任期已满，回到了汴京。父子三人终于又可以朝夕相处了。

这时朝廷的任命也下来了，苏轼任殿中丞，同时兼任登闻鼓院判官。"登闻鼓"三个字，很容易让人联想到群众申诉，确实如此。苏轼对这个官儿实际是不太喜欢的，采取了消极对待的态度。恰在此时，他遇到了生命中第二位君王——宋英宗。

英宗非常欣赏苏轼的才华，他对宰相韩琦说："把这个大才人调到翰林院吧，让他做知制诰，给朕起草诏书。"韩琦说："圣上啊，那可不行，大宋开国以来，列祖列宗选择官员都必须经过特殊的考试，您这样直接提拔他，是不符合祖制的。"英宗点了点头说："那要不然让他当个起居注吧，记载一下我朝日常，总可以吧？"老韩琦说："圣上，依臣看，这也不行。先帝在位四十多年，对于内廷官员的考核和提拔有一套严格的制度。您看看苏轼，虽然他有才，但资历浅，是不是？您得考试！"英宗不高兴了，说："我们过去用考试来提拔人是因为不了解这个人，我了解的人，为什么还要考试啊？"韩琦胡子一翘，脸一拉说："皇上，您可不能让微臣为难啊。仁宗皇帝在的时候，常常告诫我们，祖宗先例不可轻废。如今您做这样的决定，老臣恕难从命。"韩琦眼看拗不过皇帝，就搬出太上皇来。这样一来，英宗很扫兴，就不再聊这个事儿了。

欧阳修得知此事，专门把苏轼找来谈心。"小苏啊，老韩这人我了解，他就是这样一个原则性很强的人，不是针对你，你可别往心里去啊。"苏轼说："恩师大人您放心，韩相的脾气我早有耳闻，坚持原则是值得敬仰的，我不会往心里去的。再说了，这么多年，学生我也没怕过考试啊。"他这样一说，倒把欧阳修逗笑了。

不久，朝廷真的安排了一次考试，苏轼毫无悬念地通过了。考过之后，他又有了一个新的官职——直史馆。负责什么呢？其实就是修史的文官，虽然官阶不高，但是非常重要。他的老师欧阳修也曾经做过这个官，后来编修了《新唐书》。直史馆的工作内容，更多的是阅读内府藏书，品鉴著录内府书画，这样的工作对一个文人而言，实在是莫大的幸福。

然而，造化弄人。苏轼在直史馆任上仅仅待了几个月后，他的爱妻王弗一病不起，任凭百般医治，病情也毫无起色，不几日竟撒手西去。这个打击对于苏轼而言，实在是有些沉重。他不敢相信，如此年轻而贤淑的妻子怎么说走就走了呢？那段时间，他常常搂着爱子苏迈呆呆地坐着，巨大的悲伤和孤独感涌上心头。

祸不单行，时隔不到一年，他敬爱的父亲苏洵也因病离世，年仅五十七岁。他和苏辙陷入了更大的悲伤中。

苏轼请欧阳修为父亲写了墓志铭，请司马光为母亲程夫人写了墓志铭。兄弟二人护送着父亲和王弗的灵柩，回乡为父丁忧。

丁忧制度对于事业正处于上升期的人而言，或许显得有些残酷。因为三年后再回到朝堂，不知会有多少变数。然而，这项关乎孝道的制度在北宋时期已经突破了民俗，发展到了法规的程度。官员如果不为父母丁忧守制，则可能被免官甚至坐牢。苏轼兄弟为父母丁忧，还得到了英宗皇帝特别的照顾，由朝廷安排船只护送他们回到四川老家。皇恩浩荡，给兄弟二人悲伤的内心带去了不少温暖。

他们回到了人生的起点——眉山，那里的山山水水是那么美好，父老乡亲是那么熟悉。此时的苏轼兄弟早已不是数年前进京赶考的少年，他们都取得了功名，是皇帝身边的红人，因此，远近来访者络绎不绝。

时光很快就过去了，丁忧结束。苏轼续弦。他迎娶了王弗的堂妹王闰之，这是王弗在弥留之际的安排。数月后，兄弟二人携家眷再次启程。故乡虽好，前程却在汴京。

苏轼兄弟不会想到，这是他们最后一次亲近故乡的山水。

他们回到开封之后，发现天变了。

就在他们为父丁忧的第二年，也就是 1067 年，宋英宗赵曙因病去世，其长子赵顼继承大统，宋神宗时代开始了。年仅十九岁的宋神宗，不甘心自己的大宋王朝如此积贫积弱，非常希望通过他这一朝的努力让国力回到开国时期的兴盛局面。他也深刻认识到各种社会矛盾的存在，于是，他想到了变法。

满腔热血且经过多年基层历练的王安石和神宗有着同样的梦想。他给皇帝上书万言，表达自己对政治、经济、军事、社会、文化等多个方面改革的想法和决心，深得宋神宗的认同。于是，宋神宗毅然决然地选择了王安石作为改革的领导者。很快，募役法、青苗法、保甲法、保马法等多项改革法规应运而生。

改革自然会触及一些人的利益，招来不同的声音。每当有保守派批评王安石时，他便亮出三面挡箭牌："天变不足畏，祖宗不足法，人言不足恤。"天象的变化不必畏惧，祖宗的规矩不一定效法，人们的议论也不需要担心。王安石铁了心地要把新法推行下去，而皇帝是他的支持者。这是得天独厚的条件。

久而久之，执拗的王安石得了个外号——拗相公。

苏轼不自觉地卷入了这场争论，他在神宗面前痛陈变法带来的诸多负面影响，试图让皇帝回心转意。然而，神宗皇帝太需要这场改革来证明自己了，他选择信任王安石，而且信任到底。

很快，苏轼遭到了改革派的攻击，进而转入白热化的程度。无法忍受的苏轼向皇帝提出发外任的请求，于是在熙宁四年，苏轼踏上了去杭州赴任通判的旅程。

反对王安石变法的 N 个正当理由

熙宁二年到四年（1069—1071），苏轼先后多次给宋神宗上书谏言，矛头直指王安石变法的不足之处。

苏轼并非不主张改革，只是他看到的更多的是变法的反面。熙宁四年，苏轼写了《上神宗皇帝书》，理性批判了王安石施行的新法。在这次上书中，他围绕三个问题展开：其一，结人心；其二，厚风俗；其三，存纪纲。

在对"结人心"的论述中，苏轼拿商鞅变法来举例子，说"商鞅变法，不顾人心，虽能骤至富强，亦以召怨天下。使其民知利而不知义，见刑而不见德"。在苏轼看来，商鞅变法失了人心。而之所以失了人心，是因为变法的初衷会伤害很多人的利益。

谈到"厚风俗"，苏轼说"风俗诚厚，虽贫且弱，不害于长而存；道德诚浅，风俗诚薄，虽强且富，不救于短而亡"，在他看来，比贫穷更可怕的是礼崩乐坏。一个社会如果没有好的道德基础，没有上行下效的良好风俗，即便是富有了，又有什么意义呢？

谈到"存纪纲"，苏轼则打了一个很形象的比方，他说："然而养猫以去鼠，不可以无鼠而养不捕之猫；畜狗以防奸，不可以无奸而畜不吠之狗。"在他看来，当时已经出现了冗官冗兵的社会现实，很多岗位被无能无用的人占据着，真正有才、能实干的人却得不到重用。

苏轼直陈王安石变法"求治太急，听言太广，进人太锐"。

不能不说，苏轼反对王安石变法的理由还是很充分的，他提的诸多意见也可以说是非常中肯甚至有远见的，尽管其中也夹杂着一些情绪化的东西。

另外，苏轼的恩师欧阳修以及苏轼非常尊重的司马光都反对变法，这是他不得不站的队。

对于苏轼真诚直谏，宋神宗颇为欣赏，对他的进言表示首肯和鼓励。而面对变法的推行，宋神宗也不得不做出抉择。事实上，苏轼三番五次的谏言根本没有改变神宗和王安石的决定，变法依然沿着既定的方针在推行。

"道之不行，已知之矣"，苏轼明知宋神宗变法的决心和毅力，但是他依然上书提示改革措施的弊端，这也足以看出他的执着。

我们用尽可能简单的逻辑来梳理一下苏轼和王安石的关系。苏轼有足够的理由不赞同新法，上书神宗却没有任何效果，而他作为新法反对者的形象已经深入人心。于是，他很自然地受到了新党骨干的排挤，他被挤出了权力中心汴京，接连被下发外任到杭州、密州、徐州和湖州。不甘心的苏轼在此期间写了为数不少的描述百姓苦难的诗文，当然，这其中也的确有直指新法弊端的讽刺性文字。这些文字被新党骨干李定等人收集起来，进行了一番添油加醋的曲解，就变成了苏轼处心积虑讽刺新法、讽刺皇帝的"罪证"。神宗皇帝也由于和苏轼分开多年，无法准确判断苏轼是否真的出格了，于是就点头同意把苏轼调回汴京问话。拿到了皇帝的尚方宝剑，李定等人故意制造恐怖气氛，下定决心要把苏轼置于死地。这才有了中国历史上最早的"文字狱"——乌台诗案。所幸的是，北宋有不杀文臣的祖训，且神宗是个比较英明开放的君主，他支持新政，但也很欣赏苏轼的才华和忠心，在曹太后以及众多重臣的求情下，做出了对苏轼从轻发落的决定。值得一提的是，在众多的求情者中，就有苏轼的"老政敌"——王安石。

苏轼与王安石，说到底是君子之争，否则他们也不会有后来的相见与相知。

大宋神宗的遗憾 🍃

宋神宗是个有抱负的帝王，他对于大宋几代人每年向辽国、西夏输送"岁币"感到耻辱。他不甘心处于这种积贫积弱的局面，朝思暮想地要实行变法、富国强兵，重振开国时的雄风。他最终选中了王安石。但他没有想到，变法会碰到那么多问题，波及那么多人，其中自然包含他很欣赏的苏轼。

熙宁二年二月，王安石准备改革科举，废除诗赋、明经诸科，以经义论策考试进士。苏轼对此甚为反感，他立即写了《议学校贡举状》，从四个方面进行反驳。首先，王安石要搞"素质教育"，以德行为主、文章为辅。苏轼认为，考试考不出德行，如果这样做，势必会形成钻营之风。其次，王安石说诗赋无用，苏轼认为，如果说诗赋是空谈，难道策论不是纸上谈兵吗？再次，王安石要废除明经，苏轼认为不可以，他认为人才有两种：晓义者和能文者，缺一不可。最后，王安石要大办官学，苏轼说，庆历年间就这么做过，早就成了摆设。

苏轼的文章层层深入，神宗读后赞叹不已。他又想起祖父仁宗皇帝对苏轼兄弟"两宰相"的评语，认识到苏轼的确是难得的人才。神宗立即传旨召见苏轼，并诚挚恳切地希望苏轼坦率直陈当今政令的失误。

苏轼认为自己找到了改变时局的机会，在神宗面前痛陈变法的负面影响。

结果，这事儿很快就传到了王安石那里，他从此对苏轼格外提防。后来的事情我们就知道了，由于王安石在神宗心中不可动摇的地位，苏轼被发了外任。接下来的党争愈演愈烈，"乌台诗案"导致苏轼被贬至黄州。宋神宗虽然贵为一代帝王，但他想把苏轼留在身边的梦想一直没有实现。

黄州是苏轼文学艺术的井喷期，阅读苏轼的新作竟成为神宗的期待。

南宋陈岩肖在《庚溪诗话》中记载了这样一个故事：

宋神宗有一次问大臣："古代哪个名人的才华堪比苏轼？"大臣回答："李

白。"宋神宗说："不对，白有轼之才，无轼之学。"意思是说，李白的才华和苏轼大致相当，但是学问不如我朝之苏轼。

元丰八年（1085），神宗皇帝驾崩，年仅八岁的哲宗即位。高太后垂帘听政，苏轼在十七个月内连升十二级，终于穿戴上了皇帝赏赐的绯袍和银鱼袋，成为仅次于宰相的高级文官。

《宋史·苏东坡传》中记载了高太后与苏东坡的一次对话，时间在元祐二年（1087），地点在便殿。高太后和颜悦色地问道："苏爱卿前年担任的是什么官职？"

苏东坡回答："微臣是常州团练副使。"

高太后又问道："如今担任的是什么官职？"

苏东坡回答："微臣如今是翰林学士。"

高太后继续问道："为何提拔得如此之快？"

犹如猜灯谜，苏东坡回答道："微臣有幸获得太皇太后、皇帝陛下的恩典。"

高太后说："并非如此。"

苏东坡又猜测道："莫非有大臣推荐？"

高太后如实相告："也不对。"

苏东坡神色惊慌，说："微臣虽不足取，但不敢从旁门左道的途径升官。"

直到这时候，高太后才揭开谜底："这是先帝的遗愿。先帝每次诵读爱卿的文章，必定赞叹'奇才！奇才！'可惜没来得及提拔和重用爱卿。"

苏东坡感动不已，不觉哭出声来，高太后和宋哲宗也相继落泪，在场的人都很难过。过了一会儿，高太后让苏东坡入座，赐贡茶一杯，然后取下御座前刻满金莲的烛台赏赐给他，让太监送他返回翰林院。这是当时对大臣极高的礼遇。

第五章

初遇杭州

时间：宋神宗熙宁四年七月至宋神宗熙宁七年（1074）十一月

地点：阜阳、杭州、苏州

　　杭州在北宋是仅次于都城开封的城市。苏轼能被委以杭州通判的官职，还是得到了神宗的特殊照顾。

　　远离了政治旋涡的苏轼，尽情享受着杭州美景。这里让才华横溢的苏轼实现了精神上的自由，然而他很快厌倦了官场上的应酬。觥筹交错之下，是他孤寂的心灵。

　　公务之余写诗、会友、观潮、赏花、郊游……苏轼的日子不亦乐乎。杭州治下的富阳，一派好山水，他入山访僧、荡舟江上，写出了"君臣一梦，今古空名。但远山长，云山乱，晓山青"。周边的城市也经常可以寻到他的足迹：他在宜兴看地，在宿州看灵璧石，去无锡饮二泉水，去湖州饮酒于溪上……

　　三年时光转瞬即逝，而此时朝堂之上依旧乌烟瘴气，他选择继续外任。为了离知济南的弟弟苏辙近一些，他向皇帝上书请求知山东密州，皇帝同意了他的请求。

想起恩师，就来一碗"六一泉"

熙宁四年九月，苏轼因反对变法而被外派到杭州任通判，在上任的途中特意取道颍州（今安徽阜阳），拜访同样是不满变法而退隐的恩师欧阳修，与其共度了数日欢乐的时光。此时欧阳修已改号为"六一居士"，并作有《六一居士传》，其中说道——

> 客有问曰："六一，何谓也？"居士曰："吾家藏书一万卷，集录三代以来金石遗文一千卷，有琴一张，有棋一局，而常置酒一壶。"客曰："是为五一尔，奈何？"居士曰："以吾一翁，老于此五物之间，是岂不为六一乎？"

在愉快的相处中，欧阳修向苏轼郑重地介绍了他的朋友惠勤法师，说这位惠勤法师文采出众，并嘱咐苏轼代自己去问候他。

恩师所托，岂敢怠慢？熙宁四年的腊月初一，苏轼来到杭州的第三天，就去孤山拜访了惠勤法师。

按照惯例，腊月初一这天是要在家里陪家人的，而苏轼却在《腊日游孤山访惠勤惠思二僧》一诗中说"名寻道人实自娱"。这个天性烂漫的人，就是这样真实而洒脱。在苏轼笔下，孤山是静谧的、雅致的。寻僧访道，是一种超凡脱俗的清净。"孤山孤绝谁肯庐？道人有道山不孤。"他巧妙借助孤山的"孤"字，表达出对修行之人的羡慕和向往。辗转来到僧房，苏轼报上老师欧阳修和自己的名号，两位高僧岂能不知苏轼？他们初次相见，品茗谈诗直到深夜，仿佛多年的老友。

第二年的七月二十三日，欧阳修走完了他的一生，在颍州西湖之滨的私宅溘然西去。消息传来，苏轼悲伤不已。他再次来到孤山，和两位僧人一起祭拜欧阳修。惠思写了一首悼亡诗，东坡和之，其中有句"犹喜孤山下，相逢说旧游"。

为什么恩师走了，苏轼会在诗里写到"喜"呢？这就是苏轼的心态。他读过《庄子》，庄子的妻子去世以后，庄子鼓盆而歌，这是对有修为之人的一种最好的追念。苏轼用这个"喜"字用得非常妙，是他内心深处对恩师的一种赞美、一份无与伦比的敬意。

东坡再次出任钱塘太守，已经是十八年之后的元祐五年（1090）。顺着原路，苏轼再访惠勤的僧舍。此时，惠勤却去世已久。堂上挂着欧阳公和惠勤的画像，栩栩如生。他的弟子告诉东坡，师父旧舍中原来是没有泉眼的，他来之前几个月，孤山脚下，讲堂之后，甘甜的泉水突然涌了出来。他们就在此地开凿岩壁，垒起石头，造了一间房子。他们认为这奇异泉水是其师之灵闻东坡来，特意"出泉以相劳苦"。于是，弟子就请苏东坡为泉取名。

苏东坡想起当年与惠勤的交往，又念及自己恩师欧阳修，遂将此泉命名为"六一泉"。

从此以后，这孤山上的六一泉就因苏轼与欧阳修的这段故事以及苏轼的《六一泉铭并序》而闻名于天下了。世人常说文人相轻，然而苏轼与欧阳修的这朵友谊之花，却是如此璀璨夺目，香飘万世。

百年之后，南宋偏安杭州。"山外青山楼外楼，西湖歌舞几时休"，杭州热闹非凡。然而，愤怒的诗人总不会缺席。诗人杨万里登场，他以年迈之躯来到六一泉，汲泉水烹茶，遥想欧阳修、苏轼、惠勤、惠思和黄庭坚，老泪纵横。他说："细参六一泉中味，故有涪翁句子香。"一个伟大时代的远去，留给诗人更多的是遗憾与孤独，于是杨万里"自看风炉自煮尝"。还有什么纪念比这样的自斟自饮更让人感怀呢？

王朝云出场：西湖从此改名西子湖

尽管苏轼做杭州通判的日子有些无奈，但是他和朋友们的交往也带给他很多快乐。

熙宁七年春天，他又跑到西湖上去喝酒，真的是"西湖歌舞几时休"啊！在那样一个城市里，如果不去享受它的风光，都觉得对不起自己。

湖中心的游船上，数名舞女轻盈曼舞，其中一位小姑娘舞姿灵动，气质清丽淡雅，颇受大家喜爱。

此时节的西湖，白天还艳阳高照，到傍晚天气突变，山水迷蒙，成了另一种景色。湖山佳人，相映成趣。才华横溢的苏轼那晚写了两首诗——《饮湖上初晴后雨二首》，其中第二首最为人所熟知。

> 水光潋滟晴方好，山色空蒙雨亦奇。
>
> 欲把西湖比西子，淡妆浓抹总相宜。

可能大家都喜欢传颂美人美景吧，结果第二首名气比第一首大得多，导致很多人只知第二不知第一了。其实，这第二首虽好，却只是第一首的注解。

> 朝曦迎客艳重冈，晚雨留人入醉乡。
>
> 此意自佳君不会，一杯当属水仙王。

第一首所说的"此意自佳君不会"的"此意"，正是指第二首所写的西湖晴雨俱佳，如同美人的淡妆和浓抹，各美其美，美美与共。苏轼想说的是："多数人游湖都喜欢晴天，殊不知雨中湖山也自有其佳处。湖上有水仙王庙，水仙王每天守在湖边，应该比所有的游客看得更透彻，他一定会同意我的审美观点吧？"于是，苏轼请水仙王共同举杯畅饮，仿佛水仙王就是他的知音。

人们争相传颂"欲把西湖比西子，淡妆浓抹总相宜"，还有人把苏轼另一首诗中的"从来佳茗似佳人"摘出来，和"欲把西湖比西子"凑一对，以至于很多人误以为原诗如此。其实它出自《次韵曹辅寄壑源试焙新芽》一诗，原句为"戏作小诗君勿笑，从来佳茗似佳人"。

　　苏轼的《饮湖上初晴后雨二首》一经写出，西湖立刻多了一个温婉的名字——西子湖。

　　历史上的西湖有过很多名字，比如武林水、明圣湖，更多的人愿意叫它西湖。苏轼巧借西湖，悄悄加入了一个"子"字，这一下可不得了，西湖成了让人爱怜的女子——西子。西子便是西施，大家都知道西施是美的象征，她与范蠡的故事也特别深入人心。用这样一位温润的美女来比喻西湖，实在是令人拍案叫绝。而这一刻的灵感竟然来自那个会跳舞的小女孩——王朝云。

　　与此同时，苏轼为朝云填了一首《减字木兰花·赠小鬟琵琶》：

　　　　琵琶绝艺。年纪都来十一二。拨弄么弦。未解将心指下传。

　　　　主人瞋小。欲向东风先醉倒。已属君家。且更从容等待他。

　　这首词写得非常有温度。大意是说：琵琶是一门需要长久练习的技艺。这些弹琵琶的小姑娘年龄都不大，基本也就是十一二岁。她们能把琴弦拨响已经不容易了，又怎么懂得把情感融入其中呢？主人因此很生气，开始责骂小姑娘们。这样美好的春风里，美酒和美景已经让人陶醉，主人您何必太过苛求呢？况且，这些孩子都如同您的家人，和您生活在一起，您有很多的时间去调教，就等她们慢慢成长吧。人生的阅历，会让她们的琵琶声越来越动听。

　　这首词的写作时间也在熙宁七年，因此有人认为这些弹琵琶的小鬟中有一个就是朝云。

　　那一年，王朝云只有十二岁。苏轼和妻子王闰之商议，把这个聪明伶俐的孩子留在身边，给王闰之做侍儿。从此，王朝云的命运紧紧地和苏轼连在了一起，她陪他从杭州到密州，到徐州，到湖州，又到黄州，甚至最后到了惠州。到黄州的时候，真应了词中所说"且更从容等待他"，王朝云的身份从王闰之的侍儿变成了苏轼的侍妾。那一年她十八岁，已经出落得温婉可人、亭亭玉立。

王朝云堪称苏轼的红颜知己。元祐年间，苏轼在汴京春风得意。有一日，苏轼下朝回家，饭后拍打着肚皮在房间里踱步，并问家中人："你们说，我这肚子里都是什么东西？"

一个侍女说："都是锦绣文章！"苏轼不以为然。

另一位侍女接着说："满腹都是学问才华。"苏轼还是不予认同。

这时王朝云笑着说："学士一肚子不合时宜。"苏轼捧腹大笑，说："知我者，唯有朝云也。"

大宋"潮男"什么样？

杭州城有一处季节性美景，为他处所不见，就是钱江潮。

每年的八月十五中秋前后，钱江潮是最壮观的。可巧的是，每年的秋闱考试也安排在中秋前后。苏轼抵达杭州是熙宁四年的冬月，转过年来的八月，他以杭州通判的身份主持了杭州秋闱考试。也正是在这次封闭考试期间，他平生第一次看到了壮阔惊人的钱江潮。

钱江潮为何壮阔到惊人呢？

我们来看看《水浒传》里是怎样描写钱江潮的。《水浒传》描写的时代也是北宋，可以做个参考。《鲁智深浙江坐化 宋公明衣锦还乡》这一回中说：

> 是夜月白风清，水天共碧。二人正在僧房里睡至半夜，忽听得江上潮声雷响。鲁智深是关西汉子，不曾省得浙江潮信，只道是战鼓响，贼人生发，跳将起来，摸了禅杖，大喝着便抢出来。众僧吃了一惊，都来问道："师父何为如此，赶出何处去？"鲁智深道："洒家听

活水还须活火烹，自临钓石取深清。

大瓢贮月归春瓮，小杓分江入夜瓶。

雪乳已翻煎处脚，松风忽作泻时声。

枯肠未易禁三碗，坐听荒城长短更。

松风又一次出现，但这次听到的不是渐渐变小的松风声，而是如同倾泻一般。为什么？因为儋州太安静了，无边的寂寞之中，一点点声音在诗人的世界里都格外清晰。

苏轼的学生黄庭坚尤其喜欢松风的意象，在这两位顶级文豪的推动下，"松风"几乎成了饮茶的代名词。

没有松风，宋代的茶道将失去一半的美。

苏轼的"富春山居图"

熙宁六年（1073）正月下旬，苏轼在杭州通判任上，巡查富阳和新城两县。他先去了富阳，独游普照寺，自普照寺到东西二庵，整整走了一天。山里非常宁静，景色也极为清绝，野梅花香气袭人，细雨江南之美真的是世间少有。苏轼对寺僧盛赞此景，没想到寺僧却说"苏大人入山不可太深啊，太深了就出不去了"。

苏轼哑然一笑，看了看自己的官服，写下了一首《自普照游二庵》：

长松吟风晚雨细，东庵半掩西庵闭。

山行尽日不逢人，浥浥野梅香入袂。

居僧笑我恋清景，自厌山深出无计。

我虽爱山亦自笑，独往神伤后难继。

不如西湖饮美酒，红杏碧桃香覆髻。

作诗寄谢采薇翁，本不避人那避世。

寺僧的一句笑谈，让苏轼陷入身份的迷离之中。富阳的深山才是他的所爱，西湖歌舞只是不得不面对的世俗。不过，苏轼说，我还是要谢谢您这采薇翁、这山里的活神仙，谢谢您的提点，让我可以瞬间回到残酷的现实之中。

心思细腻的诗人，并没有完全回到红尘之中。巡查工作进展到一半，他情不自禁泛舟江上，只因江山如画，令人陶醉。此山名曰富春山，此江名曰富春江。在经过一个名为七里濑的地方时，水流湍急，连绵七里。两岸山峦起伏，烟波浩渺，云霞出岫，苏轼神情愉悦，写下了《行香子·过七里濑》：

> 一叶舟轻，双桨鸿惊。水天清，影湛波平。鱼翻藻鉴，鹭点烟
> 汀。过沙溪急，霜溪冷，月溪明。

> 重重似画，曲曲如屏。算当年，虚老严陵。君臣一梦，今古空
> 名。但远山长，云山乱，晓山青。

词的上阕重在写水，如用工笔细细描绘，精致有韵。苏轼乘一叶小舟，双桨像受惊的鸿雁在水面上翩翩飞舞。这句化用了曹植《洛神赋》中"翩若惊鸿"的名句。富春江上，天空湛蓝，江水平如镜。鱼从铺满水藻的湖面一跃而出，又落回水中，白鹭优雅地落在沙汀上。苏轼是第一次填《行香子》词牌，写景状物遣词造句的能力，精于工巧，非常值得称道。沙溪、霜溪、月溪是富春江上的三段溪流，水流的速度不一样，所以苏轼用了三个不一样的词："急、冷、明"，并且用一个"过"字巧妙衔接。

下阕重在写山，从大处入手，用大写意勾勒出山势变化。山势重重叠叠如画卷，似屏风。于是，苏轼开始静下心来，思考历史和人生。想当年，光武帝刘秀请他的老同学严光出来辅佐他，结果遭到了严光的婉拒，他选择在富春山隐居终老，活到八十多岁。苏轼表示自己不会学严光，因为建功立业、为民请命依然是他作为一个官员、作为一个儒者的基本准则，隐士的虚名他是不在意的。而真实的苏轼是矛盾的，在官场浸淫多年，他厌倦了那些尔虞我诈，厌倦了那些假惺惺的觥筹交错。而他，又不可能让自己真空。他怀着一个梦想，有

一天，他会登上权力的巅峰，为这个国家、为百姓做更多的事。

他笔锋一转，说"君臣一梦，今古空名"，这立刻让人想起了孔子"道之不行，已知之矣"的悲怆表达。其实，帝王将相也好，渔樵隐士也罢，谁又能真正不朽呢？一种旷古忧思袭上苏轼的心头。他回转神来，继续看山——"远山长，云山乱，晓山青"，一重一重山，如同生命中要过的一次又一次考验，他已经准备好了。

苏轼游富春江两百多年后，元代画家黄公望来到这里，并在这里住下，画出了《富春山居图》长卷。苏轼以词入画，黄公望以画入诗，都留给我们无尽的追思。

很多人会自然而然地理解成苏轼是想念他的妻子。其实他是写给他弟弟的，因为在这首词的序当中，很明确地说了"兼怀子由"——我作这首词，捎带着表达对兄弟的想念。

有读者朋友会问，苏轼到了密州任上，不是离苏辙近了吗？他怎么还写这么一首词去想念他呢？事实上，虽然他离苏辙所在的济南很近了，但他从杭州到密州是坐船去的，一路上根本没有机会去见苏辙。而到了密州后，他过的什么日子呢？灭蝗灾、灭旱灾、整治吏制等一系列的工作，把他忙得根本无暇跟他弟弟相会。他在山东密州任上这三年，一次都没有见过苏辙，两个人之间都是书信往来。后来他在离开密州去徐州上任的时候，选择走陆路，想着这下可以经过济南，可巧赶上苏辙跑到开封城去述职了，他就只能跟苏辙的儿子生活了一小段时间。

直到什么时候他们两个人才见面了呢？直到熙宁十年（1077）夏天，苏辙迎苏轼于澶渊，又相伴到徐州。这一别实在太久了，差不多六七年，因此他们格外珍惜团聚的时光。苏辙逗留百余日，住在州衙逍遥堂。兄弟对床而眠，夜话平生。

兄长写给弟弟这么深情的作品，弟弟也不甘落后，写出了《水调歌头·徐州中秋》作为酬答，这首词也是佳句频出。譬如开篇："离别一何久，七度过中秋。去年东武今夕，明月不胜愁。"又如结尾："今夜清尊对客，明夜孤帆水驿，依旧照离忧。但恐同王粲，相对永登楼。"王粲滞留荆州十二年，才华无法施展，茕茕孑立，形影相吊。孤独郁闷中的他只能登楼远眺，北望家乡。王粲难以抑制胸中翻滚着的无限乡愁，写出了著名的《登楼赋》。

苏辙用典用得好，整首词也非常飘逸，堪称妙品，然而终究不如苏轼的词流传广。南宋胡仔对苏轼的《水调歌头》推崇备至，认为是写中秋的词里最好的一首，在《苕溪渔隐丛话》中评价道："中秋词，自东坡《水调歌头》一出，余词尽废。"这评价虽然霸道，却不无道理。苏轼的一生，至少写过四十首中秋词，能达到《水调歌头》这个高度的确实找不到第二首。其他人写的，更难与苏轼相媲美。

苏轼在这首《水调歌头》中，再次表现出自己如仙人一般，难怪后世多称他为"坡仙"。词中除了"但愿人长久，千里共婵娟"这样的千古名句，还有一句"起舞弄清影"也是神来之笔，让人一下子联想到李白《月下独酌》中所说："我歌月徘徊，我舞影零乱。"

蔡絛在《铁围山丛谈》中记载，苏轼曾亲自表演如何"起舞弄清影"："歌者袁绹，乃天宝之李龟年也。宣和间供奉九重，尝为吾言：东坡公昔与客游金山，适中秋夕，天宇四垂，一碧无际，加江流涌，俄月色如昼。遂共登金山山顶之妙高台，命绹歌其《水调歌头》曰：'明月几时有？把酒问青天。'歌罢，坡为起舞，而顾问曰：'此便是神仙矣。'吾谓文章人物，诚千载一时，后世安所得乎？"

想想这场景有多美呀！苏轼在写词的时候，把自己的内心世界完全放进去，而他那种舞蹈一定充满了士大夫的君子之气。

那舞蹈是仙气飘飘，还是如李白的舞一般"零乱"？可惜我们无缘得见了。

"豪放哥"闪亮登场

苏轼在密州的文学创作，除了那首大家耳熟能详的《水调歌头·明月几时有》，还有一首词《江城子·密州出猎》尤为精彩。

上阕是这样写的：

老夫聊发少年狂，左牵黄，右擎苍，锦帽貂裘，千骑卷平冈。为报倾城随太守，亲射虎，看孙郎。

大意为：我姑且抒发一下少年人的狂傲之气，左手牵着黄狗，右手托着苍鹰，头戴华美艳丽的帽子，身穿貂皮衣，率领随从千骑席卷平展的山冈。为报答来追随我的全城百姓，我一定要亲自杀一只老虎，像孙权一样给大家看看。

下阕更加豪迈：

　　酒酣胸胆尚开张，鬓微霜，又何妨！持节云中，何日遣冯唐？会
挽雕弓如满月，西北望，射天狼。

大意为：喝酒喝到快意时，我的胸怀也随之开阔了许多。即使头发微白，又有什么关系呢？什么时候皇帝会派人来，如同汉文帝时期的冯唐一样给我带来被起用的消息呢？那一天，我定当拉开弓箭，使之呈满月的形状，瞄准西北，把天狼星射下来。

这首词的写作背景，是苏轼来到密州安顿下来之后不久。他非常关心国事，当时的北宋朝廷积弱，西夏大举进犯。苏轼借着围猎这样的机会表达了对于国家局势的担忧。别看苏轼只在这样的六线小城中做个不起眼儿的太守，但他的心里始终没有忘记杀敌报国，因此他说"会挽雕弓如满月，西北望，射天狼"，他想一箭把代表西夏的天狼星给射下来。

这是我国第一首严格意义上的豪放词，为战争题材。也有人说，范仲淹的《渔家傲·秋思》才是。

　　塞下秋来风景异，衡阳雁去无留意。四面边声连角起，千嶂里，
长烟落日孤城闭。

　　浊酒一杯家万里，燕然未勒归无计。羌管悠悠霜满地，人不寐，
将军白发征夫泪。

比较之下，这《渔家傲》只能算是无奈，表达了边塞将士的哀怨，算不得豪放。

《江城子·密州出猎》这首词，写得大气、潇洒，苏轼这射向西夏的一箭堪称壮美。它表达了这样一种渴望：渴望胜利，渴望驱逐鞑虏，渴望杀敌卫国，可以说是苏轼报国之志的表现。

"持节云中，何日遣冯唐？"典故出自《史记·冯唐列传》。汉文帝时，

魏尚担任云中郡太守。他是一位很有威望的统帅，管理有方，作战勇敢，也非常爱护士卒。匈奴曾一度来犯，魏尚亲率车骑出击，大获全胜。后来仅仅因为报功文书上所载杀敌的数字与实际不合，魏尚便被撤职了。冯唐在文帝面前直谏，认为这样做会寒了将士们的心，希望文帝可以赦免魏尚。文帝采纳了冯唐的谏言，就派他"持节"去赦免魏尚的罪，让魏尚继续担任云中郡太守。

苏轼借这个典故表达了自己的雄心。"什么时候可以派使节来赦免我的过错呢？不要让我在这个北国边城待着了，让我站在历史舞台的中央杀敌报国吧。"

这首词写完，苏轼给一个叫鲜于子骏的人写了一封信。信中，他不无自得地说道：

> 近却颇作小词，虽无柳七郎风味，亦自是一家。呵呵，数日前猎于郊外，所获颇多，作得一阕，令东州壮士抵掌顿足而歌之，吹笛击鼓以为节，颇壮观也。

"虽无柳七郎风味，亦自是一家"，这一家就是豪放派。柳七郎是谁呢？柳七郎就是柳永，北宋著名词人，年长苏轼五十岁，两人本没有什么交集。柳永成名甚早，"凡有井水处皆能歌柳词"，可见柳永的词在北宋时何等流行。过去正统的文人士大夫不爱写词，词乃诗之余，不像诗那样典雅、正统，倒更像是今天的流行歌曲。柳永的词，尤其专注爱情题材，因此深受百姓喜爱，他也因此独领词坛风骚数十年。在苏轼之前，极少有人把宏大的战争题材用半娱乐化的词来表现，可苏轼发现，把豪放词唱出来，把婉转的曲调改成激越的笛声和鼓点，似乎别有一番壮美之情和独特的艺术效果。

接近四十岁的苏轼，两鬓已经有了白发。在杭州通判任上，他就说"花应羞上老人头"，如今更是开篇自称"老夫"。这种生理上的变化，让他感受到时光飞逝、生命速朽。苏轼在时间面前，认为人生只是一瞬，人在宇宙苍穹中只是一个渺小的存在。几年后，在黄州赤壁，苏轼说："哀吾生之须臾，羡长江之无穷。"

在时间上悲观的苏轼，竟然给我们留下了如此多的了不起的文学艺术作品，他真的可能是把自己的一天当别人的两天去过的吧。

苏轼还是治水专家？！

宋神宗熙宁七年秋天，苏轼赴密州。刚出杭州城，他就看到蝗虫肆虐的景象。大批蝗虫自西北而来，天空瞬间被遮住，如同黑夜。而且，数万只蝗虫一起飞动，鼓翅的声音如同钱江来潮。蝗虫一旦落于田野，庄稼则顷刻间被吃光，绿野转瞬变为荒地。他抵达密州的时候，已经是十一月初了。他看到密州百姓忙着用杂草把死掉的蝗虫尸体包裹起来，深埋在地下，此场景绵延二百余里，为之前所未见。

路上，苏轼写了一首《沁园春·孤馆灯青》寄给弟弟苏辙，其中有"当时共客长安，似二陆初来俱少年。有笔头千字，胸中万卷，致君尧舜，此事何难"之句，表现了其"致君尧舜"的政治理想。而当"旱蝗相仍"的悲惨现实降临于苦难的密州人民身上时，作为一州之长的苏东坡知道为民请命的时刻来了。

迎接他的地方官吏为太守大摆宴席，当苏轼问起灾情，谁知地方官却说"蝗不为灾"。这话一出口，苏轼当即翻脸：你们这是欺骗谁呢？！

他安顿下来，即刻上奏朝廷，报告密州蝗灾情形严重，请求朝廷豁免秋税，并给予救济。

以身许国，苏轼最为关心的还是民生。

三年之后，苏轼做徐州知府。徐州是泗水、汴水交汇之地，黄河经汴入泗，又夺淮入海，就在徐州傍城流过，而且是三面绕城。他刚到任两个月，就得到黄河决口的消息。决口之水流入山东巨野，东平府被淹，后经疏浚，才得以无事。令人想不到的是，八月间梁山忽然泛滥起来，又逢大雨，水直逼徐州城下，形势非常危急。眼看着城墙外的水已经高过城中平地一丈有余，若是城墙一倒，徐州城立刻变成汪洋。一些有钱人家看势不妙，纷纷逃离。苏轼立即发出指令，不得随意出城。富者都跑出城了，民心立刻就会动摇，谁来守城呢？有他在，徐州城就不会失守。

苏轼身先士卒，发动军民一起抗洪。经过缜密分析，最后决定从戏马台起，到城而止，修建防水大堤——千丈堤，全长九百余丈，高一丈，宽两丈。苏轼征调大小船只百余艘，集中拴在城下，以减轻冲击城墙的水力。大水越涨越高，幸而有千丈堤在，全被挡住了。城中民心安定下来。

苏太守自从抢建大堤那天开始，日夜在城上巡视，随时调度官吏督导进度，晚上就住在城上。

这次大水经历七十多天，到十月初五才渐渐消退。

为防患于未然，苏轼上书朝廷，请求在城外建筑木岸，**以**防大水再来。他的上书得到了朝廷的回复。朝廷对苏轼勇于抢险的行为给予了**褒奖**，同时拨了一笔数额较大的款项奖励筑堤的数千民众。另拨一笔钱，**按照苏轼的建议**，建筑城外小城，创建木岸、挖掘大坑。

苏轼感到非常欣慰。在安排工程过程中，他发现东门是挡水要冲，便安排扩大城门，用砖石加固，并在此建一座二层楼。说起这楼的**建设**，还有一个插曲。原本在徐州城内有一座厅堂，传说是楚霸王项羽所**建**，俗称"霸王厅"，据说谁敢进去，必遭祸害。苏轼看这霸王厅毫无用处，便**下令**将其拆毁，用拆下来的材料建造此楼。这件事让拥戴苏轼的地方官很担心，苏轼却不以为意，执意去做。他的气势早就压过了楚霸王。

新建成的楼，苏轼命名为黄楼。黄为土，五行之中土**可以**克水。

黄楼落成时，全城百姓和闻讯赶来的文人们同庆，"**众客**释然而笑，颓然就醉，河倾月堕，携扶而出"。苏轼感慨良多，写下《九日黄楼作》，以记录这段不平凡的经历，其中有两句是这么说的：

这一天，苏轼写下了千古流传的著名散文《放鹤亭记》。首段中有几句是这样写的：

> 彭城之山，冈岭四合，隐然如大环，独缺其西一面，而山人之亭，适当其缺。春夏之交，草木际天；秋冬雪月，千里一色；风雨晦明之间，俯仰百变。

开篇即气势纵横，摄人心魄。如此风景，怎么能让苏轼不动心呢？

再看看鹤是怎么生活的：

> 山人有二鹤，甚驯而善飞，旦则望西山之缺而放焉，纵其所如，或立于陂田，或翔于云表；暮则傃东山而归。

它们那么自在、那么飘逸，似乎整个世界都是它们的舞台，任它们自由翱翔。这种清远自在、无牵无挂、神仙一般的生活，正是身居官场的苏轼所羡慕的。文章的最后一句很有意思："归来归来兮，西山不可以久留。"

这是什么意思呢？是说鹤吗？肯定不是，鹤是人家的，苏轼自然无权号令，那是在说谁呢？大家都明白，是在说他自己。

这里有个隐喻：张天骥住在东山，当年的谢安也在东山隐居，后来有了"东山再起"的故事。相对而言，西山的隐喻则是出仕为官。西山不可久留，是说仕途维艰，吉凶难以预料，不可迷恋。这表明了此时的苏轼已经滋生厌倦仕途的意念，萌发了隐居之乐的情思。

这也难怪苏轼在后来的若干次被贬生涯中依然可以快乐生活，因为他的内心一直有一片这样迷人的天空。

这些年，这些"黑材料"

元丰二年七月二十八日，湖州知府苏轼如往常一样，处理完政务下班回到家中。

仕途中郁郁不得志，似乎并不会对苏大文豪造成太大困扰。在地方任职期间，苏轼一向很会玩儿，活得足够洒脱，认为只要想得开、看得开，怎么过都是愉快的一天。然而，七月二十八日注定不同寻常。苏轼官服还没解下，忽听一阵急促的敲门声。来人进门后，神色紧张，面容甚为疲惫，似乎连夜赶了很长的路。

"苏大人，祸事！"

来人根本没时间解释太多，只拿出远在南京的胞弟苏辙写的亲笔信。

苏轼赶忙接过信件，拆开一看，顿时有些恍惚，只见信上赫然写道："兄被小人诬蔑，朝廷已派钦差赶赴湖州捉拿兄长，此事依弟看来，不甚严重，兄不必慌张，提前准备停当即可。"

苏轼不知道的是，其实在接到苏辙的告急信之前，朝廷上早已为此事闹得不可开交。说起来，事情的导火线实在很不起眼。原来苏轼自徐州调任湖州前夕，例行公事地写了篇《湖州谢上表》——这只是"规定动作"，朝廷让你调任，证明组织信任你，你自然得上表谢恩。

苏轼很谦虚，整篇文章除了阐述自己毫无政绩、忝列门墙外，就是大段大段感念皇恩浩荡、如沐春风。如果仅是这样，那他肯定过关。不知苏轼是无心还是有意，他在文章最后吐槽了一句："知其愚不适时，难以追陪新进；察其老不生事，或能牧养小民。"意思就是"陛下知道我愚昧不堪、不合时宜，难以和变法派共事，又考察我年老不爱生事，在地方管理普通百姓勉强及格"。这句话本身没毛病，只不过有的人抠了抠字眼儿，就琢磨出毛病来了——"你说你不爱生事，那就是我们这些变法派爱生事喽！那圣上全力支持变法，就是说圣上无事生非呗！这是做臣子的该说的话吗？！"编排这个莫须有罪名的是李定、舒亶等人。

当时王安石已经黯然离京，神宗提拔吴充任左丞相。吴充是个中立派。善于钻营的王珪被擢升为右丞相，他是新政的拥护者，其政治上的声望、地位比吴充的话非常有技巧，直击神宗的痛处。名士代表一个国家知识文化的巅峰，倘若皇帝连一个名士的放言高论都不允许，甚至滥用权力而杀之，这必将留下千古骂名。这个可以预见的结果一说出来，难怪神宗要大吃一惊了。

在金陵半山园养老的王安石飞鸿进京："安有盛世而杀才士乎？"王安石的来信极有分量，因为他是新法的核心人物，而苏轼是他的对立面。

此外，苏轼的最大救星——神宗皇帝的祖母曹太后，在苏轼入狱之后不久就病倒了。神宗每天都去探望，曹太后看到神宗颇不愉快的样子便问何故。神宗照实回答，新法改革成效不显著，有个叫苏轼的人写文章写诗来讥讽此事。曹太后问："你说的莫非就是四川眉山来的苏轼？他还有个弟弟叫苏辙，是吗？"神宗点头称是。曹太后接着说："当年殿试后，仁宗皇帝说为天下找到两个太平宰相，就是指的这兄弟二人。如今苏轼写诗文入狱，莫非是受了小人陷害？"说着，她就哭了。神宗愣在那里，想起了祖父仁宗皇帝的文治武功，再想想自己眼下的内忧外患，也哭了。

十月，曹太后病情加重。神宗和祖母商议，是否大赦天下为祖母祈禳。曹太后说，天下凶恶无须大赦，只要放了苏轼一人便可。

神宗在释放苏轼之前还做了一件事。宋代文学家何蘧在《春渚纪闻》中记载，苏轼在狱中，有一天刚刚就寝，突然看见一个人走进来，席地而卧。到四更天，苏轼被那人摇晃醒来，那人连声说"恭喜学士"。苏轼问何故，那人只说安心熟睡就好。原来，这人是皇帝派来查看苏轼起居情况的。他回禀皇帝："苏轼鼾声如雷，吵得我都没睡好。"这样一说，倒把皇帝逗笑了，他对左右说："朕知道了，苏轼胸中无事，乃坦荡之人。"

很快，朝廷对乌台诗案的处理结果来了。苏轼被贬至黄州，官职为团练副使，本州安置，不得签署公事。苏轼这个官小到不能再小了，不能离开黄州，而且没有签字权。苏辙被贬为筠州盐酒税务，为苏轼通风报信的驸马王诜免去绛州团练使，与苏轼交情深厚的王巩也被贬为宾州盐酒税务，其余受到牵连的还包括司马光、范镇、陈襄、孙觉、曾巩、黄庭坚等几十人。

死里逃生的苏轼，于十二月二十九日被释放。虽然他获得的自由有限，但毕竟活了下来。他内心升起一丝兴奋，忍不住写了两首诗，其中有一句"平生文字为吾累，此去声名不厌低"。写完后，苏轼念了一遍，然后把笔一扔，苦笑一声：这毛病怎么还不改呢？！

第三天是农历新年，汴京城内，繁华满眼。而苏轼却必须收拾行囊，在长子苏迈的陪同下，被御史台的差役押着匆匆离开汴京，踏上了严寒的征程。

默地发呆。有一天，他想起了少年时代曾经见过的一个算命先生，说他一生几度沉浮。他苦笑了一声，原来生命的沉浮才刚刚开始。他用手指敲打着茶碗，吟唱出了一首《卜算子·黄州定慧院寓居作》：

> 缺月挂疏桐，漏断人初静。谁见幽人独往来，缥缈孤鸿影。
>
> 惊起却回头，有恨无人省。拣尽寒枝不肯栖，寂寞沙洲冷。

寂静的夜晚，一个内心充满落寞的人独自往来，仿佛天边缥缈的孤雁。黑夜中它突然受到惊吓，骤然飞起，又频频回头，却总是无人理解它内心深处的忧伤。它不断地在寒冷的树枝间逡巡，然而却不肯栖息于任何一棵树上，最后只能寂寞地降落在清冷的沙洲上。这首词真实表达了苏轼初来黄州的落寞心境。

黄庭坚评价这首词"语意高妙，似非吃烟火食人语，非胸中有万卷书，笔下无一点尘俗气，孰能至此"！

有一天晚饭后，苏轼百无聊赖，独自散步，来到定惠院东面。这里野花满山，草木繁茂。在野花与草木之间，他竟然发现了一株海棠花。那株海棠"嫣然一笑竹篱间"，顿时把满山桃李比下去了。桃李和它相比，太妖娆、太粗俗。他写了一首长诗，名曰《寓居定惠院之东杂花满山有海棠一株土人不知贵也》。在这首诗里，他对海棠给予了极高的赞美："也知造物有深意，故遣佳人在空谷。自然富贵出天姿，不待金盘荐华屋。""雨中有泪亦凄怆，月下无人更清淑。"海棠花楚楚动人，孑然不群，不就是苏轼本人吗？接下来，他说："陋邦何处得此花，无乃好事移西蜀。"海棠花是被谁移来这个简陋的地方呢？很显然，苏轼在用海棠自比。

此诗问世后，同样引起了历代文人的广泛关注和好评。黄庭坚在《跋所书苏轼海棠诗》中说此诗是"古今绝唱"。纪昀谓此诗"风姿高秀，兴象深微，后半尤烟波跌宕。此种真非东坡不能，东坡非一时兴到亦不能"。

元丰七年春天，苏轼接到朝廷任命，调往汝州。离开黄州之前，海棠花开了，开得格外美，娇艳欲滴。那晚，他睡下之后，却猛地想起了海棠花，于是抄起手提灯，走向定惠院后山，用烛光照着海棠花，呆立良久，写下了《海棠》一诗：

> 东风袅袅泛崇光，香雾空蒙月转廊。
>
> 只恐夜深花睡去，故烧高烛照红妆。

又一首传世杰作诞生了！

春风轻拂着海棠，海棠泛出华美的光泽。更迷人的是海棠的幽香，在氤氲的雾气中弥漫开来，沁人心脾。可惜明月转过了回廊，照不到海棠花。如此一来，海棠花就只能被遗忘在这孤寂的夜色里了。显然，此时的海棠花就如同诗人本人，有才能、有理想却得不到重用。"没有人为我照亮前程，我该怎么办？"手中的烛灯被他高高举起来，就这样一直照着海棠……

和第一次看海棠时不一样，这次来看的是东坡先生，已经不是苏轼了。东坡先生手举高烛的形象，有天地之大美。这次照耀，不仅照耀了东坡先生的前程，更照耀了一千年来的中国文学史。

黄州"朋友圈"：开始营业了

初到黄州时的苏轼，深深陷入生命的低谷之中。

乌台诗案发生后，他在被押送的途中想过自杀。仅仅一天时间，从一个大州知府一下子变成阶下囚，而且御史台的官差一定受到了新党的唆使，把气氛搞得非常吓人，仿佛苏轼被拉走就一定回不来了。这种落差放在谁身上，恐怕都很难接受。苏轼选择了隐忍。在黄州，他需要重新把自己点燃，否则一天到晚顾影自怜，早晚会把自己逼疯。

家眷暂时还在弟弟苏辙那里，为了家人，他也要好好活下去。这次是因为文字而获罪，没准儿日后因为文字而再次显贵呢？苏轼很快放下心理包袱，回

到了生命的原点 —— 从京城和杭州的往来无白丁，到如今的江边小城无人识，他渐渐接受了这种落差。

他开始走出去了。他在写给李之仪的信中说："得罪以来，深自闭塞，扁舟草履，放浪山水间，与樵渔杂处，往往为醉人所推骂。辄自喜渐不为人识，平生亲友，无一字见及，有书与之亦不答，自幸庶几免矣。"很快，他庆幸自己变成了一个普通人，可以和底层的百姓相处，碰到醉汉，还会被其推搡责骂。他对于这种生活一点儿都不觉得烦恼，反倒觉得挺好玩儿。

很快，他就有了一批年龄不一、地位悬殊、性情各异的朋友。

在长江对岸武昌车湖寓居的王齐愈、王齐万两兄弟，在对江樊口开小酒馆的潘丙，在西市开药店的郭遘，以及热衷公益的古耕道，都先后成为苏轼的朋友。

老友马梦得得知苏轼被贬至黄州，特地从外地赶来探望。他看到苏东坡一家二十口人生活拮据的情形，便毫不犹豫地给予帮助 —— 通过熟人介绍，申请到一片废弃土地，交给苏轼耕种。那城东门外冈峦附近的一方五十亩平地，也就从此进入中国古典文学史，永远被人牢记。它就是"东坡"。正是那块地，让苏东坡一家拮据的日子稍稍得到改善。潘丙、郭遘、古耕道三位朋友主动帮助苏轼种地，令他感动不已。他曾在《东坡八首·其七》中写道："我穷交旧绝，三子独见存。从我于东坡，劳饷同一餐。"

苏轼的同乡巢谷，是个非常有江湖豪情的人。苏轼兄弟一路扶摇的时候，他躲得远远的，但凡苏轼一有灾难，他总会出现。他在黄州的突然造访，让苏轼很兴奋。巢谷除了帮苏轼打理农活儿，还主动承担了教苏轼三个孩子武术的职责。苏轼的二儿子苏迨从小体弱，此番来黄州因为水土不服，总是生病。有了巢谷的悉心照料和武术训练，苏迨的身体状况迅速得以改善。苏轼的长子苏迈也因为得了巢谷的亲传，文采之外更添武学羽翼，极大拓宽了自己的人生道路，几年后，苏迈得到朝廷的诏命，去德兴担任县尉。县尉有点类似公安局长，他得此官职，好体魄和好身手自然是硬条件。这一点，巢谷自然是居功甚伟。

尽管苏轼被贬之后的官职非常小，但毕竟还在朝廷命官的序列中，少不了要和官家打交道。

宅心仁厚的知州陈轼不但没有冷眼相看，反而向这位稀世之才伸出了温暖的双手，并经常看望他。太守不光喜爱苏轼的为人和文学才华，他们的姓名中还都有一个"轼"字，这也是难得的缘分。苏轼担心自己有罪在身连累太守，但陈轼不但毫不理会，还责怪苏轼不该出此鄙陋之言。

接替陈轼太守职务的徐君猷，对苏轼也是礼遇有加：一方面给他提供人身自由，另一方面以朋友的身份资助其度过窘迫的生活。佳节来临时，徐君猷会在黄州名胜涵晖楼或栖霞楼设宴款待苏轼，有时甚至携酒上门与之畅饮。

数年后，徐君猷病逝，苏轼十分悲痛，在写给徐君猷弟弟徐得之的信中道："某始谪黄州，举止无亲，君猷一见，相待如骨肉，此意岂可忘哉！"

在黄州的朋友中，还有同为贬官的张怀民，两人在一起总有说不完的话，以至于苏轼经常找他聊天喝酒，甚至不分时间拉着人家就走，比如《记承天寺夜游》一文中，苏轼写道：

> 元丰六年十月十二日夜，解衣欲睡，月色入户，欣然起行。念无
> 与为乐者，遂至承天寺寻张怀民。怀民亦未寝，相与步于中庭。

大半夜了，也不知道人家真的"未寝"，还是被他生生拽起来的。

在友人的帮衬下，苏轼渐渐在黄州过上了安定的生活。

与苏轼同时代的刘壮舆写过一本《漫浪野录》，其中记载了苏轼"上可陪玉皇大帝，下可陪乞丐"的故事。这个故事的场景是苏轼和苏辙对谈。苏轼说："我上可以陪玉皇大帝，下可以陪卑田院（即悲田院，寺庙专门收容乞丐难民的场所）乞儿。"苏辙听后，沉默片刻，忍不住劝说兄长要学会选择与甄别，因为不是所有人都值得交往。苏轼却不以为然地说："眼前见天下无一个

不好人。"

这个判定堪称元气满满。而这个元气满满的判定，一定来自苏轼亦庄亦谐的性情、丰沛敦厚的学养和豪放旷达的思想。

世间有正人君子，也有卑鄙小人；有生死之交，也有匆匆一面之人；有忠贞不渝的，也有后来变心的。就以嘉祐二年（1057）的同榜进士、同学们来说，有和他共进退的，有对他施以援手的，也有坚决要置他于死地的。而苏轼，常常对友人选择信任而对敌人选择视而不见。

他爱做饭，各种名菜层出不穷。如果真的有朋友圈，他一定会隔三岔五晒图，在活色生香的美食面前，爱恨情仇似乎可以稍稍退却。

我看到一个数字，说和他交往过的人，有名有姓的就有上千人，而被我们熟知的不过数十人。这和我们当下的朋友圈也很相近，不同的时期有不同的朋友，以一年为研究对象，经常交往的朋友也不过几十上百人而已吧？

用今天的观点来看，苏轼似乎是一个不太会经营朋友圈的人。他在青年时代便已经名满华夏，成了大明星，本来可以好好设计下人生，一帆风顺地走下去。然而，现实世界中，他却总是那么率性而为，不该得罪的人也得罪了，不该信任的人也信任了，大半生折腾下来，可谓千疮百孔。他朋友圈里提拔过他的长辈们一一老去，同辈和晚辈们多半四处流离。

如果苏轼用心经营人脉，他的人生或许会顺利一些，但也不敢保证一定会一生顺利。司马光、欧阳修、王安石又怎样？苏轼看到他们凄凉的晚景，于是无怨无悔地按照自己的想法走完了自己的人生。我想，那些因为和他有牵连而受到惩罚的同辈或晚辈也不会记恨他，因为他们共同书写了那个时代的传奇。

"眼前见天下无一个不好人"，苏轼喊出这句话，等于他向世界宣布自己已经放下了仇恨。那么接下来等待他的是什么？苏轼自己都没有想到，没过多久，襟怀坦荡的他凭借才华攀上了文学的高峰。

他说风雨中，这点儿痛算什么

苏轼在黄州创作了一首著名的词——《定风波·莫听穿林打叶声》。他在这首词前面的小序中交代：三月七日，沙湖道中遇雨。雨具先去，同行皆狼狈，余独不觉。已而遂晴，故作此。

这个小序内容虽然短小，信息量却很大。这里说的沙湖，是黄州的一个地名。苏轼在《游沙湖》一文中记载："黄州东南三十里为沙湖，亦曰螺师店，予买田其间，因往相田。"我们知道，东坡先生在黄州变成一个地道的农民之后，在郭遘、古耕道等几位朋友的帮助下，收成还不错，生活也因此渐渐有了改观。据说他第一季的耕种，就收获大麦二十石（一石大概等于六十公斤）。这个收成相当可观了，再加上东坡上种植的其他农作物（如茶叶、桑树等），陆陆续续都有收获。苏轼留够了家中所需，把多出来的农作物变卖后得了一些银两积攒起来。转眼间，他到黄州已经是第三个年头了。元丰五年（1082）的三月初七，也就是寒食节刚过没多久，他刚写完天下第三行书《黄州寒食帖》，就在朋友的提议下去沙湖看地，打算置个产业，终老于此。

有的读者会觉得奇怪，认为我说得太夸张了，种了两年地就敢考虑买地盖房子，大宋的地皮也太不值钱了吧。您还真说对了，北宋元丰年间，偌大个中国，只有区区一千六百万户，大约相当于八千万人吧，最不缺的就是土地。当年苏洵二次返京，在东京汴梁一出手就买了占地半亩的豪宅，当时的苏洵家底儿可算不上殷实，只能说明大宋的房地产市场实在太过低迷。

不过苏轼最终没有相中这块地，他继续住在临皋亭，并修建了雪堂，直到离开黄州。

我们回到苏轼的序言。他说，他看田的时候，"雨具先去"，雨具被人先拿走了，因此，他和他的朋友都挨淋了。朋友们都狼狈不堪，只有他不觉得是个事儿，连躲避都不躲避，只顾在雨中继续行走。过了一会儿天晴了，于是他写了这首词。

"雨具先去"这几个字，很多人费解，雨具怎么先去了呢？这里面暗藏了一个故事——和他一起看地的人中，有方外好友道潜法师，号参寥子。参寥子是从杭州行脚来到黄州的。他的到来，让苏轼的生活多了一些色彩。两个人经常谈论佛法，也经常开玩笑。参寥子时不时冒出一些小故事来。比如，有一天他说："有一个人性子很慢，他上街之后，突然下起雨来，别人都跑，只有他不跑，慢悠悠地走。别人问他为啥不跑，他说跑也没用，前面的雨更大。"

这个故事让苏轼莫名地有了一种淋雨的冲动。而且，在他想象中，参寥子应该和他一起淋雨。

天遂人愿，从沙湖看地回来的路上，天色阴沉沉的。苏轼提议大家慢些走，好看看沿路的风光，走累了就去沿路的酒馆里聚个餐。大家齐声相应。这时，家童说："我可不可以先回去？夫人嘱咐我还有其他的家务，我把雨伞留给各位。"苏轼说："不要留，大和尚说了，要和我们一起淋雨。"家童听后，背着雨具径自回去了。

结果，雨真的下了，而且下得很大。苏轼用一首《定风波》记录下了这场雨，以及雨中的自己和朋友们：

> 莫听穿林打叶声，何妨吟啸且徐行。竹杖芒鞋轻胜马，谁怕？一蓑烟雨任平生。
>
> 料峭春风吹酒醒，微冷，山头斜照却相迎。回首向来萧瑟处，归去，也无风雨也无晴。

这场雨来势汹汹，同行的郭遘、古耕道看到不远处有个酒馆，飞也似的就跑过去，只有参寥子陪着苏轼慢慢走。苏轼非常开心，他满脑子想着参寥子讲的故事——跑也没用，前面的雨更大。走了一会儿，浑身湿透了，一阵冷风吹来，参寥子也跑开了。苏轼在后面叫道："你说好了陪我淋雨，跑什么啊！"

暴雨中只剩下苏轼一人，放眼望去，朋友们的背影都看不到了。雨打在四周的树上，他觉得这像是美妙的伴奏，于是他开始吟啸。啸声高亢，超过了雨声，天地瞬间被他的情绪笼罩——回想这些年，进京赶考、风雨对床、初值凤翔、通判杭州、密州治蝗、徐州治水、湖州入狱，如今被困黄州，这一路风雨，究竟是为的什么？抬眼看前方，依旧是连绵大雨……

在泥泞的道路上，他手中的竹杖提醒他现在只是个农民，只管前行吧！为什么苏轼在词中说"轻胜马"呢？马代表的是官员的坐骑。这一说很明白了，无官一身轻啊！"我光脚不怕穿鞋的，我是农民我怕谁？！"骨子里乐观的苏轼淋了雨，还不忘调侃一下自己。

此时的苏轼对于官场已经有些厌倦了，他甚至对做官有畏惧的心理，并由此产生了归隐的想法。正是基于这样的心态和情境，千古名句"一蓑烟雨任平生"诞生了。这"一蓑烟雨"不仅象征此时此刻的风雨，更象征人生的风雨。而"任平生"是说一生任凭风吹雨打，而始终从容、镇定，用旷达、乐观的心态对待人生。这句话就是苏轼的人生宣言，也是他一生的写照。苏轼就是以这样的人生态度过了他的一生，即使是在跌宕起伏的仕途上，甚至晚年被贬谪到遥远的岭南，他也没有过多流露出对人生的悲观。"一蓑烟雨任平生"就是苏轼成为"心态王者"的最有力证明。我第一次听到这句词时，马上想到的是我青少年时代听到的那首名为《水手》的歌，歌者郑智化用他略带沙哑的嗓音唱道："他说风雨中，这点儿痛算什么。"

不久之后，苏轼来到酒馆里和朋友们欢聚。雨停之后，他们继续赶路。一阵风吹来，苏轼感到有几分春寒，不过，紧接着他看到了远处的"山头斜照却相迎"。那么，晴好还是雨好呢？可能很多人会不假思索地说，晴好。可苏轼不这么说，他说："回首向来萧瑟处，归去，也无风雨也无晴。"

这首词到此戛然而止，整个世界一下子变得寂静无声。那么，苏轼是如何做到"也无风雨也无晴"的呢？他给出了答案，那就是"归去"二字。

这本来是东晋陶渊明《归去来兮辞》中的题眼，苏轼却巧妙地运用到自己的词境中。他深知每个人都将归去，荣辱都是过眼烟云，于是才有这样豁达而有深意的表达。此情此景，借表面的"归去"来阐述他的领悟——我们每个人的人生，灿烂也好，寂寥也罢，终将归去，仿佛根本不曾来过。"也无风雨也无晴"，也恰恰是禅宗的要义。风在动，幡在动，还是心在动？晴好，雨好，还是人生不过如此？

这首词可以说是苏轼在黄州的一个伟大转折。他从生命的风雨中参透了人生的况味，才有了在赤壁诞生伟大的"一词二赋"的可能。

伴随着经济的发展、社会的进步，今天的很多人也感受到了前所未有的竞争压力，常常陷入生命的风雨中，终日被抑郁、焦虑和不安裹挟着，看不到生命的阳光。我们阅读苏轼，聆听苏轼的故事，首先要学习的便是苏轼强大的内心和超强的抗打击能力。你总说自己的人生不顺利，如果和苏轼比呢？你是不是顺利多了？

一首词奠定千年词坛霸主地位

宋神宗元丰五年，苏轼因乌台诗案被贬至黄州已经两年有余，他渐渐从最初的"幽人"世界走了出来，开始爱上黄州的山山水水。耕种之余，他经常四处游览。以赤壁为例，有文字记载的，他的游览多达十二次。与他同游者先后有苏辙、苏迈、徐君猷、朝云、杨世昌、郭遘、古耕道、李委等人，当然，他独游赤壁的情况亦不在少数。

这一年的八月，苏东坡独自一人来到"乱石穿空"的赤壁矶。面对滔滔"东去"的大江，他联想起三国时期发生在这里的赤壁之战，怀古伤今，胸中涌起对古代英雄的追慕之情、对美好前景的向往之愿，写下了千古绝唱《念奴娇·赤壁怀古》。

这应该是绝大多数人都可以背诵的一首词作。我们不妨来重温一下。

词的上阕：

> 大江东去，浪淘尽，千古风流人物。故垒西边，人道是，三国周郎赤壁。乱石穿空，惊涛拍岸，卷起千堆雪。江山如画，一时多少豪杰。

"千古风流人物"出现了。这里的"风流"并非指不拘礼法、放荡不羁的人，而是指对一个时代有贡献、有影响的英雄豪杰。上阕出现了一位三国英雄人物，不是曹操，不是刘备，也不是孙权，而是周瑜。这也难怪，赤壁本来就是周瑜建功立业的地方。

关于古战场赤壁，历来众说纷纭。史学家考证出，当年周瑜大破曹军的赤壁之战的古战场在今天的湖北蒲圻县，而不是黄州。苏东坡写出赤壁三篇之后，黄州的赤壁被称为文赤壁，而蒲圻的赤壁自然就是武赤壁了。苏轼为什么会把黄州江边认作赤壁古战场呢？《黄州府志》中记载："崖石屹立如壁，其色赤，亦称赤壁。"清康熙年间，黄州知府、画家郭朝祚为了区别蒲圻赤壁，把这里定名为"东坡赤壁"，并题了匾额，当地人们则干脆称其为"文赤壁"。

东坡先生或许是有意错认吧，他在这里不过是聊借怀古以抒感，我们也不必过于较真儿，毕竟先生说了"人道是"，用字极有分寸。

词的下阕：

> 遥想公瑾当年，小乔初嫁了，雄姿英发。羽扇纶巾，谈笑间，樯橹灰飞烟灭。故国神游，多情应笑我，早生华发。人生如梦，一樽还酹江月。

依然是从周瑜谈起。他那么年轻，刚刚把美丽的小乔娶回家，真的是英姿雄健、风度翩翩、神采照人啊。你看他，根本没有金盔银甲披挂上马，他完全像个儒生一样，手中执着羽扇，头上戴着纶巾，从容潇洒地在说笑闲谈之间让八十万曹军溃不成军。这样的功勋好生让我羡慕啊！

东坡先生在这里刻画的周瑜形象实在是太有范儿了。这么一场大的战役，指挥官周瑜却仿佛不当回事儿，临战潇洒从容，说明他对这次战争早已成竹在胸、稳操胜券。

"羽扇纶巾"这个词很多人读后，第一反应是在写诸葛亮。的确，《三国演义》中塑造的诸葛亮才是羽扇纶巾的形象。在苏轼眼中，周瑜才应该这样穿戴，才应该如此从容、儒雅。

"谈笑间，樯橹灰飞烟灭"，抓住了火攻水战的特点，生动地描写了整个战争的胜利场景。水火无情，大江之上，竟然是火攻让战争出现了一边倒的格局。曹操只想到长江天堑难渡，却没有想到占尽地利的周瑜，同时也占尽了天时。一场一边倒的战争就这样发生了。

"故国神游，多情应笑我，早生华发。"是谁神游？是谁在笑？是东坡神游吗？东坡笑自己多情反被无情恼。一个因言获罪的团练副使，连一兵一卒都指挥不动，空有一腔报国之志却无法伸张，何其悲哀。从"故国"二字来看，又似乎是周郎神游吧。"这位二十四岁成为大将军，三十四岁就指挥赤壁之战的青年英雄看我在这里胡言乱语，看到我两鬓花白，他一定会笑话我吧？"年近半百的东坡先生在周郎面前真的是老夫了。

这首词所开创的宏大境界，是前所未有的，是划时代的。

据南宋俞文豹《吹剑续录》中记载，东坡问歌手："我的词和柳七郎的词比，有什么不同？"歌手说："柳郎中的词，只适合十七八岁女孩子，手拿红牙板，唱'杨柳岸晓风残月'。学士您的词，要请手拿铜琵琶、铁绰板的关西大汉来唱'大江东去'，才有那气势。"东坡先生听了，不禁绝倒。

对传统的破除，一定要等到天才出场。有了前几年《江城子·密州出猎》的成功起步，苏轼在赤壁矶这里又向前迈了一大步。从"会挽雕弓如满月，西北望，射天狼"的个人英雄主义，到如今"樯橹灰飞烟灭"之后的"人生如梦"，东坡先生的境界已经走到了文学史的制高点，那种宏阔、那种旷达早已超越了自我和现实。

英雄改变的是历史，做不了英雄的东坡先生却用他的诗词让自己成了千年词坛霸主，成了无法逾越的文坛英雄。

赤壁矶，苏轼顿悟的"菩提树"

元丰五年二月，苏轼在城东的东坡之上建成了草庐雪堂。从此，苏轼往来于临皋亭和雪堂之间。两地居住，来去方便，即便有客人来访，也很容易安排。

五月，苏轼的同乡好友杨世昌来黄州看望他。这个杨世昌是一位非常有才华的道士，也是一位有名望的画家，他比苏轼年纪小一些，却非常有见地。他的画奇崛高古，很入苏轼的法眼。杨世昌的传世画作《崆峒问道图》，今收藏在故宫博物院。

杨世昌在黄州住的时间不短，前后有三四个月。两人情同手足，朝夕相处。七月十六日"月明星稀"的夜晚，他们从临皋坐船沿江而上，去游览矶窝湖（亦名"鸡窝湖""赤壁湖"）。苏轼来黄州后有记载的赤壁之游总共有十二次，这是第五次。

在这次游览结束之后，苏轼写下了著名的《赤壁赋》，全文不算长，却是震古烁今的名篇。我们来看看这篇赋讲了什么。

开篇，苏轼交代了赤壁矶的美丽夜景：

少焉，月出于东山之上，徘徊于斗牛之间。白露横江，水光接天。纵一苇之所如，凌万顷之茫然。浩浩乎如冯虚御风，而不知其所止；飘飘乎如遗世独立，羽化而登仙。

江上起雾了，水光连着天际。二人穿过这仙境，仿佛也成了神仙。第一段已经进入一种天地大美的境界。

第二段，他和杨世昌开始联欢了。苏轼用手拍打船舷，唱开了——

桂棹兮兰桨，击空明兮溯流光。渺渺兮予怀，望美人兮天一方。

桂木船棹啊香兰船桨，拍打着被月光照得波光粼粼的水面，逆流而上。我的情思啊悠远茫茫，眺望美人，而美人却在天的另一方。

别以为苏轼只会豪放词，他写柳七郎味道的词也是好手。

看苏轼唱得这么欢，杨世昌掏出了箫给苏轼伴奏。这箫声太美了：有哀怨之意，也有思慕之情；有时像在啜泣，有时像在倾诉。余音在江面上回荡，如丝缕一般绵绵不绝。这样的声音能使深谷中的蛟龙为之起舞，能使孤舟上的妇人为之哭泣。

第三段，兴奋劲儿过去了，苏轼突然正襟危坐，问杨世昌："你的箫声为什么这么哀怨呢？"

杨世昌回答："'月明星稀，乌鹊南飞'。这不正是当年曹孟德的诗句吗？我们待的这个地方，不也正是当年周瑜大败曹孟德的地方吗？当年的曹操多么了不起啊！他攻陷荆州，夺得江陵，沿长江顺流东下，麾下的战船首尾相连延绵千里，战旗将天空全都蔽住。他豪迈不已，面对大江斟酒，横执长槊赋诗，可这位了不起的英雄人物现在又在哪里呢？看看当下的我们吧，我与你打鱼砍柴，以鱼虾、麋鹿为友，驾着这一叶小舟，举起杯盏相互敬酒，这就如同蜉蝣置身于广阔的天地中，如沧海中的一粒粟米那样渺小。我不由得哀叹，我们的一生放在历史长河中只是短暂的片刻，这怎能不让人羡慕长江无穷呢？我多么想携同仙人遨游各地，与明月相拥而永存世间啊。不过我知道，这是不可能实现的，我只得将憾恨化为箫音，托寄在悲凉的秋风中。"

苏轼借客人之口说出了英雄不在的现实，发出了"哀吾生之须臾，羡长江之无穷"的悲歌。这是个绝好的铺垫。第四段，苏轼将思想升华了，他说：

客亦知夫水与月乎？逝者如斯，而未尝往也；盈虚者如彼，而卒莫消长也。盖将自其变者而观之，则天地曾不能以一瞬；自其不变者而观之，则物与我皆无尽也，而又何羡乎！

这段文字是《赤壁赋》的核心。苏轼对客人说："你知道这水与月都是永恒的吗？时间流逝如水，但其实并没有真正逝去；阴晴圆缺如月，但终究也没有增减。如此说来，从事物易变的角度来看，天地万事万物无时无刻不在变动，连一瞬间都没有停止；而从事物不变的角度看来，万事万物又都是永恒的。明白了这个道理，我们还有什么可羡慕的呢？"

接下来他说：

> 且夫天地之间，物各有主，苟非吾之所有，虽一毫而莫取。惟江上之清风，与山间之明月，耳得之而为声，目遇之而成色，取之无禁，用之不竭，是造物者之无尽藏也，而吾与子之所共适。

我每读到此处，常常会流下泪来。东坡先生说，天地之间，万物各有主宰者，若不是自己应该拥有的，即使一分一毫都拿不到。我们能拿到的是什么？能拿到的只有江上的清风，以及山间的明月。为什么？因为听到便成了声音，进入眼帘便有了形色，取得这些不会有人禁止，无休止地索取也不会被取尽。这是大自然恩赐的没有穷尽的宝藏，我和你可以共同享有。

说到这里，已经没法再说了。两人接着喝酒，在船上过了一夜。"不知东方之既白"，睁开眼，天亮了。天亮之后的苏轼，已经和昨天不一样了。

正如释迦牟尼在菩提树下悟道、庄子在濠梁之上观鱼而寻到人生至乐、王阳明在贵州龙场悟道终成心学大师一样，黄州的赤壁矶就是苏轼悟道的地方。他在生命第一次遭遇谷底的时候，凭借顽强的意志和豁达的人生观让自己实现了生命的突围，在赤壁矶完成了人生的超拔，他一跃而起，从一个凡人瞬间变成了"坡仙"。

为自己过生日，归来仍是少年

元丰五年的苏轼完成了他生命中许多重要的作品，如《赤壁赋》《念奴娇·赤壁怀古》《后赤壁赋》《定风波·莫听穿林打叶声》《西江月·杜宇一声春晓》《临江仙·夜饮东坡醒复醉》等，不胜枚举。他的书法名作《黄州寒食帖》也完成于这一年。可以说，元丰五年的苏轼被完全激活了，他的文学与艺术同时达到了顶峰。

这似乎是一个规律——他在官场上得意的时候，往往没有什么惊世骇俗的作品出来。相反，但凡他官场失意，发外任为官或者被贬谪期间，都会有了不起的文学作品面世。

在黄州的第三年，他的心理已经基本调适好了。不少友人都来看望过他，包括艺术造诣极高的米芾以及他的故交陈季常。还有一些朋友和他保持书信往来，比如弟弟苏辙、好友李之仪等，他喜欢在书信中附上自己的近作。他的作品渐渐成为一些友人的期待。与此同时，他的读者群在渐渐扩大，从几个知己朋友渐渐扩大朋友圈，其中包括退休后的王安石及京城的"男一号"神宗皇帝。

苏轼不知道他会在这个江边小城待多久，也许还要一两年？十年？抑或是后半生都在这里？他不知道。进入到为官的序列之后，他已经不再属于自己。他的宦海沉浮、是非荣辱都是他人决定的。每每想到这一层，苏轼就觉得有一种虚无感涌上来。渐渐地，这种虚无感也没有了，因为未来会怎样，谁也无法把握，那就过好当下吧。

黄州的好友潘丙、郭遘和古耕道儿乎和他形影不离，他们三个人在苏轼最困难的时候给了他淳朴的友谊和无私的帮助，连续两年的正月二十，他们都一起去离黄州十里的女王城游玩，野老苍颜温暖着苏轼贬谪的岁月，苏轼甚至和他们约定年年相聚于此，过闲云野鹤一般的生活。也正是在这三位朋友的陪伴和见证下，苏轼渐渐成为东坡。如果说苏轼是那个一心追求功名的官员，那东坡则是那个已经脱胎换骨的、幽默的、文采卓越的文人，是那个豁达、充满智慧的禅者。

元丰五年的冬月，东坡先生对几位老朋友说："三年前我来黄州可以说是死里逃生。现在安顿下来，多亏了几位老朋友的帮助。腊月十九是我的生日，那一天，我想请各位一起游赤壁，我们就在江上欢聚一场，如何？"朋友们为他这个颇为新奇的建议连声称好，因为那一天，东坡先生会邀请大家好好撮一顿。

说起过生日，这在今天不算什么稀罕事儿，可是在古代好像就不多见了。有人考证，在魏晋南北朝时期的江南地区，人们已经流行在生日这天大吃一顿。苏东坡身上本来就有些魏晋风度，因此这个提议也算有所依照。

时间很快就来到腊月十九，东坡请了七八个人，提前安排渔娘在船上烧火烹调，颇有一番热闹景象。酒过三巡，突然，江面上由远而近传来悠扬的笛声。郭遘和古耕道都是懂音律的，他们齐声说："这笛声很有味道、很有新意，不是一般人可以吹奏出来的。"说完，他们拉着东坡一起到船头观看。只见不远处一艘小船正在向他们的大船靠近，船头站立一人，虽是夜晚，但借助渔火也可以看清来人——一个看上去不过二十几岁的年轻人，头戴青巾，身穿紫裘大氅，英俊潇洒。年轻人也看到了东坡先生，连忙止住笛声，双手施礼。

东坡先生也很客气，问他因何而来。年轻人说："晚生不才，对您崇敬有加。我偶然听说，先生您今日要在此办生日会，虽然我跟您素不相识，无缘成为座上宾，但是我知道在这里或许能够得见尊颜。所以，我为您精心谱了一曲《鹤南飞》，就是刚才我吹的这一曲，我用这支曲子作为生日礼物敬献给您。"

东坡一听开心不已，便邀请他一起过来吃饭喝酒。年轻人也没推辞，双脚踏上了大船，开始和众人饮宴。

大家并没有怠慢这位突然到访的客人，纷纷劝酒，交流中得知这个年轻人叫李委，是个进士，但没有为官，浪迹江湖。

李委兴致来了，又为大家吹奏了几曲。那笛声气势高昂，仿佛可以穿云裂石，宾客们边喝酒边聆听动人的笛声，一个个都醉了。东坡先生说："谢谢你送给我和我的朋友们这么好听的乐曲，请问我能为你做点什么？"

李委说："我无意功名，只想过闲云野鹤的日子，四处拜访高人。今天能够见到先生，是我三生有幸。不知道可不可以请先生您为我写一首诗呢？"说着，他从袖中掏出早已备好的纸。东坡笑着接过纸来，挥笔写下一首七绝：

> 山头孤鹤向南飞，载我南游到九嶷。
>
> 下界何人也吹笛，可怜时复犯龟兹。

李委参加完苏轼的生日会，应该是留在黄州住了一段时间。南宋胡仔在《苕溪渔隐丛话》中记载："元丰六年，李委与苏轼相别之前再次饮酒于赤壁下，李委酒酣作数弄，风起水涌，大鱼皆出。山上有栖鹘，亦惊起。"

从此，李委这个仙人一般的年轻人再也没有出现在东坡的生命里。然而，"献曲求诗"的故事却成为千年绝唱，无数次被人提起。有人把这个故事和王羲之"黄庭易鹅"以及后来的赵孟頫"写经换茶"放在同等高度来看。王羲之爱鹅，用抄写的《黄庭经》换了一群大白鹅；赵孟頫抄写《心经》，为的是品饮中峰明本禅师泡的茶，听其讲经说法。在这些历史的瞬间，世俗的价值已经没有什么意义了，情感和意趣成了故事的主题。

为自己过生日的东坡如同南飞的大雁，在天空中神游了一把。而眼前这个潇洒多才的李委，又何尝不是东坡曾经少年时代的影子？

我弹的不是琴，是我那颗无染的心

苏东坡曾经说自己有怪癖，能饮但是不解饮，会下棋但是不解棋，善于弹琴但是不解琴。这是他难得一见的谦卑。然而在后世无数东坡迷的心中，东坡先生必须是一等一的多面手，尤其古琴这样重要的乐器，他一定是精通的。

明代的琴家张右衮在《琴经·大雅嗣音》中就说："……琴世其家，最著者……眉山三苏。"也就是说，不光他弹琴好，他们一家人弹琴都好。的确，苏洵善于弹琴，而且他身上有豪侠之气，这样的人弹出来的琴声令人神往。北宋嘉祐四年，苏轼兄弟为母亲丁忧结束，全家人在父亲的带领下离开眉山去汴京安家，沿水路来到泸州。苏轼在船上细心凝听父亲弹琴，陷入了深深的思考，并写下了《舟中听大人弹琴》，其中有这几句：

千家寥落独琴在，有如老仙不死阅兴亡。

世人不容独反古，强以新曲求铿锵。

苏轼想说什么呢？在当时有一种风气，一些琴人觉得北宋的文化很发达，而从先秦到汉唐，流传下来的古曲也没多少，那不妨创造一些新曲出来。苏轼对此是有看法的，他认为古琴就应该弹古曲才有古意。"我父亲苏洵是何等人物，他一直在遵循古训，弹的是古曲，你们有几个能超过我父亲啊？劝你们还是不要随便革新吧。"所以，他说"世人不容独反古，强以新曲求铿锵"。

苏轼写这首诗的时候，只是二十岁出头的年纪，却已经有了这样的见地。

当然，很多人提起苏轼和琴的关系，还是首先说到那首著名的《琴诗》：

若言琴上有琴声，放在匣中何不鸣？

若言声在指头上，何不于君指上听？

这首诗什么时候写的呢？苏轼在黄州的时候，是元丰六年（1083）闰六月。当时，武昌主簿吴亮采来找他，请他为朋友沈君的琴题个琴铭。于是苏轼作了此诗。

这首诗很像是在抬杠，全诗没有一个生僻字，读起来完全是大白话一般，而且前后两个发问，没有回答。难怪清代大才子纪晓岚说："此随手写四句，本不是诗，搜辑者强收入集。千古诗集，有此体否？"在纪晓岚看来，这四个句子根本构不成一首诗，没有起承转合，也没有赋比兴，就是平常的四句话嘛！

清代另一位文化大家赵翼在《瓯北诗话》中为苏轼辩解："若反以新为嫌，是必拾人牙后，人云亦云。"

这首诗其实是充满禅意的。诗的大意和佛教经典《楞严经》中所说的"譬如琴瑟、箜篌、琵琶，虽有妙音，若无妙指，终不能发。汝与众生，亦复如是"的含义大体相同。《楞严经》认为，众生要想得到修行上的圆满，不仅要靠自己的努力，还需要得到明师的指导，只有"因缘具足"才能达到开悟的结果。在诗中，苏轼摆出了佛家中的"虽有妙音，若无妙指，终不能发"的思想，同样道理，如果只有手指而没有琴，也是不能欣赏到乐声的。这首看似简单的诗，恰恰带有宋代诗歌说理的特点。

苏轼自称不解琴，这的确是谦虚的说法。所谓解琴，当然不只是了解琴的构造、知道多少首琴曲这么简单，而是深知琴的意趣。

苏轼写过《杂书琴事》，其中有一节题为"戴安道不及阮千里"，讲了这样一个故事——

"竹林七贤"之一阮咸的儿子阮瞻，字千里，苏轼文中的"阮千里"就是指他。他喜欢弹琴，一旦演奏起来，就完全投入其中。至于什么人在听，他根本不在乎。与此相对照的一个人是高士戴逵，字安道，也就是著名的"雪夜访戴"故事的主人公之一，他也是当时著名的琴家。想听他的琴，可就不那么容易了，需要提前预约，他要对听琴人的身份进行考量。如果是权贵前来听琴，他会拒之千里。晋元帝司马睿之子——武陵威王司马晞，是一位权重一时的人物，命戴逵为之弹琴。戴逵为了不给他弹琴，故意把琴摔碎，以表明自己的高风亮节。苏轼对此发表议论说："戴安道之耿介，不如阮千里之达观。"在他看来，阮千里的不分辨恰恰是真自在，格调更高。现实生活中的苏东坡，何尝不是阮千里一样的人呢？在他眼里，世上就没有一个不是好人，与其煞费苦心去分别好人坏人，还不如超然一些、散淡一些。

苏轼一生写的关于古琴的诗词非常多，并且他还拓展了琴论。儒家一直奉行"士无故不彻琴瑟"，这一个"士"字点明了古琴对应的人群属性——士大夫。古琴艺术被士大夫看作雅、正音乐的代表。而琵琶、筝等则是民间演奏

"郑卫之音"的乐器，不足以登大雅之堂。但是苏轼却不这么认为，他鲜明地指出，在周朝时，古琴也是演奏"郑卫之音"的乐器。也就是说，古琴曾经也是一件民间乐器，和流行的琵琶、古筝没有什么区别，只是后来被赋予了雅、正的含义。我们由此可以看出苏轼读书之细致，见解之独到。他这一提法在明代得到了大思想家李贽的极力推崇，李贽在东坡琴论的基础上进一步阐明了"琴者心也"的观点 —— 只要表达自己的内心就好，哪来的士大夫专用？！

苏轼家里收藏有几张著名的"雷琴"，其中一张做工尤其精湛，却无人可以弹响。苏轼翻来覆去观察多日，最终把琴拆开后发现了一个木卡条，原来是制琴师为了防止不懂音律的人乱拨琴弦而故意设置的机关。苏轼去掉卡条之后，一拨动琴弦，美妙的声音立刻出来了。从此，苏轼就把这张琴视为知己，一直带在身边。

夜阑人静的时候，他常常抚琴。瞬间，思绪便与天地融为一体了。

快哉亭里说快哉

苏东坡在黄州结识了一位朋友，名叫张怀民，字梦得，又字偓佺，河北清河人。大约在元丰六年年初，张怀民被贬到黄州担任主簿，官不大，但是还有点儿权力，境况比苏东坡要好一些，而且张怀民原本就有些家底儿。两人因为相同的遭遇来到黄州，一见如故，很快就成了要好的朋友。

张怀民是一个人来到黄州的，因此比较清闲。他住在承天寺里，这和苏轼住在定惠院中很相似。不久，张怀民在临皋亭和承天寺之间修了一个亭子，修亭子的目的就是"观览长江胜景"。东坡先生很欣赏张怀民的气度，便应邀填了长词——《水调歌头·黄州快哉亭赠张偓佺》。

东坡先生在《水调歌头》中，特别爱出名句，比如"人有悲欢离合，月有阴晴圆缺，此事古难全"，又如"我醉歌时君和，醉倒须君扶我，惟酒可忘忧"。这首词，上阕有"认得醉翁语，山色有无中"，下阕有"一点浩然气，千里快哉风"的名句。

词的上阕：

落日绣帘卷，亭下水连空。知君为我新作，窗户湿青红。长记平山堂上，欹枕江南烟雨，杳杳没孤鸿。认得醉翁语，山色有无中。

大意为：落日中卷起绣帘远望，亭下江水与碧空连成了一片。为了我的到来，你特意在窗户上涂上了朱漆，色彩犹新。这让我想起当年在扬州，在我老师欧阳修亲自修建的平山堂中，靠着枕席，欣赏江南烟雨，遥望天际孤鸿出没的情景。

东坡先生站在快哉亭里想起了恩师欧阳修的平山堂，并且借用了欧阳修的句子：山色有无中。他觉得恩师这句诗放在这里也是非常恰当的。其实这句诗也不是欧阳修原创，原创者是王维，王维在《汉江临泛》一诗中说："江流天地外，山色有无中。"可见，美好的情致是相通的。

词的下阕：

一千顷，都镜净，倒碧峰。忽然浪起，掀舞一叶白头翁。堪笑兰台公子，未解庄生天籁，刚道有雌雄。一点浩然气，千里快哉风。

广阔的水面明净如镜，碧峰的影子倒映其中。忽然江面波涛汹涌，只见一个老渔翁驾着小舟在风浪中掀舞。见此情景，我不由得想起了宋玉的《风赋》，可笑宋玉一生都不可能理解庄子"风是天籁"的说法，他硬说什么风有雄雌。

这里用到了战国时期宋玉的典故。宋玉在《风赋》中说风是有级别的，大王感受到的风是雄风，普通老百姓只能感受到雌风。在苏轼眼里，宋玉太会拍马屁了，而且拍马屁拍得让自己没有一点儿文人风骨了。不就是刮个风吗？竟然还能分出雌雄贵贱来。

东坡先生指责完宋玉，话锋一转，把孟子搬了出来。孟子说过，"吾善养吾浩然之气"。

黄州贬官张怀民，因为苏轼这首《水调歌头》而不朽。其实，这并非苏轼生命中第一个快哉亭。早在熙宁九年，苏轼在密州任上的时候，超然台建起来后，他就把旁边一个小亭子命名为快哉亭。熙宁十年在徐州的时候，李邦直建了个亭子，请苏轼取名，他便命名为快哉亭，并且写下了《快哉此风赋》。在这篇赋文中，苏轼对宋玉的"雄风""雌风"说就有了自己的观点，他认为，"快哉风"是"贤者之乐"。

元丰六年的黄州，此情此景很像徐州，同样是江边，同样是快哉亭。然而，这时候的苏轼已经脱胎换骨，他在张怀民的快哉亭中寻见了孟子的浩然之气。"一点浩然气，千里快哉风。"这一豪气干云的惊世骇俗之语昭告世人：一个人只要具备了至大至刚的浩然之气，就能超凡脱俗，刚直不阿，坦然自适，在任何境遇中都能处之泰然，享受使人感到无穷快意的千里雄风。

苏辙也受邀为快哉亭写了一文，除了和哥哥一样挖苦了一通宋玉，他还说："士生于世，使其中不自得，将何往而非病？使其中坦然，不以物伤性，将何适而非快？"读书人生活在世上，假使心中不坦然，那么到哪里才可以没有忧愁呢？假使襟怀坦荡，不因为环境变化而伤害自己的天性，那么在哪里还能感受不到快乐呢？

苏辙强调"将何适而非快"中的"适"字，这是他的主张。在他眼里，张怀民就是个天性坦荡的人，是个可以自适的人。他的言外之意是：物以类聚，人以群分，我那可爱的兄长苏轼自然也是这样的人，我也不例外。

岭南归来的女子，让我找回家乡

"此心安处是吾乡"是苏轼在黄州期间为后人贡献的金句之一。它的诞生，背后有一个耐人寻味的故事。

话还要从乌台诗案说起，这场宋代的文字狱牵连了很多人，其中被贬最远、受处罚最重的是王巩。他被贬到了广西宾州，也就是今天的南宁宾阳县，属于岭南。

岭南在宋朝时是实打实的荒蛮之地，偏僻遥远，环境恶劣，加上古代交通不便，很多人长途跋涉后都会水土不服或突发疾病，常有被贬官员或被流放的人在被贬地凄然离世，甚至有的人在去的路上就含恨而终了。当时的人们提岭南而色变。

王巩自幼饱读诗书，书法和绘画也出类拔萃，苏轼赞他如李太白在世。两人之间互相酬答的诗文很多，这可能也是王巩被责罚较重的主要原因吧。

因为自己的事让朋友无辜受牵连，这让苏轼非常内疚，他给王巩写过很多书信，鼓励和安慰他。元丰六年，王巩终于奉诏北归，得以和好朋友苏轼相见。两个真心相待的朋友历经磨难再次相聚，实在是感慨万千。

王巩在黄州宴请苏轼。席间，王巩叫来了歌女献唱。歌女名叫宇文柔奴，亦称寓娘，她一路追随王巩远赴岭南，堪称王巩的红颜知己。柔奴缓缓而歌，歌声嘹亮婉转。苏轼曾经在徐州见过她，这次他惊奇地发现，虽然久经风霜，柔奴却丝毫没有仓皇落魄之态，也不见憔悴的神色，反而愈加美丽动人、神采奕奕。这样的反差让苏轼十分不解，一曲终了，苏轼试着问道："岭南的风土，应该不是很好吧？"

没想到柔奴却莞尔一笑，坦然地回答说："此心安处，便是吾乡。"

柔奴说话的声音不大，却如同洪钟一般在苏轼的耳边炸响。苏轼被眼前这位弱女子的回答惊住了。

我们知道，苏轼来到黄州以后，读得最多的是佛家和道家的书，借此来排遣内心的苦闷。柔奴的回答让他想起了一则禅宗公案——

慧可向达摩提出了第一个求法之问："诸佛法印，究竟怎样？""诸佛法印，并不是从他人那里获得的，那完全是自己从心而得。""那么我的心就从未安宁过，请师父先为我安心。""啊，你的心不安吗？好。你把心拿出来，我来为你安顿！""心，我的心呢？我为什么拿不着、见不到呢？"这个时候，达摩祖师神情严肃，喝了一声："好了，你的心我已经为你安顿好了！"慧可就在这一喝之下，顿然觉得心神宁静、四体通透，恍惚间竟然开悟了。

苏轼呆坐着，举起的酒杯险些洒出酒来。他回转神来，把本来要敬给王巩的酒敬给了柔奴。

送走王巩，苏轼写了一首《定风波·南海归赠王定国侍人寓娘》：

常羡人间琢玉郎，天应乞与点酥娘。尽道清歌传皓齿，风起，雪飞炎海变清凉。

万里归来颜愈少，微笑，笑时犹带岭梅香。试问岭南应不好，却道：此心安处是吾乡。

柔奴做梦也没有想到，她一句朴素的人生感悟竟然进入了苏轼的诗词中。

岭南归来的女子，让东坡先生找回了家乡。这家乡不再单单是四川眉山，而是他生命中得以安心的每一个地方。晚年，在海南长达三年的贬谪生涯即将结束，东坡先生写出了更为感人的句子——"我本儋耳人，寄生西蜀州。"他这样说，绝非仅仅舍不得海南的朋友们，他说的是真心话，因为他曾经把心真正放在了海南。这次离开，注定不会再来，还有什么比离开家乡更让人留恋的事情吗？

四海为家，通常情况下用来形容志在四方的人。而几度流离，看惯了秋月春风的苏东坡，体会到了四海为家更深层的意义，这恰恰是一种对生命充满大爱的境界，值得我们久久玩味。

第八章

江南道中

时间：宋神宗元丰七年四月至宋神宗元丰八年十一月

地点：九江、南京、镇江、扬州、宜兴、盱眙、常州、商丘、萧县、登州

　　这是一段常常被人忽略的旅程。东坡先生接到朝廷敕命，调任汝州团练副使。很显然，朝廷原谅了他的过错，换作一般人，可能会星夜兼程直奔汝州赴任。然而，由于东坡先生被囚禁在黄州太久了，亲友荒疏，于是他向朝廷上表，申请安置亲眷。之后，他踏上了这一段漫长而多彩的旅程。

　　他先去江西筠州看望了弟弟苏辙，顺路去九江游览了庐山，并留下了著名的《题西林壁》。之后，他一路舟行，去南京拜会了"老政敌"王安石，去镇江见了佛印。此时，小儿子苏遁去世，苏轼心灰意冷，向朝廷正式提出在常州养老的请求。他一边等待朝廷批复，一边在江苏、安徽一带访友。他去了泗州（盱眙），写出了千古名句"人间有味是清欢"；他去了安徽萧县，为的是看看他魂牵梦萦的灵璧石……

在庐山遇到李白，到底谁才是真正的谪仙？

元丰七年，苏轼接到了来自汴梁的好消息。皇帝对他重新起用，但是并没有把他召回汴梁城，而是把他调到了汝州，做同样大的官——汝州团练副使，但还是签字不算数。即便如此，地理上的亲近是很明显的，汝州离汴梁不过百余里路，这说明皇上还是愿意把他放在身边的，而且对苏轼的这次任命是宋神宗亲自书写的圣旨，足见其重视程度。这可以说是对乌台诗案的一个终结。

苏轼接到任命后，并不急于北上。黄州的经历让苏轼看透了世态炎凉，看透了官场险恶。他原本就做好了在黄州养老的准备，特赦之后，他又重拾江南旧梦，打算先去江西看看老弟苏辙，于是有了九江之行。

大侠陈季常一路护送苏轼来到了九江。辞别之后，苏轼在道潜的陪同下上了庐山。上庐山之前，苏轼和道潜说好不写诗。道潜明白，苏轼因为写诗获罪，心理有了阴影。而苏轼心中或许还有另一个原因，毕竟在他之前伟大的诗人李白来过，写下了著名的《望庐山瀑布》，"飞流直下三千尺，疑是银河落九天"这样的珠玉在前，自己就别写了吧。

然而，他刚到庐山，就听到热情的山民沿路高喊："苏子瞻来了，苏子瞻来了……"这种众星拱月一般的感觉让他很愉悦，寂寞黄州已经成了过往，如今，他迎来了更为自由和明朗的世界。要不，还是写吧！他一口气写了三首诗——《初入庐山三首》，每一首都有经典句子。第一首中有"可怪深山里，人人识故侯"，第二首中有"要识庐山面，他年是故人"，第三首中有"如今不是梦，真个在庐山"。

这三首诗写完，立马得到了道潜的表扬。苏轼开心极了，这一僧一俗携手穿云入雾，看到了庐山瀑布。但是，苏轼没有写诗，他完全被瀑布的雄伟、壮阔震慑了。流水仿佛来自天上，直落潭底，发出震耳欲聋的声响，苏轼再次感受到人在大自然面前很渺小。他完全沉浸在迷幻的神仙境界中，又一次产生了出尘的想法。不久后，他一路辗转到了常州，这才写了《开先漱玉亭》一诗，算是补上了庐山之行的空白。他用和李白一样浪漫的笔触描写了那个美好的当下，其中有几句是这样的：

　　　　我来不忍去，月出飞桥东。荡荡白银阙，沉沉水精宫。

　　　　愿随琴高生，脚踏赤鲩公。手持白芙蕖，跳下清泠中。

幸亏苏轼没有真的跳下去，否则我们后面的故事就没法讲了。

看完了瀑布，苏轼在道潜的陪同下来到东林寺，拜会了常总禅师，并送给他一首诗：

　　　　溪声便是广长舌，山色岂非清净身。

　　　　夜来八万四千偈，他日如何举似人？

这首诗在佛教中名气相当大，但是世人提的更多的是另一首。

在常总禅师的陪伴下，他们来到了西林寺。苏轼在西林寺的墙壁上写道：

　　　　横看成岭侧成峰，远近高低各不同。

　　　　不识庐山真面目，只缘身在此山中。

之所以不能看清庐山的真实面目，是因为身处庐山之中，视野受局限。这首诗以简短的诗句激起了人们的思考，也带给人们启迪：因为所处的位置不同，看问题的角度不同，对事物的认识也不同，因而得出的结论必然是片面的；只有想办法站在更宽广的角度，认识到事物的全貌，才能看到事情的真相。

这首诗写好，苏轼就下了庐山。他自己也没有想到，这首诗对后世的影响会那么大。黄庭坚对其非常推崇，他说："此非笔端有舌，安能吐此不传之妙？"

才华横溢的苏轼巧妙地绕开了李白，用自己的角度写出了历史上第二首不朽的庐山诗。然而，他万万没有想到，就在九江，他最终还是没有绕开李白。

苏轼下了庐山之后，先去筠州看望了弟弟苏辙。这是苏轼自贬至黄州以来，兄弟二人第一次相逢，而且是和苏辙全家相聚。他们说着眉州的土话，回忆着这些年来的过往，其乐融融。然而，相聚终是短暂，苏辙公务繁忙，苏轼住了六七天便告辞了，他回到了九江。为什么呢？他要在九江等候自己的家眷。道潜和苏轼一起住进了九江慧日院，在等候苏轼家眷的日子里，他们就近走访，有一天来到了九江天庆观。九江原名浔阳，天庆观在唐代名为紫极宫，李白留下了一首诗《浔阳紫极宫感秋诗》。

李白写这首诗的时候，四十九岁。苏轼一想：当下，我也四十九岁。

李白写这首诗的时候，是在被贬谪途中。苏轼一想：太巧了，我也是在贬谪途中。

苏轼默默诵读着李白的诗："四十九年非，一往不可复……"

接下来，他写了一首《和李太白》，其中有以下几句：

> 流光发永叹，自昔非余独。
>
> 行年四十九，还此北窗宿。

两位伟大的谪仙，在九江不期而遇。苏轼后面的人生经历，可谓大起大落，他最终被贬到了海外儋州。在我们的认知世界里，谪仙李白更像是从天上被贬到凡间。而我们的"坡仙"，在现实世界被贬的道路上渐行渐远。希望他不是为了赌气和李白争这个"谪仙"的称号。

与老政敌王安石的"亲密接触"

苏轼离开九江后，沿长江北上来到了南京。船刚靠岸，他便差人给隐居在半山园的王安石送了一份拜帖。天下人都知道他和王安石是政敌，为什么还要相见呢？在坦荡的苏轼眼中，他和王安石之间没有什么个人恩怨，只不过是为了改变朝廷积弱的局面充当了不同的角色。在朝堂之上，他们有过争执，但他们的争执是君子之争。

一方面，他们的确政见不同；另一方面，他们又实在惺惺相惜。当年苏轼身陷囹圄，王安石非但没有落井下石，还特地托人带话给宋神宗，说："安有盛世而杀才士乎？"宋神宗毕生所愿是当个名垂青史的明君，所以王安石这句话对他有很大影响。

王安石归隐南京半山园后，朝政由吴充等人把持，形势已大不如从前。苏轼离开密州任后，在和范镇的交流中，反思自己在变法之初仓促站队，所作言论颇有些意气用事，具有相当的片面性，缺乏足够冷静的思考。王安石受到构陷辞官之后，大家反而觉得，这朝堂之上就缺乏像王安石这样一个敢作敢为的斗士。那时候的苏轼便萌生了抽时间去南京拜会王安石的想法。未承想，接下来的几年，做徐州知府，去湖州任上，然后就发生了乌台诗案，被贬至黄州四年有余。

作为当时北宋文坛最耀眼的两颗巨星，他们在性情和学问上是彼此欣赏、彼此认同的，只是碍于苏轼是罪臣不可离开黄州，而王安石又年老体衰不便赶赴黄州，这才一直未能见面。王安石虽然隐居金陵，不问世事，但是对于被贬至黄州的苏轼还是分外关注的。黄州四年是苏轼灵感的井喷期，《念奴娇·赤壁怀古》《定风波·莫听穿林打叶声》《前赤壁赋》《后赤壁赋》等诸多名篇，都创作于这一时期。

一次，黄州来人说苏轼酒后又出佳作，王安石赶忙要赏读。当时已是黄昏时分，但尚未掌灯，王安石等不及了，跑到院子中，就着晚霞的微弱光亮读起了苏轼的新作，一边看一边感叹说："苏子瞻真乃人中之龙也！"

念念不忘，必有回响。从熙宁四年苏轼去杭州算起，他和王安石已经阔别十三年。王安石收到拜帖非常高兴，差人回复苏轼后，立即赶往江边与之相会。苏轼收到回复即刻迎往前行，刚走出几里路便看见一位老者骑着毛驴迎面而来。这位老者便是王安石。苏轼深施一礼："今日子瞻敢以野服见大丞相。"王安石立即挽住苏轼的手说："这世间的礼俗，岂能适用于你我二人？"

王安石约东坡去半山园小住，这一住就是一个月。这次金陵之会，两人促膝长谈，唱和诗文，谈佛论道，游山玩水，不亦乐乎。这是一次堪称伟大的会面，当世两大才子一笑泯恩仇，王安石甚至表达了想让苏轼买田金陵、做邻居的愿望。

两位大文豪胸怀开阔，不仅不再纠缠昔日的恩怨，在文学上还成为真正的知音。王安石陪苏轼看了几处房子，但都不甚满意。两位大文豪最终也没能一起终老。

分别之时，王安石看着苏东坡远去的背影，自知此生无缘再遇如此知己，不禁感叹道："不知更几百年，方有如此人物。"

他们二人成为后世文人惺惺相惜的典范。

不久，苏轼写下了《次荆公韵四绝》，其中一首是：

骑驴渺渺入荒陂，想见先生未病时。

劝我试求三亩宅，从公已觉十年迟。

元丰八年，神宗驾崩，哲宗继位，旧党掌权，想把变法全部推翻。苏轼一反常态，坚持新法不可以尽废。次年，当最后一条新法"免役法"也被废除后，王安石抑制不住内心的痛苦悲愤离世。当时苏轼已经回朝，他在草拟的《王安石赠太傅》中高度评价了王安石：

瑰玮之文，足以藻饰万物；

　　　　　卓绝万物，足以风动四方。

　　两位在别人眼里的老对头却都给了对方如此高的评价，这或许就是大宋文人的胸襟吧。

佛印：让苏东坡甘拜下风的"段子手"

　　佛印和东坡之间的故事有很多，而且不乏被大家所熟知的，比如下面这个故事就特别有名。有一天，东坡打坐时突然灵光一现，得了一首偈子："稽首天中天，毫光照大千，八风吹不动，端坐紫金莲。"他非常得意，手抄了一遍，然后对小童说："江对面有一位佛印和尚，平常老和我论道，如今我这首偈子的境界，相信他修不到。你立刻过江去，把这偈子送给他，看看他如何说。"小童立即动身过江，后面的故事大家都知道了，对方在苏轼的手稿旁批注了"放屁"两个字，让小童带回来。东坡一看这评语，气不打一处来，立刻亲自过江理论，还没到对岸就看见佛印已经在江边迎候了。佛印笑道："居士不是八风吹不动吗？怎么我这一屁就把你打过江来了呢？"

　　还有一个故事说有一次两人一同游玩，东坡看到一条狗在河边啃骨头，愣了一会儿，对佛印说："你看，狗啃和尚（河上）骨。"佛印一听，心想：好你个苏东坡，又来找事。他灵机一动，一把抢过苏轼的扇子，扔到河里，笑嘻嘻地对东坡说："水流东坡诗（尸）。"

　　这两个故事看似鄙俗，却都有深意。"一屁过江来"可以称得上禅宗公案了，目的是要破除执着。而后面的对子即便是杜撰的，也称得上诙谐妙趣。真真假假的故事，呈现出他们别具一格的特点。东坡在碰到佛印之前，和人斗嘴从无败绩，碰到佛印之后却屡屡碰壁。

　　那么，这个佛印究竟是何许人也？

　　佛印禅师生于 1032 年，比东坡年长几岁，法名了元，字觉老。他自幼学习儒家经典，三岁能诵《论语》、诸家诗，五岁能诵诗三千首，长而精通五经，被称为神童。他出家之后也很有作为，先后担任过九江承天寺、庐山开先寺、镇江金山寺等名刹住持，在佛法上的修为和造诣非常高。

他和苏轼结识于苏轼被贬至黄州之后。在最落寞的时光里，苏轼突然接到了佛印的来信。佛印在来信中说："我不久前和一代高僧大觉怀琏相会，怀琏向我郑重介绍了苏先生，我对您的才华极为钦佩，这次冒昧写信是想和您成为朋友。等过一阵子，我去黄州看您。"

东坡回信说，感谢禅师对自己"劳问备至"，可惜他"无缘躬诣道场，少闻謦欬，但深驰仰"，大意是："当下的我没有人身自由，因此也没法去看您，不能和您愉快交流，但这影响不了我对您深深的敬仰啊！"

不能见面，那就写信吧。元丰三年六七月间，苏轼给佛印写了十二封信。佛印也一定写了很多，两个人似乎有一肚子说不完的话。

苏轼离开黄州后，漂泊江南，买田置地。在秦观的陪同下，苏轼专程去镇江金山寺看望了佛印。他们这次相会依然以斗嘴开始。

佛印问东坡，居士来做甚？

东坡说，已经彻悟，来剃度。

佛印说，施主来晚了，寺中沙弥数量已经够了，没你的位子了。

东坡说，和尚好偏心眼儿。今天本居士以四大为座，有何不可？！

佛门所说的"四大"，是地、水、风、火。地是坚硬的，如同人身体的筋骨、牙齿、肌肉等；水是润湿的，如同人体之脓血、唾液、鼻涕、眼泪等；风是流动的，如人之呼吸动转；火是燥热的，如同人身体内的温度。"四大"加起来，刚好是个人。

众人都觉得东坡的回答很妙，齐声叫好。于是，东坡的诗作出来了：

> 百千灯作一灯光，尽是恒沙妙法王。
>
> 是故东坡不敢惜，借君四大作禅床。

两位爱打趣的朋友，友谊维持了数十年。东坡只要一有机会到江南，就去找这个有趣的和尚聊天。佛印的禅房里，只要东坡在，一定是笑声不断。

苏东坡年近半百才决定买房？

苏轼一家在赶赴南京途中，爱妾朝云生的儿子苏遁不幸夭折于舟中，这让朝云悲恸欲绝，东坡先生也是无限哀伤。

苏轼非常珍爱朝云。苏遁生下来之后，东坡写了一首诗，其中有一句："惟愿孩儿愚且鲁，无灾无难到公卿。"他对这个孩子寄托了特别的希望和情感：你傻一点儿、笨一点儿没关系，没灾没病过一辈子，当个官儿就挺好。东坡在这里也没忘顺便调侃一下朝堂之上的同僚们。

但是没想到这个儿子在一路舟车劳顿中感染热病去世了。苏遁的离世，让东坡先生陷入对生命的沉思。东坡在黄州做过那么多善事，包括拯救溺婴，按说现世报不应该报在他身上。但他很快就想明白了：宦海沉浮，能换取内心的充盈吗？恐怕还是余生多陪一陪家人才是正道啊。政治上前途未卜、老来丧子、一家二十几口流离江南，世间还有比这更悲惨的吗？

见过王安石以后，他很羡慕王安石的半山园隐居生活。王安石劝他留下来，就在半山园附近买地建房，他动心了。王安石还陪着他就近走了几处地方，无奈都不甚满意，苏轼又踏上了去扬州的船只。

在扬州太守袁陟的帮助下，苏轼把家眷安顿下来。这时候，他发现自己真的没多少钱了。想要买地盖房子，这可不是小开销。苏辙当时的经济情况也不怎么样，他给兄长出主意，说当年老父亲在汴京买的那套宅子空置多年，或许可以变卖掉。这个提议让苏轼一下子来了精神，立刻飞鸿进京，托朋友安排卖房子的事情。与此同时，他的老友滕元发、弟子秦观也陆续赶到扬州相会。苏轼在扬州看了多处宅地，最终也没有定下。

这一天，苏轼收到了佛印的来信。佛印当时在镇江金山寺，苏轼和秦观便一同前往。佛印说："我这里多年来积攒了不少香油钱，干脆我帮你买块地吧，你现在没啥钱，将来有钱了再说。"苏轼很感激对方的好意，但是发现佛印为自己选的地就是寺院边上的田地，他不是很喜欢。距离寺院稍远处有个蒜山，苏轼觉得视野很好，便对佛印了了。之后，他返回扬州，与家人团聚，并等候佛印的消息。

等待期间，他的老朋友蒋之奇来了。蒋之奇和苏轼是同科举子，想当年琼林宴上便对苏轼讲述自己的家乡宜兴如何美好，还和苏轼定下了宜兴终老之约。如今，蒋之奇担任江淮发运副使，办公地点就在扬州。他们见面后自然聊起了买地的话题，蒋之奇说："你看，数十年前的事儿如今要实现了，还是我来帮你吧。"于是他立即联系家乡的朋友，帮东坡找地。很快，办事效率颇高的蒋之奇找到了宜兴的卖主。苏轼便从扬州去了宜兴。田在深山里，距城五十五里，名为黄土村，田主姓曹。东坡到了宜兴，先找了县令李去盈，李县令给他派了一人一起去看宅子。东坡先生是明白处世之道的，他这样做是为了给卖房子的人一个信号——别以为我是外地人，我来看房都是县太爷指派人陪着来的。曹地主果然很吃这一套，大摆宴席招待东坡一行。东坡对这块地非常满意，他又想起了几年前在杭州通判任上，几次来宜兴，宜兴的美好风光早就给他留下了好印象。

就这样，东坡先生先后在南京、扬州、镇江、宜兴四地看房，最终选择了宜兴，让东坡先生最终下定决心的，是"好中介"蒋之奇。

后来，这套宅子还发生了"诉讼"。原来卖房子的曹地主是个不肖子孙，背着父母卖掉了祖宅，而且用的是假地契，其父母知道了自然不干。东坡先生得知此事之后，不仅退回房子，还没有向曹地主要赔偿。因为那个时候的东坡先生在京华已经是三品大员。然而，宜兴这块土地，他深深爱上了。不久后，他又在这里买了一处庄园，便是今天的东坡书院。我曾经去参访过，书院里有块牌匾，上面刻着"东坡买田处"。

东坡先生这次来宜兴，还去看望了一位旧相识——邵民瞻。邵家新修建了一处草堂，东坡很喜欢，就把朋友从家乡带来的西府海棠苗木种在了邵家。如今，这株已经九百多岁的海棠依然活着，年年开花。那天我去的时候已经很晚了，我打开手机上的手电筒一直照着那些花——只恐夜深花睡去，故开手电照红妆。

洗澡即修行，居士本来无垢

东坡先生在宜兴买了房子之后，解决了一个大心病。于是，他给皇帝写了一封信——《乞常州居住表》，言辞非常凄切，大意是："我不善理财，导致全家二十几口人跟着我受罪。自从离开黄州，家里人陆续生病，小儿子还夭折了。我感觉已经没有心力承受旅途劳顿，况且汝州那里我也没有田产，去了以后，就凭我这点儿收入，生活如何为继呢？如今，我变卖了父亲大人在京城的房产，在常州买了田，我希望可以安居此处，一家人的生活也就没有担忧了。如果圣上体察我的难处，请恩准……"

写好之后，他决意终止汝州的行程，而改为在江南四处游走，等候批复。他去了高邮，住在秦观家里足有半月光景。师徒二人每日饮酒赋诗，好不快活！

眼看已经在腊月里了，苏轼想和寄居在扬州的家人团聚。他们商定在泗州会合，泗州就是今天的江苏盱眙。苏东坡安顿好之后，泗州太守刘士彦亲自登门，接下来是旧雨新知不断来访，有给送酒的、送肉的，越来越有年味儿了。

这大半年来，一家老小陪着他东奔西走，真称得上一路风尘！到了泗州不久，有一件事让他深感快活。那天是腊月十八，东坡先生来到泗州雍熙塔下的澡堂子，洗了个痛痛快快的热水澡。

洗澡就洗澡吧，大文豪还没忘了写首词，词牌名叫《如梦令》，我们看看大文豪是咋写的——

水垢何曾相受。细看两俱无有。寄语揩背人，尽日劳君挥肘。轻手，轻手，居士本来无垢。

词的大意是："水和污垢什么时候在一起共存过？仔细看来，这两个在我身上都没有。我对擦背的人说，今日劳烦你要一直搓背了，只希望能轻点再轻点，我的身上本来也没有什么污垢。"

从表面上看这就是一首搓澡的词，被苏东坡叙述起来却风趣诙谐，细读的话，里面还饱含了深刻的寓意。"水垢何曾相受。细看两俱无有。"水和垢根本就不可能在一起，这一句苏东坡有所暗指：自己多次被贬，是因为自己从不与奸诈小人同流合污。他这样高风亮节的人又怎么会和那些喜欢搬弄是非的小人共事呢？他宁愿被贬，也不会与之同在。"轻手，轻手，居士本来无垢。"搓澡师傅手劲太大，一下把东坡搓疼了，东坡连忙劝他"轻手，轻手"。这里东坡先生的寓意为：他本就是个洁身自好之人，却还是被那些奸佞陷害了。乌台诗案时，苏东坡可是差点儿掉了脑袋啊！下手不能轻一些吗？

苏东坡这首搓澡词饱含了太多的无奈与辛酸，也成为其千古名篇之一。

与此同时，他还填写了一首《如梦令》，相对上一首而言，名气小了很多。

自净方能净彼。我自汗流呀气。寄语澡浴人，且共肉身游戏。但洗，但洗，俯为人间一切。

然而，这一首却充满佛理。别忘了，东坡先生可是在寺院的澡堂子里。"自净方能净彼"，便是说佛法。其中"肉身游戏"四个字，则更具有禅者精神，洗浴不仅可以洗去尘埃和荣辱，还可以洗去人世间的苦难。我们的肉身难道不是虚幻的吗？洗涤肉身不也是个游戏吗？算了，别想那么多了，洗就洗吧，作为无垢的居士，他洗浴其实是在洗去众生的苦难。

洗澡这样一个日常行为，很多人不愿意提及，东坡先生却堂而皇之地写出来，可见他真的是嬉笑怒骂皆成文章啊。东坡先生不仅在这一地写过洗澡，我查了查，他写洗澡的地方还真不少——

在杭州通判任上，写下了《宿海会寺》一诗，其中有一句："杉槽漆斛江河倾，本来无垢洗更轻。"

被贬至黄州时，去安国寺洗澡，写下了《安国寺浴》一诗，其中有一句："山城足薪炭，烟雾濛汤谷。尘垢能几何，翛然脱羁梏。"

在定州写下了《吴子野将出家赠以扇山枕屏》，其中有一句："出家非今日，法水洗无垢。"

在谪居广东惠州时，写下了《同正辅表兄游白水山》，最后一句是："解衣浴此无垢人，身轻可试云间凤。"

东坡先生写了这么多和洗澡有关的诗句，这在历代诗人中恐怕是绝无仅有的。"居士本来无垢"，这是洁身自好的苏轼向这个世界发出的严正声明。

人间有味，你是谁的清欢？

东坡先生在泗州搓澡时是元丰七年的腊月十八，下面的故事发生在腊月二十四，前后相去仅仅六天，东坡先生在这天创造了令人难忘的"清欢"美学。

那天，他在好友刘倩叔的陪同下游览南山。刘倩叔是谁？没有旁证，伯、仲、叔、季，可见是位刘三爷。至于怎么和苏东坡相识、如何交好，没有任何记载，他应该就是泗州当地人。也有人考证说，这个刘倩叔就是泗州太守刘士彦，但是关于刘士彦的资料，我们能查到的也很少。

苏轼在这里游览南山之后，写下了一首《浣溪沙》：

细雨斜风作晓寒，淡烟疏柳媚晴滩。入淮清洛渐漫漫。

雪沫乳花浮午盏，蓼茸蒿笋试春盘。人间有味是清欢。

细雨蒙蒙，微风轻拂，天气微凉。东坡先生笔下的柳树被写活了，柳树在斜风的吹拂下时不时点头，就好像是在向沙滩献媚一般，饶有趣味。东坡先生可以在残冬之中看到春天的气息。"入淮清洛渐漫漫"，这句是说他在泗州这里看到了在其他地方看不到的茫茫洛水，其实洛水很远，他看不到，但表达了一种辽阔的心胸。

"雪沫乳花浮午盏，蓼茸蒿笋试春盘。"这两句可不是在说简简单单地吃茶和吃菜，而是指乳白色的一盏香茶和翡翠般的一盘春蔬。很多朋友读到这里，认为这只是苏轼的文学夸张手法而已，并非写实，实则不然。这两句看似漫不经心的话，透露出不少宋人生活的风雅之处，下面我们就来一一揭秘。

先看"雪沫乳花"，很显然，指的是煎茶时上浮的白泡。以雪、乳形容茶色之白，看似夸张，其实是点出了宋人茶道美学的制高点——茶以白为上。这样说，有些朋友可能会觉得奇怪，我们今天泡出的茶怎么没有白泡呢？这里需要简单说一下宋代上流社会流行的点茶。什么是点茶呢？点茶法也称斗茶法，就是和别人比较谁的茶更好喝、更有意境，这是从唐代就有的一种仅限于贵族阶层才有的生活美学。宋人斗茶的时候通常饮用的是一种经过半发酵的青饼茶，需要提前碾成细末，碾过的茶末还须箩筛，按茶盏容量的大小用勺子挑上一定量的茶末，掬入茶盏中，并注入少量沸水，用茶筅调成糊状，然后再注水，注水时的力道掌握决定了茶的意境。比苏轼早一些的大书法家蔡襄，也是著名的茶人，他写过一部书，名字叫《茶录》。蔡襄在《茶录》中说"茶色贵白……黄白者受水昏重，青白者受水鲜明，故建安人斗试，以青白胜黄白"。因此，苏轼看到的"雪沫乳花"一定是点茶。

"蓼茸蒿笋试春盘"，蓼茸蒿笋即蓼芽与蒿茎，是立春的应时菜蔬。旧俗立春时，馈送亲友以鲜嫩春菜和水果、饼饵等，称"春盘"。春盘在宋朝广为流行，江南等地尤盛，民间除供自己家食用外，常用于待客。淮河两岸，春天的气息来得要比北方早很多，因此，提前迎春也在情理之中。

从点茶和春盘这两个看似简单实则很难办到的细节来看，刘倩叔就是泗州太守刘士彦的判断或许是对的，一般的平头百姓或许很难做到。尤其是两人不是在城市里，而是在山上，光是能带上山的点茶的整套工具也不是一般人家能有的。而把蔬菜洗净了蒸好，也需要明火和炊具，这更不是随随便便可以做到的。

最后一句"人间有味是清欢"，是整首词中流传最广的。

"清欢"是什么？很多人从它的对立面"浓欢"中找答案，认为清欢是清雅的欢愉。这当然没错，他们吃茶，吃新鲜的蔬菜，没有大鱼大肉，没有一壶浊酒。然而，仅仅这样理解清欢，未免太浅白了。

中国古典美学当中一共有四个递进的美学标准——清、逸、妙、神。我们形容一个人的画作或者诗作，会做出诸如清品、逸品、妙品、神品的判定，到了神品就已经不得了了。许多古代书画作品上，我们经常见到后世的皇帝会盖上"神品"的印章。

苏轼深深地感受到了当下这难得的一份清。在茶之清雅、春盘之清淡面前，在刘倩叔这样懂得体察朋友内心的朋友面前，宦海沉浮、漂泊江淮的落寞随着淮河水远去了。朋友为他煞费苦心营造的这份"清"的境界，定格在南山上。人生的得意只是一时，更多的是得意之下是否能够安于平淡，因为只有保持住自己的本真，才能够不被纷繁的世界所侵扰，才能够静下心来享受片刻的安稳时光，这样才是人世间的"清欢"吧。

灵璧石：你不够美，说明你没有丑到份儿

元丰八年的元宵节刚过，苏轼去宜兴途中路过安徽宿州，他想起了宿州的一位朋友——张硕。早在元丰二年，苏轼去湖州任上途中便应邀来到宿州，

去了张氏园，并在张氏园主人张硕的邀约下写了一篇《灵璧^①张氏园亭记》。灵璧盛产一种非常文气的石头，被命名为灵璧石。张家的园子就在灵璧。

这篇《灵璧张氏园亭记》是苏轼非常有名的一篇散文，虽然是应酬之作，可写得一点儿都不敷衍。而且，这篇文章中的一些名句也曾经是乌台诗案的罪证。我们来看看其中有代表性的句子——

古之君子，不必仕，不必不仕。必仕则忘其身，必不仕则忘其君。譬之饮食，适于饥饱而已。

古代的君子不是非要做官，也不必一定不做官。非要做官就容易忘掉自我，一定不做官就容易忘掉国君。如果觉得不好理解，就拿饮食来打比方吧，"如人饮水冷暖自知"，自己感到适意就行了。

从字面来看，没什么过分之处。可是在御史台看来，这就是目无国君的大事，怎么能把为皇帝做事情比作吃喝拉撒这样的小事呢？真不把皇帝放在眼里！！

如今，乌台诗案已经彻底结案，当今圣上也原谅了苏轼，并起用他。而他更希望可以在常州养老，这一请求也正在等皇帝批复。当年的乌台诗案牵扯了那么多人，也不知道灵璧张家是否也受到了牵连。他记挂着，于是就来了。

老朋友来访，尤其是经历了大难不死的东坡先生来了，张家上下喜气洋洋，设宴款待。张硕说："乌台诗案发生以后，朝廷的确派人来问过，那时候，我老父亲上下打点，侥幸过关。您写的《灵璧张氏园亭记》是刻在石头上并镶嵌在园中墙壁上的，结果还是被勒令拆除，刻石被拉走，不知所踪。不过，除此之外，家里倒是没有受到其他什么影响。"东坡听了，心下稍感欣慰。接下来，一件有趣的事发生了。

张硕说："去年秋天园子刚刚翻修了，我给先生当向导，一起走走。"东坡

---

① 指今安徽省宿州市灵璧县。

自然很乐意，他在园子里发现了一块巨大的灵璧石，四面可观，非常有味道。东坡站在石头前不走了，连连夸赞。张硕说，这是近几年新得的，在灵璧石中也算得上上品。东坡忍不住上前抚摩。他在徐州任上就几次来到灵璧，然而带走的都是体积比较小的，摆在案头的确很有韵味。但这么大的，他是第一次见。逛完园子，来到书房，东坡主动提出来为张硕画一张《丑石风竹图》。张硕喜出望外，他知道东坡先生书画俱佳，一般人费尽心思也很难求到片纸，如今，他肯为自己作画，这是天大的面子。他一想，先生那么喜欢那块灵璧石，不如就送给先生吧，安置在宜兴新居。想到这里，他把自己的想法对东坡先生一说，正中东坡下怀。

饮宴之间，张硕问东坡："为何把画作命名为《丑石风竹图》，这个'丑'字是不是太谦虚了？"

东坡一听，哈哈大笑。他说："我的朋友米芾，是个真正懂石头的人。他给太湖石和灵璧石提出了四个美学标准——瘦、皱、漏、透。"

"瘦"是指观赏石体态纤瘦，线条清晰。但瘦中见奇，铁骨铮铮。

"皱"是指观赏石体态凹凸，线条若明若暗。虽然看起来形态怪异，却怪中有格，异中见韵。

"漏"是指观赏石体态玲珑，溶洞贯通；石体嶙峋，连环透空。但漏中见灵，容易让人见到变化和灵气。

"透"是指观赏石石质细腻洁净，透中见深，透中见光，给人以洁净淡雅、怡然天趣的感觉。

东坡还补充说："这还不够，米芾说的这四个方面只是一般意义上的标准，还不够高度。我在此基础上补了一个'丑'字，应该是'瘦、皱、漏、透、丑'。丑是什么？是自然，天然去雕饰！一个'丑'字，让石头的千态万状都出来了。而且，石头的内涵也在一个'丑'字上体现出来。不伪装、不雕琢，坦坦荡荡，傲然有君子之风！"

此话一出，张硕连连称赞。

张硕告诉东坡，他数年前所题的蓬莱石还在，然后拉着东坡来到园子的地窖旁，命人抬石而出。东坡一看，想起自己前几年来的时候见一石甚奇，遂命名为小蓬莱，并在石头上题字：醉中观此，洒然而醒。张硕告诉他："朝廷派人来的时候，我把这块石头藏起来了，否则说不准也被搬走了。敢问先生，您当年洒然而醒，是不是被这丑石头的'丑'给惊醒了啊？"

东坡闻言，又是一阵哈哈大笑。

这种以丑为美的美学观点，不仅体现在赏石，甚至对中国画和中国书法也有着深远的影响。东坡传世的画作中，有好几幅是《枯木怪石图》。东坡认为"木瘠而寿，石丑而文"。木头瘦弱了或者长满瘤子，才可以活到天年；石头只有丑了，才显得文气十足。不仅如此，在书法美学上，苏轼提出"我书意造本无法"，不刻意追求每一个字有多美，但是看完整篇能让人找到一种根本想象不到的艺术美。

这就是东坡先生，他可以在最普通的事物中发现美并创造美，他善于挖掘艺术创作中人的本能和灵性的光芒。这是他在许多领域取得巨大成就的先决条件。

第九章 京华烟云

时间：宋神宗元丰八年十二月至宋哲宗元祐四年（1089）四月

地点：开封

朝廷的批复终于下来了，允许他以常州团练副使身份常驻，一家人兴奋不已地来到常州。不久，神宗驾崩，年仅八岁的哲宗皇帝承继大统，高太后摄政，满腹才华的苏轼很快就接到了知登州的敕命。有趣的是，他在登州任上只待了五天，便被调往京城。

元丰八年到元祐元年（1086），苏轼在开封城目睹了司马光力挽狂澜的诸多政治举动，他也不由得被卷入其中，反击政敌，出了胸中积年的恶气。政敌纷纷落马，苏轼又有高太后撑腰，接下来，属于他的应该是惬意的文人士大夫生活了吧？然而，上天对苏轼的考验才刚刚开始……

他无意之中得罪了一代大儒程颐，程颐的弟子们群起而攻之，苏轼的拥护者则跳出来反击，以致愈演愈烈，竟渐渐发展成党争。

这一时期的汴京集合了天下最有才华的一群人，弟弟苏辙、驸马王诜、"苏门四学士"、米芾、李之仪等围绕在他身边，共同创造了惊艳世界的西园雅集。

东坡先生不仅是不折不扣的一代文坛宗主，还是享有声誉的时尚明星，就连辽国、高丽的使者进京也以一睹东坡尊颜为荣。当然，他们往往还带着其他的目的，比如想通过比试诗文压大宋一头，非常遗憾的是他们的对手是苏东坡……

司马光离世，北宋最后一个君子走了……

　　从登州到汴京，东坡一直升迁一路访友，可以说是他最快乐的一段时光。在汴京期间，用"连升三级"来形容苏轼的仕途并不为过。以礼部郎中被召还朝的他半个月就升职为起居舍人，三个月后再升任中书舍人，而后又升任翰林学士、知制诰、知礼部贡举。回归朝廷对于苏轼来说如沐春风，万事皆感顺意。

　　这时候，年仅八岁的宋哲宗即位，高太后摄政。高太后名叫高滔滔，是宋英宗的皇后，她在历史上有"女中尧舜"的美誉。她把国号定为"元祐"，很显然是希望国家可以回到宽厚雍睦、和平安乐的仁宗嘉祐时代。现在王安石已经罢相多年，但是新党依然把持着朝政。摄政的高太后所做的第一件事，就是起用司马光。

　　我们前面提过，苏轼来京城参加秘阁考试，主考官就是司马光。苏轼的策论让资历深厚的司马光大为惊讶。作为史学家，他像欧阳修发现苏轼时一样兴奋。在仁宗殿试之前，他忍不住向皇帝说了自己的感受，说这个叫苏轼的举子有可能是百年来难遇的天才。果然，苏轼没有辜负司马光，后来真的考出了百年第一的好成绩。从这个角度来讲，司马光也是苏轼的老师。乌台诗案结案的时候，司马光因为和苏轼有书信往来而遭受牵连，被罚二十斤铜。

　　司马光在王安石主政的时代是被边缘化的，他在洛阳独乐园中独得其乐，用十五年的时间写出了皇皇巨著《资治通鉴》。如今，朝廷亟须整顿，新法亟须废除，高太后想到的最合适的人选就是司马光，随即召他进京议事。阔别十五年，司马光走在京城街巷之中感觉有些陌生。他去宫中行礼完毕，想去老朋友宰相王珪的府上看看，但他不知道王珪已经今非昔比。多年处于政治旋涡中的王珪早就练就了明哲保身的本领，已经不是那个当年和他同殿称臣时意气风发的青年了，因此他们的交流也谈不上有多投机。

刚离开宰相府，大街上的百姓不知怎的，一个个指着他高喊"司马光！司马光！救救百姓吧！"不大会儿工夫，竟聚集了上千人。这架势让司马光深感意外和惶恐——百姓公然上街拥护一位大臣，从大宋朝开国至今也没出现过。细思极恐啊，如果主政者知道了，一定会以为他煽动百姓要篡权呢！想到这里，司马光决定逃离京城。然而，高太后怎么可能让他离开呢？经过一番晓之以理、动之以情，司马光迅速被起用，成为门下侍郎。可不要小瞧这个官职，其实行使的是宰相的权力。

接下来的几个月，是司马光和新党之间不可开交的斗争。先是王珪不失时机病死，后来韩缜、蔡确、吕惠卿、张璪、李定、章惇这一批新党骨干也一一被拿下，这里面当然也有苏轼、苏辙的功劳。

毁掉一个旧世界，还要建立一个新世界。与此同时，司马光向朝廷举荐刘挚、范纯仁、范祖禹、吕大防、李常、晏知止等人。元祐元年六月二十五日，朝廷颁布了"请忠臣直言极谏"的诏书，被神宗皇帝和一帮打手阻塞了十多年的言路终于被打开了。这一举措的推行，至少在表面上恢复到了仁宗时期海晏河清的局面。

司马光做事大刀阔斧，一定要把王安石变法全部废除。对此，苏轼是有保留的。他当年反对王安石变法，主要是针对科举法，他认为王安石变法中还是有一些积极的方面，尤其是免役法。这个办法让国库充盈，百姓交钱就可以不必服役，两全其美。而司马光则有更深的考虑，他觉得如果不把新党一网打尽，朝廷多年的积习就不会得到彻底改观。虽然苏轼为此找到司马光说情，但是他丝毫不为所动，气得苏轼大呼其为"司马牛"。

和王安石相比，司马光在政治上还是显得不够成熟。他得到高太后的授意，真的是一干到底。而且，实行了多年的免役法竟然在办事人员的高效执行下，仅仅五天就全部废止了。这个办事人员不是别人，就是后来把大宋引向衰败的一代奸相蔡京。

元祐元年四月，在江宁养病的王安石憾然离世。司马光闻讯，失声痛哭。

五个月后，司马光逝世。其实司马光早就得了重病，正是因为有朝廷的任命在身，他才坚持下来。而今，政局得到了彻底扭转，他硬撑着的身体一下子就垮了。

他和王安石一辈子都是好朋友，哪怕政治上的分歧让两人成为政敌，友谊却不曾因此而消减。两位惺惺相惜的朋友，两位明昭千古的君子，可以在九泉之下相会了。

苏轼端坐在书房中，回想着和前辈司马光最近一段时间的相处，心中生起几分愧疚：他不了解司马光的病情，自然也就无法理解司马光行事的方略，而自己却冲上去向老人家大吼……

不久之后，苏轼奉哲宗之命写下《司马温公神道碑》。碑文彰显了司马光一生的功业，也表达了对这位前辈深深的怀念和敬意。

苏学士 PK 程夫子：皆因一时意气，换来两败俱伤

苏轼身居高位，弟弟苏辙也在京城，还有高太后撑腰，他应该能过上梦寐以求的生活，再也不会有小人跳出来闹事儿了吧？

然而，历史总是爱跟苏学士开玩笑。他在京中刚刚立稳脚跟，麻烦就来了，连一点儿喘息的机会都没给他留。

发生了什么事呢？

这事说大不大，说小也不小，但是影响至为深远。事情要从司马光去世说起。司马光去世是在元祐元年的九月初一，这一天哲宗皇帝正领着文武百官在南郊举行明堂祀典，安放神宗的灵位入太庙。九月六日，典礼结束，朝臣们都急着赶往宰相府吊唁。程颐急忙拦住大家，说："《论语》上说了，一天之内不能又哭又歌。今天明堂吉礼刚过，岂可又行丧礼？庆吊同日，与古礼不合。"

《论语》原文说："子于是日哭，则不歌。"孔子这话没错，也确实是建立在人的真实情感基础之上的。转悲为喜不大符合人之常情，但是乐极生悲、从喜转悲，从情感上来讲是说得通的。于是，当时就有人反驳："孔子说，哭则不歌，但是没有说歌则不哭呀。"

程颐顿时觉得面子上有些挂不住，不禁提高了嗓门，继续争辩。而这一切都被苏东坡看在眼里，于是上前道："此乃鏖糟陂里叔孙通所制礼也。"说完，百官哄堂大笑。程颐的脸色极为难看，因为这句话讽刺他是个不知变通的假学者。这原本是苏东坡的一句玩笑话，他也常说自己是"鏖糟陂里陶靖节"，即冒牌的陶渊明。

叔孙通何许人也？他是秦始皇时的待诏博士，曾经把起义军说成"此特群盗鼠窃狗盗耳，何足置之齿牙间"，借此来诌媚秦二世。秦朝末年，他依附于项梁。项梁死后，他跟随项羽，后转投刘邦。在《史记·刘敬叔孙通列传》中，他的学生指责他："公所事者且十主，皆面谀以得亲贵。"

关于叔孙通的评价，历史上颇有争议：司马迁大加称赞他，认为他因时而变，为大义而不拘小节，称之为"汉家儒宗"；司马光则指责叔孙通媚俗取宠，遂使先王之礼沦没，又认为其所言"人主无过举"，是文过饰非，不能称为大儒。不管后人对叔孙通评价如何，总之其"面谀以得亲贵"是公论，因而苏轼把程颐比为叔孙通，程颐自然不痛快。

群臣认为是开个玩笑，没当回事儿，就连说这话的苏轼也没觉得有多过分，然而程老夫子完全接受不了。这句玩笑话对程颐来说太有杀伤力了。杀伤力来自三个层面：

第一是说这话的人。这话从苏东坡嘴里说出来，程颐只会把它当"人身攻击"而不是玩笑，因为二人本就互相看不顺眼。苏轼认为程颐迂腐，而程颐则认为苏轼是个轻浮文人，没有资格和他这样的"大儒"交谈。北宋另一位理学家邵雍病重期间，苏轼前往看望，正赶上程颢、程颐两兄弟都在，他们竟然拦着邵雍，不想让他见苏轼。

第二，程颐的出身有些敏感。他没有经过科举考试，是被司马光从布衣提拔起来的。苏轼倒不是轻视布衣，我们知道，他的朋友中就有很多布衣，但这个时候他似乎是故意要拿这个事儿来损对方。

第三也是最重要的，那就是场合问题。众目睽睽之下，皇帝、太后和百官都在场，最主要的是当时在场的许多官员都是他的学生，这种当众打脸的行为让程颐颇没面子。

基于此，古板的程颐断然不会善罢甘休，朝中那些出自程门、视程颐如圣人的洛学弟子也不会善罢甘休。所以，苏轼的一句玩笑话可算是捅了马蜂窝，从此，苏、程的梁子也彻底结下了。

两人之间不愉快的另一件事，就是居丧时期食素食肉之争。《程子微言》中记载，有一次在宋太祖忌日（或中元节），群臣在相国寺祈祷，程颐让僧人安排素食。苏轼取笑说："我记得你不信佛啊，怎么今天吃起素来了？"程颐说："祖宗说过，'居丧不饮酒食肉'，今天是太祖忌日，应该和居丧一样对待。"然而苏轼认为完全没必要，认为心到了就好，坚持让人准备荤食。于是现场就出现了鲜明的荤、素两派：程颐同其弟子范淳夫等食素，而苏轼和秦观、黄庭坚等食肉。大相国寺不仅是佛家寺院，同时也是宋朝有名的集市，占地面积广阔。即便食肉也不是在佛殿，因此，苏轼的提议并没有违背佛家的戒律，却深深触犯了程夫子的规矩。

程颐和苏轼的矛盾，也直接导致了南宋的朱熹老夫子横竖看苏轼都不顺眼，就连苏轼用心注解的《东坡易传》也被认为没价值。这实在是冤屈了苏轼。难道只有思想家才有资格注解《周易》吗？作为文人的苏轼，不光有足够的思想深度，还有纵横捭阖的文风，他这本《东坡易传》自然是大可观瞻的。

和程颐这几次不经意的交锋，苏轼惹来了不小的麻烦。程颐的弟子们开始群起而攻之，还捎带上苏辙。苏轼、苏辙的弟子和同乡自然跳出来反击。就这样，事情愈演愈烈，局面渐渐失控。以苏轼、苏辙为首的蜀党，以程颢、程颐为首的洛党，以及以刘挚、王岩叟、刘安世等为首的朔党，相互攻击，历史上称其为"蜀洛朔党争"。此次党争对于苏轼的杀伤力也不小，虽然不至于让他锒铛入狱，但几年后，他便离开政治旋涡，去杭州做了知府。而程颐也因为不知变通而在政治旋涡中早早落马。

程颢和程颐是中国历史上有名的思想家，与周敦颐、邵雍、张载同列"北宋五子"，对中国哲学史可以说影响巨大。而苏轼、苏辙兄弟则是千年难遇的文学艺术全才。倘若"二苏"与"二程"四个人坐在一起，喝茶也好，喝酒也罢，精诚团结，"二苏"或可补"二程"之宽度，"二程"或可补"二苏"之深度，不知他们会擦出怎样的火花。我们想想都觉得美好，但历史不可重来，我们也只好任想象随风而去。

每个中国文人心中都有一个"西园雅集"

说起中国历史上的文人雅集，可能大家马上想到的就是王羲之写下《兰亭序》的兰亭雅集，其次就应该是西园雅集了。有人说，北宋画家李公麟的画作《西园雅集图》和米芾的《西园雅集图记》，都是西园雅集上创作的。

热衷风雅、爱好书画的驸马都尉王诜，常常邀请名流于府邸园中做客。这场雅集，总共十六人参加，有苏轼、苏辙、黄庭坚、秦观、李公麟、米芾、蔡肇、李之仪、郑靖老、张耒、王钦臣、刘泾、晁补之，以及僧圆通、道士陈景元，再加上驸马本人。雅集之后，王诜请李公麟画下了当时的场景，可惜画作没有交代这场雅集的时间，米芾的图记也没有交代。有人根据这些人物同时在汴京的时间，推断出这场雅集只能在元祐二年举办。

这是一场影响极为深远的风雅聚会。从参加此次雅集人员的身份来看，涵盖了书法、音乐、绘画、文学、收藏、茶道、谈禅等领域建树较大的代表性人物。

现存马远所作《西园雅集图》收藏于美国纳尔逊－阿特金斯艺术博物馆。由李公麟创作的《西园雅集图》已经不存，马远此作相对真实地再现了西园雅集的情景。与马远同时代的另一位画家刘松年，也画了《西园雅集图》，现藏于台北故宫博物院。他是宫廷画家，画风雍容细腻，画中每一个人的表情都十分到位。此外，长卷分了好几组，展卷观看，内容显得尤其丰富。第一组：驸马王诜、蔡肇和李之仪在围观苏轼写字；第二组：秦观在听道士陈景元弹阮；第三组：王钦臣观看米芾在大石头上写字；第四组：苏辙、黄庭坚、晁补之、张耒、郑靖老观看李公麟画《归去来兮图》；第五组：刘泾与圆通大师谈论佛法。

这两幅作品是距离西园雅集最近的作品。相对而言，刘松年画的更符合米芾的图记。这场雅集是否真的存在过，学界一直有不同的声音。有人就提出，既然李公麟画过这么重要的作品，《宣和画谱》里为什么没有著录呢？既然米芾写过图记，那么在元代以前的米芾作品集中，为什么没有发现呢？于是，有人提出是明代人托名之作。大家太喜欢苏东坡了，根据合理想象，给苏东坡安排这样一场朋友聚会没什么不妥。我也觉得这种推断有它的合理性，那么爱写诗词的东坡先生连洗澡这样的小事都能写几笔，如此重要的集会，他会只字不提？

然而，从另一个角度来看，放下李公麟的画作已经丢失不说，难道马远和刘松年的画也都是托名之作？南宋还有马和之、赵伯驹也画过，元代钱选、赵孟頫也画过，难道都是托名之作？

真假不必纠缠了，我们来回顾一下参加这场巅峰盛会的十六位嘉宾吧。王诜是这场雅集的召集者和买单者，堂堂驸马绝对有这排场。剩下的人分两类，要么是苏轼的友人，要么是苏轼的学生。我们来逐一介绍。

苏辙不在话下了，他是苏轼的亲弟弟和一生的知己。

李公麟是北宋著名画家，苏轼在开封春风得意时，他为苏轼画过像。后来苏轼被贬至海南获得特赦北归，在金山寺见到了李公麟为自己画的像，并作了一首《自题金山画像》，其中有"问汝平生功业，黄州惠州儋州"的名句。

郑靖老名气不大，也是北宋的画家，家藏甚丰。苏轼在海南岛没有书看，他"发快递"过去一千多册。苏轼和他之间的书信往来有很多。

王钦臣是秘书少监，他出生于藏书世家，嗜书如命，收藏古籍四万三千卷，数量超越北宋秘府藏书的总和；他又掌管秘书省，统领国家藏书，大概相当于现在的国家图书馆馆长。他和苏轼交情非常深厚，苏轼和他、钱勰、蒋之奇并称"元祐四友"。

刘泾和苏轼是四川老乡，也是画家，苏轼和他也有诗词酬答。

蔡肇是苏轼的好友，他的诗和画都很出色。他跟随王安石多年，后来跟随苏轼。

米芾和苏轼的故事有很多，他们算是一生的知己好友。

禅坐者为圆通大师，"圆通"这个称号为宋真宗敕赐，他本名大江定基，来自日本京都。他在妻子去世以后潜心修行佛法，远渡重洋来到大宋交流。当他要离开大宋回国时，受到了当时大宋僧界的一致挽留，最后留在大宋度过余生，七十三岁时在杭州圆寂。

拨阮者陈景元，号碧虚子，他博古通今，是北宋著名的道士。他讲解《道德》《南华》二经，精妙绝伦，听者无数。他也喜欢交游公卿大夫，被奉为雅集的座上宾。在苏轼的诗文中，并没有见到他和圆通大师及道士陈景元之间有往来的例证。不过，苏轼一生交往僧道无数，这样的雅集中加入两个方外高人，自然也是合理标配。

剩下的人基本都是苏轼的弟子了，黄庭坚、秦观、张耒、晁补之这四位是"苏门四学士"。还有一个李之仪，才华横溢，写出了"我住长江头，君住长江尾，日日思君不见君，共饮长江水"这样流传千古的句子。苏轼在定州的时候，李之仪是他的幕僚。

这样一盘点，就很清楚了。这场千古传诵的文人雅集的参与者，的确是苏轼"高大上"的朋友聚会。

以这场雅集为主题的绘画作品，除了刚才提到的宋元那几位名家画作，到了明清更是不胜枚举，现代的陈少梅、傅抱石、张大千等人都曾经画过这一题材的作品。

大家为什么这么喜欢绘制西园雅集呢？我想，以苏轼这样一位风雅鼻祖为核心的聚会，应该是很多人心里的梦吧。一张张《西园雅集图》如同一朵又一朵美丽的花，盛开在中国文化大地。在后世的文人雅士心里，遥远的西园雅集始终是无法逾越的精神高地和心灵港湾，希望园中的某一个角落能够让自己的身心得以安放……

苏门盛事：同学们，上课了！

苏轼的门人众多，其中比较有成就的被称为"苏门四学士""苏门六君子""苏门后四学士"。此外，还有一些同样优秀的苏门弟子。

苏轼做徐州太守的时候，秦观去拜望并正式拜苏轼为师，算是入苏门比较早的弟子。他离开徐州之前，写了一首《别子瞻》，其中有"我独不愿万户侯，惟愿一识苏徐州"的句子，表达了自己愿意一直追随苏轼的心愿。秦观是这么说的，也是这么做的。在苏轼漂泊江淮期间，秦观还专门去陪伴，一起看房子。苏轼对他也是爱护有加，经常提点他的文学作品，还给了他一个"山抹微云君"的雅号。这是因为秦观受柳永影响，创作了一些风格婉约凄美的词，其中有一首《满庭芳》，开篇就是"山抹微云，天连衰草，画角声断谯门"。苏轼一看，直接就称呼秦观为"山抹微云君"，这实在是一个美丽的雅号。苏轼为了秦观的功名，还专门请王安石帮忙推荐，他离开黄州去拜会王安石的时候，就专门提及此事。秦观是苏门弟子中的代表人物，在北宋婉约派词人中占据重要的一席之地。

黄庭坚二十八岁那年在朋友的介绍下和苏轼相识。苏轼看了黄庭坚的文章，非常赞赏，他说："这等才华，即便不用我来举荐，也能够享誉文坛。"这是不是很像欧阳修发现苏轼时一般？当时黄庭坚的身份是国子监的教授，属于尖子生。一代文宗苏轼对他高度评价，让他激动不已。他鼓起勇气给苏轼写信，表达了仰慕之情。苏轼很快回信，从此书信往来不断。后来苏轼遭遇乌台诗案，二人互相唱和的词被人翻了出来。黄庭坚在接受审讯的时候，说苏轼是最了不起的文人，是忠君爱国的文人。他还没见过苏轼，就被罚了。元丰八年，苏轼回到京城。黄庭坚也被司马光召回京城，以校书郎身份参与《资治通鉴》的编校工作。两位天才一般的文人，终于见面了。黄庭坚和老师苏轼并称"苏黄"。黄庭坚在诗歌上的成就是巨大的，开创了江西诗派。他给我留下最深印象的一句诗是"桃李春风一杯酒，江湖夜雨十年灯"。黄庭坚在书法上也独树一帜，和苏轼名列"宋四家"。

我们再说说晁补之。晁补之生在山东巨野晁氏大家族中，头脑聪敏，有很强的记忆力，他刚懂事就会写文章。十七岁那年，父亲到杭州做官，他随同前往，沿途写成荟萃了钱塘山川风景人物的《七述》一书，将手稿带去见杭州的通判苏轼。苏轼原先也想对钱塘山川风物有所感赋，读了他的书赞叹说："我可以搁笔了！"苏轼又称赞他的文章写得博雅隽永、瑰伟绝妙，远超一般人，以后一定会显名于世，因此人人都知道了晁补之的名字。苏门学士中，他的诗风最像苏轼。宋哲宗元祐元年，晁补之任太学正，后来迁校书郎，和黄庭坚是同事。没过几年，苏轼不堪忍受京城的政治风暴，请求发外任到杭州、颍州、扬州。在扬州的时候，晁补之是苏轼的通判，那段时光，是专属师徒二人的。

张耒原本是苏辙的学生，在苏辙的举荐下与苏轼相识，并成为苏门重要成员。张耒身材胖大，因此得了个"肥仙"的外号。他的才华深得苏轼的赏识。元祐元年，范纯仁举荐张耒参加太学学士院考试。这次被荐参加考试的还有黄庭坚、晁补之等人，出考题的不是别人，正是大学士苏轼，结果三人同时高中。张耒被任命为秘书省正字，其后任著作佐郎、秘书丞、史馆检讨，直到起居舍人。

到这里，"苏门四学士"已经介绍完了。元祐初年，四位学士都在京城，得以和老师经常相见，这也是苏轼最开心的时光。

"苏门六君子"是在四学士的基础上加入了陈师道和李廌。陈师道出场较早，苏轼在徐州任上的时候，他便去拜访。陈师道是曾巩的弟子，学问扎实，诗文俱佳。元祐二年，当时任翰林学士的苏轼与傅尧俞、孙觉等推荐他任徐州州学教授。后来，苏轼任颍州太守时，陈师道担任颍州教授。苏轼非常喜爱陈师道刻苦治学的精神，唯一觉得遗憾的是，陈师道的诗文颇有些贾岛的苦吟味道，缺了几分豁达。一次，苏轼提出希望收他为弟子。陈师道以"向来一瓣香，敬为曾南丰"婉言推辞。换成一般人，可能觉得陈师道不识时务，但苏轼不这样想，反而更加看重他，仍然对他加以指导。陈师道生活比较贫困，性情刚正不阿，瞧不上谁一定说出来，这一点也很像他的苏老师。

李廌也是个天才，六岁就成了孤儿，发奋自学。他的文章很早就传到了苏轼那里，苏轼说他有"万人敌"之才。前辈这么夸赞，实在是殊荣，李廌由此成为"苏门六君子"之一。但非常意外的是，李廌竟然在老师出题的考试中不幸落榜。这让他下决心不再走科举这条路了，定居长社（今河南长葛市），读书写作，直至去世。苏轼对李廌关爱有加，经常周济他。李廌的文章喜论古今治乱，层层铺陈，颇为耐读。李廌在苏门中年纪最小，主动担任记录员。他除了所著文集，还有《师友谈记》十卷，记录了苏轼在京城这几年间的师徒盛事。

通过上面的介绍，大致可以看出苏轼身上延续着范仲淹、欧阳修、张方平等北宋大文人的宽广胸襟，多年来一直利用自己的影响力不遗余力地挖掘有才华的人，并称扬他们，使他们得以崭露头角。苏轼在《答李昭玘书》中说"如黄庭坚鲁直、晁补之无咎、秦观太虚、张耒文潜之流，皆世未之知，而轼独先知之"。对于这些晚辈文人，苏轼看到了他们的才华，说明苏轼有一双发现人才的慧眼。

苏轼作为一代宗师，对晚辈的培养、提拔并不仅仅出于彼此间的友情、脾性相投，更是出于一种对国家、民族文化传承的深切的责任感。李廌在《师友谈记》中记载，苏轼曾语重心长地勉励学生们："我接过了老师欧阳修的接力棒，将来的文坛盟主要在你们之中诞生啊！"

难能可贵的是，苏轼并没有把自己的文学好恶强加于他的门生，而是尊重他们各自的艺术风格。

晁补之曾写诗分别赞誉黄、陈、张、秦四人，他说："黄子似渊明，城市亦复真。陈君有道举，化行间井淳。张侯公瑾流，英思春泉新。高才更难及，淮海一髯秦。"在晁补之看来，黄庭坚的诗文如同陶渊明一般淡远，更为难能可贵的是，他虽然在朝为官，却有着出尘气和真性情。陈师道如同修道者，他的诗文能够淳风正化，如同井水哺育万民。张耒的诗文如同周瑜周公瑾一般风流倜傥，诗思如同春天的清泉一般，汨汨而出。在晁补之看来，秦观的高才是无人可及的。

张耒曾经十分形象地描述过苏门师弟的不同风采："长翁（轼）波涛万顷

陂，少翁（辙）巉秀千寻麓。黄郎（庭坚）萧萧日下鹤，陈子（师道）峭峭霜中竹。秦（观）文茜藻舒桃李，晁（补之）论峥嵘走金玉。"

苏轼的诗文汪洋恣肆，以豪放著称；苏辙的文字看似四平八稳，其实暗含着无尽的力量；黄庭坚文风独立苍穹，旷绝高古；陈师道以苦吟为特点，如霜中竹，格外有气节；秦观文字意味深长，如同盛开的桃李，令人喜悦；晁补之的论文华丽典雅，环环相扣，字字珠玑。

凡此种种，苏轼皆能予以接纳和欣赏，并不遗余力地鼓励门下弟子在艺术才能方面凸显专长，这直接推动了北宋中后期文坛异彩纷呈的多样化格局形成。不仅在学风上如此，苏轼和弟子们的关系也不同于一般的师生。他和弟子们相处如友人，还时不时和弟子们开玩笑。这种自由的门风，引得越来越多的人投身于苏轼门下。才华卓越的米芾，虽然从未在苏轼面前执弟子礼，但苏轼对他的提点丝毫不打折。还有李之仪，是范纯仁的弟子，苏轼不好抢过来，便留在身边做幕僚，耳提面命，因此李之仪受益良多。除了上述名家，苏门弟子中比较有影响的还有"苏门后四学士"——李格非、廖正一、李禧、董荣。他们虽然不如"苏门四学士"名气大，但也堪称元祐文坛的中坚力量。李格非生了个名气很大的女儿，也就是宋代最著名的女词人李清照。

北宋带货达人苏轼：爆款"子瞻帽"风靡一时

元祐初期的苏东坡，绝对算得上京师一等一的明星人物。他的诗词早已在大街小巷传唱开来，他的书法也开始流行，汴京街头还出现了以他的名字命名的菜肴。这是苏东坡政治生涯上最辉煌的时期，他实至名归地成为端明殿大学士，而且还成了皇帝的老师。汴京百姓常常看到戴着"高筒短檐帽"的苏东坡走在大街小巷中——

"快看，苏子瞻来了！"

"哪一位是他啊？"

"就是那个戴子瞻帽，还留了一把胡子的！"

在朝堂上戴的帽子能体现威仪，但在日常中穿戴不仅不合法度，也非常不方便。于是，东坡先生发明了子瞻帽，帽身较长而帽檐极短，极像一个高高的筒子倒扣在头上。说起子瞻帽，有个老朋友特别值得一提，就是陈慥陈季常。前文讲过，苏轼为他写过一篇《方山子传》，交代了陈季常自称"方山子"的来由。于是，东坡先生对老妻王闰之说："你就仿照老陈戴的帽子给我做一顶，再加个短檐防晒，咱现在生活条件好了，别用棉布做，用乌纱做吧，不仅雅致，透气性还好。"王闰之心灵手巧，很快就做好了。

东坡先生的设计的确很儒雅，再加上他几乎是风雅的代言人，所以这种帽子被人讨论进而被人效仿，也就不足为奇了。他的门人李廌在《师友谈记》中说："士大夫近年仿东坡桶高檐短帽，名曰子瞻样。"

子瞻帽甚至成了杂剧演员借题发挥的对象。元祐二年八月的一天，汴京城秋高气爽，身为翰林学士知制诰兼侍读的东坡先生陪哲宗游醴泉观，观赏流行于宋代的杂剧——一种集歌舞、游戏和竞技于一体的综合演出，常以优伶的机智与幽默来取悦观众。说来也巧，苏东坡的故事已被艺人作为素材搬上舞台，正在热演。故事情节是一群伶工相互不服气，可劲儿自夸文章。扮演丑角的才子型伶人丁仙现，原本是举人，后来下海从艺，名噪一时。他出场时，头上戴着高高的子瞻帽，扬扬得意、大言不惭地说："我的文章盖天下，谁人敢来比诗画。"同台另一角色反唇相讥，说他吹牛。这时，眼见着丁仙现满脸怒气，以手指着自己的头叫道："小子，你难道没有看见我头上戴着子瞻帽吗？"皇上听了，也被逗笑了，对着东坡先生看了半天。

一个小小的发明能够赢得皇帝欢颜，此事经过士大夫们一传播，无疑增强了子瞻帽的轰动效应。据记载，逢年过节，戴子瞻帽成了大多数人的选择，无论是贵族还是平民。

子瞻帽渐渐成了东坡先生的身份标志，成为其后历朝历代表现苏东坡形象中必不可少的元素。如元代赵孟頫为苏东坡创作的人物小像中，苏东坡就是戴着子瞻帽、拄杖而立的形象。其后清代费丹旭、现代陈少梅均创作过苏东坡戴子瞻帽的形象。

东坡先生发明的帽子不止这一种，他被贬谪到广东惠州时，又将南方人用来防日晒雨淋的竹笠进行了改良——在斗笠檐处加上一圈几寸长的黑布或蓝布，以防止阳光直射到人的脸庞。当地老百姓很快就接受了这种帽子，称之为"东坡帽"。这款东坡帽对在田间地头面朝黄土背朝天的劳苦大众来说，有着非常大的作用。这也折射出苏东坡爱民、亲民的理念，以及独特的人格魅力。

还有一种帽子是东坡先生到了海南岛之后发明的，这就是大名鼎鼎的椰子冠。绍圣四年（1097）的一天，东坡先生突发奇想，学陶渊明取头上葛巾滤熟酒的方法，用疏巾将椰子水滤出，邀旁人畅饮，之后和儿子苏过一起将空椰子壳制作成帽子，并进行试戴，引得众人围观。苏东坡还留下一首诗《椰子冠》，其中有"自漉疏巾邀醉客，更将空壳付冠师"的句子。

东坡先生对自己的发明非常满意，还嘱咐儿子苏过给叔叔苏辙寄去一顶。苏辙回诗一首，在诗中说他的衰发多半已斑白，而且稀疏到几乎不能管住的地步了，突然有了奇异之帽可戴，刚好有了避免尴尬的对策。他束发戴帽，对镜一看，马上写了一句诗："垂空旋取海棕子，束发装成老法师。"大意是：我这个爱搞怪的兄长啊，我戴上你做的帽子，活脱脱像个老法师了啊！

大辽国使者：我特别想见苏东坡 🍃

元祐时期，三苏的诗文早已传到了周边的辽、西夏、高丽等国，其中尤以苏轼的影响力最大。苏轼一生未至辽土，但从辽帝到辽民，他有粉丝无数。苏轼的诗文，是辽人案几上的必备之物；后来苏轼在辽宋边境的定州当官，辽军因为尊重苏轼的声名从不打扰……

监察御史张舜民奉命出使大辽时，就曾在沿途旅馆、驿站的墙壁上读到过辽人所题写的苏轼的诗歌。在辽国都城的书肆里，他还买到一本《大苏小集》，里面刊载了数十篇苏轼的作品。张舜民作过一首诗，其中一句是"谁题佳句到幽都，逢着胡儿问大苏"。

这些国家的使者来到汴京，也总要询问苏氏父子的情况，热切地表示希望能够会见一下苏轼。因此，作为翰林学士，苏轼经常奉命接待来使。在亲切友好的氛围中，使者们总会不失时机地朗诵三苏诗文，信手拈来，恰到好处。有一次，在酒席上，辽使刘霄就引用苏轼的诗句来劝酒："'痛饮从今有几日，西轩月色夜来新'，苏大人岂可不满饮此杯？"这是苏轼于熙宁八年在密州任上写的《闻乔太博换左藏知钦州以诗招饮》中的句子，它在苏轼的众多诗中算不得有名，却竟然被辽国使者脱口而出，令苏轼大感意外。他在《记虏使诵诗》一文中，惊异地写道："虏亦喜吾诗，可怪也。"

元祐四年八月，辽道宗耶律洪基生日，宋哲宗派苏辙去祝贺。临行前，苏轼作了《送子由使契丹》为弟弟送行，诗的最后两句是苏轼叮嘱苏辙：单于若问君家世，莫道中朝第一人。苏轼肯定知道他们老苏家在辽国有很多"粉丝"，于是谆谆嘱咐弟弟："可要低调啊，如果辽国国君问起你的家世背景，你可别说大宋一流的人物都出在咱们苏家啊！"

苏辙抵辽，契丹人当然知道他本人就非常了得，但还是忍不住向他打听苏轼的消息。没法子，东坡名望更大嘛！于是，苏辙寄语兄长：

谁将家集过幽都，逢见胡人问大苏。

莫把文章动蛮貊，恐妨谈笑卧江湖。

意思是说：大哥你在辽国的名望太高了！你太火了！你的诗简直是家喻户晓、脍炙人口，辽国上下都争着问候你，你有这么高的人气，将来退休后恐怕是无法安享归隐田园的清净了。

尽管元祐时期宋与辽夏基本维持着和平状态，但这一时期的外事活动中流传着一些"文斗"的段子。苏轼往往是这些段子的主角，而每次"文斗"，每每以他广博的学识、敏捷的才思出奇制胜，充分表现出中原古国的文化优势，为大宋王朝争得光彩。这些故事的真实性不高，但是被传得有鼻子有眼儿，活灵活现。

一天，苏轼陪同各国使节品茗听曲，谈笑风生，气氛十分融洽。座中有位辽使，素来自视颇高，有心与苏轼一试高低。辽使起身对苏轼拱了拱手，故作谦逊地说："苏大人，在下久闻大名，不胜钦敬，今有一事求教。我大辽国，旧有一对，曰：'三光日月星。'遍国之中，无人能对。贵国既以文治名世，大人又为中朝第一，属一对联，想来不费吹灰之力，不知能否赐教一二？"这个上联出得很绝，"三"是数字，下联自然也应以数字相对，"日、月、星"是三样发光且同在天空的事物，下联同样应该对上三样既有共同点又同为一体的事物。

苏轼不假思索，回答道："此对确有难度，不过'四诗风雅颂'倒是天生妙对，不知尊意以为如何？"《诗经》分为风、雅、颂，其中"雅"又分大雅、小雅，因此合称四诗。"三光日月星，四诗风雅颂。"果然对得天衣无缝！辽使暗自惊叹。

这时苏轼又缓缓地说："此外还有一对，亦可凑数：四德元亨利。"

辽使一听，差点儿笑出声来。"《易经》中所谓四德不是元、亨、利、贞吗？苏翰林啊苏翰林，原来连这种基本的文化常识也会出错啊！"这样想着，辽使噌的一下就站了起来，打算反驳。苏轼忙说："您以为我忘了其中一德，是吗？且请闭上尊口。我们两国是兄弟友邦，您作为大辽的使节，总该知道，那未曾说出的一德，正是我朝仁祖的庙讳也（宋仁宗名赵祯），怎可以直言相称？"辽使大出所料，一时无言以对。

还有一个和作诗有关的故事。辽国来使认为自己诗才了得，所以表现得很傲慢。后来聊起了诗，苏轼拿笔写了十二个字：亭、景、画、老、拖、筇、首、云、暮、江、蘸、峰。辽国来使哪见过这样的诗啊！

苏轼写的这十二个字都不太规矩，有的字写得很长，有的字写得很扁，有的字横着写，有的字倒着写，有的字镜像，有的字少儿笔……感兴趣的读者可以到网上搜搜这十二个字是怎么写的，也不知道东坡先生咋琢磨出来的。

他给这首诗命名为《晚眺》，一下子把辽国使者给镇住了。这种诗，我们可以理解为文字游戏，其实叫作"神智体"，也叫"形意诗""谜象诗"，据传是苏轼首创，需要依照字形变化、缺省、顺序等非常规排布，才能解读出一首完整的诗。这首诗是这样读的：

长亭短景无人画，老大横拖瘦竹筇。

回首断云斜日暮，曲江倒蘸侧山峰。

类似这样的段子还有一些，真真假假，很像古代流行的智囊故事，有的则更像脑筋急转弯。

就在苏辙感慨"大哥在辽国好火"的时候，高丽人也被苏轼迷得不行。以今天一些韩国学者的看法，至少在苏轼四十五岁左右时（宋神宗元丰年间），他的诗文就已在朝鲜半岛流传，连带着"感慨哥哥好火"的苏辙，也在高丽境内一起火了。当时出使大宋的高丽使臣金觐由于极度仰慕苏家兄弟，干脆把刚出生的俩儿子取名"富轼""富辙"。其中的金富轼，一生积极学习苏轼，写下了朝鲜半岛历史上著名的典籍《三国史记》。

第十章

再掌杭州

时间：宋哲宗元祐四年七月至宋哲宗元祐六年（1091）八月

地点：杭州

    在汴京城，东坡度过了几年舒心又有些烦恼的时光。最终，还是烦恼战胜了舒心，面对政敌层出不穷的攻击，他也懒得辩解了，向皇帝提出了外任的请求。不久之后，东坡先生以两浙西路兵马钤辖龙图阁学士知杭州，这是阔别十五年后第二次掌管杭州。

    还没来得及欣赏江南美景，一场大瘟疫就笼罩了杭城，作为父母官的东坡先生立即组织军民抗疫。他向百姓发放抗疫药品，组织医务人员上门看病，组建救治病坊……一系列行之有效的抗疫方法推行后，疫情得到了控制。接下来，东坡先生组织了疏浚西湖的大工程，并用挖出来的湖泥修建了苏堤。

    政务之余，闻香品茗、游山玩水是必不可少的。风雅的东坡先生以他超拔的品位向我们展示了宋人美学的最高段位。

    他的好心态也是朋友得以立身的良药，"一年好景君须记"是他写给好朋友刘景文的，也是写给我们每一个人的。

杭州大瘟疫：苏轼创建救治病坊

元祐四年，东坡先生以两浙西路兵马钤辖龙图阁学士知杭州。他不仅是杭州的一把手，还有一些军权。

时隔十五年，第二次执掌杭州，一路南行，东坡先生还有些兴奋。前些年乌台诗案发生的时候，杭州百姓自发焚香念佛，为苏轼祈祷平安，他得知后感动不已。如今再次踏上这片土地，那么多的老朋友可以相见，这是他每次去汴京都未曾有的期待。

然而，上天仿佛总爱和东坡先生开玩笑。他刚到杭州，一场瘟疫如闪电一般袭击了杭州城，大街小巷全是寻医问药的人。

当时的病情主要表现为手脚冰凉、腹痛腹泻，伴随着发热恶寒、肢节肿痛。有的无良医馆肆意宣传自己的药品有奇效，趁机涨价，囤货居奇，企图在疫情下大发一笔国难财，这就造成了普通百姓有病难看、有药难抓的局面。经过辨症，苏轼拿出了老朋友巢谷给他的治疗瘟疫的秘方——圣散子。当年黄州暴发瘟疫，苏轼用这个方子在黄州救治了很多人，这次杭州的瘟疫和上次黄州的疫情颇为类似，都是寒病，因此，圣散子同样起到了不错的效果。他组织军民当街支起大锅，熬制药物，并免费给百姓发放，这一举措使疫情的蔓延得到了遏制。然而，和黄州比起来，杭州这等大城市的人员流动也大了很多。因此，这次抗击疫情自然比在黄州要复杂很多。

关于这次疫情,《宋史》里有这样一段记录:

> 既至杭,大旱,饥疫并作。轼请于朝,免本路上供米三之一,复得赐度僧牒,易米以救饥者。明年春,又减价粜常平米,多作饘粥药剂,遣使挟医分坊治病,活者甚众。轼曰:"杭,水陆之会,疫死比他处常多。"乃裒羡缗得二千,复发橐中黄金五十两,以作病坊,稍畜钱粮待之。

这段记载的信息量很大,我们来捋一捋,看看苏轼为抗击疫情主要做了哪些努力。

他先向朝廷请示免去进贡大米的三分之一,这个举措相当于国家给企业减税。第二年春天,苏东坡又把粮仓的大米拿出来减价售卖。不仅如此,他还派人带着医生走访确诊病患的家宅,进行上门治疗服务。由于患者得到了及时的治疗,大部分都康复了。熟读医书的苏东坡深知瘟疫的传染性,认为杭州是水陆交会之地,人员流动大,传染风险也极大。于是他向社会募捐了两千缗(一缗是一千文),又从自家拿出来五十两黄金,建了一个救治病坊,集中对病患进行治疗。

这个救治病坊,苏东坡给它起了个好听的名字,叫"安乐坊"。在疫情期间,安乐坊收治贫困的患者,主要由僧人进行管理安排("以僧主之")。而对这些患者的收治也非常有条理,根据症状轻重安排病房,防止交叉感染("宜以病人轻重而异室处之,以防渐染"),直到痊愈后才可离开。

有人会问,谁都可以被安乐坊收治吗?答案是肯定的,只要是在杭州辖区内,被感染的人都有资格进入安乐坊治疗。苏轼的善举无形之中又创造了一个中国历史之最——安乐坊成为我国历史上最早的公立医院。

经过一年多的努力,这场瘟疫被整体控制住,三年后瘟疫彻底消失。鉴于苏东坡这个举措很有成效,于是被国家层面采纳,安乐坊更名为"安济坊"。当安乐坊成为"安济坊"以后,患者享受到了更好的国家福利,"安济坊"不仅有常设医护人员，还有厨师、专门喂养被感染儿童的乳母，甚至有专门的保洁人员——使女，可见朝廷当时对疫情的重视程度。

苏轼所采用的一系列举措，包括官方向百姓分发医药、提供药方、鼓励民间医师行医、创办救治病坊等均行之有效，被人称作教科书式的救灾。南宋初年，杭州参照此法创办了养济院。而苏轼这些医学理论被后人编辑成册，和科学家沈括的医方合并在一起，成了一本书——《苏沈内翰良方》，简称《苏沈良方》。

东坡先生在杭州为百姓所做的事足以证明，他不仅仅是一个天才艺术家，更是一个了不起的好官。我想起两句诗，用来赞美东坡先生似乎最恰当不过了：知君两件关心事，世上苍生架上书。

西湖十景之三潭印月

苏东坡再次踏上杭州的土地时，发现他日夜思念的西湖由于疏于治理，已是荒草丛生。湖水比之前少了很多，到处都是淤泥。水光潋滟的清幽已无处寻找，山色空蒙的景致也逊色不少。

其实，这个问题早在熙宁年间苏轼就发现了。他和当时的太守陈襄谈过，陈襄也同意治理，可惜苏轼因任期满被调往密州，后来陈襄也调走了，这件事便搁置下来。这十五年来，杭州又经历了几届太守，但政绩平平，似乎就是在等苏轼这位新任父母官到来。

在给皇帝的上表中，苏轼有理有据，言辞恳切。面对西湖日益严重的沼泽化，他推演出一个结论：如果不及时治理，二十年后，整个西湖就会水干成田。如果真的走到那一步，别说西湖美景没得看了，就是杭州百姓吃水都成问题了。在这道折子里，苏轼不仅陈明了眼前的隐患，还提出了解决经费的方法——乞度牒。这道折子后来被命名为《杭州乞度牒开西湖状》。

什么是"乞度牒"呢？为了拯救西湖，苏东坡在有限的办公经费中东挪西凑，召集当地百姓一起开浚西湖。地方上可供使用的钱粮毕竟是有限的，所以苏轼为了早日完工，在这份上表中，他恳求朝廷赐给杭州一百道度牒，并承诺只要有这一百道度牒就可完成开浚西湖这项大工程。高太后对苏东坡主动为民请命给予了褒扬，并根据苏东坡的请求颁赐了一百道度牒。苏东坡就用这一百道度牒换取了万余贯钱，疏浚西湖的钱基本就够了。

度牒是国家承认的僧人的身份证。之所以出现度牒，是由于僧道等出家人有免税的特权，有些百姓动起歪心思，钻出家人的空子。而在古代农业社会，对统治者来说，多一个可承担赋税徭役的劳动力远比多一个出家人有意义。因此，为了控制出家人的数量，从唐代以来，度牒的颁发收归国有，并且变得非常严格。这样做的好处是限制百姓私自剃度出家，有效控制僧众人数。

宋朝建立后，度牒制度更加严格，僧人获得度牒有三种渠道。一是通过考试。这个方法非常难，因为考题往往涉及深奥的佛理，并非一般新出家人可以回答的。二是恩许度牒。统治者深知可以利用宗教来维持社会稳定，因此每逢皇帝登基、诞辰等大庆典礼时，为显皇恩浩荡，皇帝会拿出一些度牒赏赐给没有度牒的僧众。三是出钱购买。度牒价值高，能保值，所以在民间成了不断升值的"硬通货"。

工程款解决了，苏轼立即投入到挖淤泥、除葑草的工作中。为了加快进度，他发动了军民数万人参与其中。工作一开始进展得很顺利，但很快就碰到了一个新的难题——疏浚西湖挖出了大量淤泥，无处堆放。这让苏轼特别着急。如果拉走，则要选择堆放的地方，离得近还好说，比较远的话，那就要耗费更多的人力物力。怎么办呢？一位参与清除淤泥的百姓给苏大人出了个主意，何不用淤泥筑一条横穿西湖南北的长堤呢？一则方便百姓出行，二则省却了搬运之苦，三则为西湖增添一道风景。苏轼听了这建议，忍不住击节赞赏。

然而，筑造大堤也不是想象中那么简单。想要让大堤成型，光靠西湖里挖出来的淤泥可不行。淤泥太软了，必须掺和硬土才可以，原本是担心淤泥无法处置，如今成了发愁硬土从哪里获得。

苏轼拉了几个人随他沿着西湖边寻找适合的硬土。很快，苏轼便选中了慧因高丽寺旁的赤山硬土。可就在苏轼准备开工的时候，却遭到了寺僧的强烈反对。寺僧认为如果动了赤山，就是破坏了寺院的风水，断然不能随便取用。

苏轼偏偏不信这个邪，经过一番谈判，寺僧开出了条件，除非他愿意雕刻自身石像，为寺院护法才可以。苏轼身边的人认为此举甚为不妥。如果真的这样做了，祸事会转移到苏轼身上。于是大家力劝苏轼不要铤而走险。可苏轼觉得，如果能用自己的灾祸来换取全城百姓的安心，那么是值得的。第二天，他就主动找到寺僧，答应了塑其像做护法的请求，完全把自身安危置之度外。于是，西湖边便有了"护法东坡"石像。风雨沧桑，千百年来，这尊石像如金刚般守望着西湖。在今天的花家山庄，当代著名文史学家史树青先生撰写的对联格外引人注目："垂老舍身依古寺，长留真相在西湖。"这应该是对这段故事最好的诠释。

后人为怀念苏轼浚湖筑堤的功绩，就将这条南北长堤称为"苏堤"。每年春天，踏上苏堤，桃红柳绿，鸟鸣莺啼，形成"苏堤春晓"的美景。为了防止西湖再次淤塞，他又在湖中立了三座石塔，这便是后来被称为西湖十景之一的"三潭印月"。

第五套人民币一元的纸币背面，用的就是三潭印月的风光。

大家来到西湖边，千万不要忘了去苏堤走走，九百多年前的东坡先生便经常在这里散步。

大文豪断案：对簿公堂？对诗公堂！

做知府的，断案子也是家常事。东坡先生有没有断过案子呢？自然是有的。大文豪毕竟是大文豪，他断的案子五花八门，却处处体现出挡不住的才华。

苏东坡任杭州知州期间，有一天碰到一个这样的案子：一个做绢布生意的人把一个扇子店老板给告了。原来卖扇子的并非有意赖账，只因近日阴雨连绵，扇子已经发霉，加上天气并不炎热，扇子根本卖不出去，所以一时还不起账。卖绢布的也需要资金，所以就把卖扇子的告上了公堂。了解实情后，苏东坡笑了笑，说不用着急，随后他让卖扇子的马上回家去拿二十把发霉的白折扇来，这场官司就算是两清了。

大家一定会问了，这怎么两清呢？我们来看东坡先生是怎么处理这案子的——

卖扇子的急忙爬起身，一溜烟奔回家去，拿来二十把白折扇交给苏东坡。苏东坡命人将折扇全部打开，摊了满满一大案子。这时，文员把事先磨好的墨取出，东坡随意挑了两支笔，便开始在扇面上作画。发霉厉害的地方，他画成山石盆景；发霉不太明显的地方，画些树木花草……不一会儿工夫，二十把折扇全画好了。

东坡拿十把折扇给卖绢布的，对他说："你的银子就在这十把折扇上了。你把它拿到衙门口去，喊'苏东坡画的画，一两银子买一把'，马上就能卖掉。"他又拿十把折扇给卖扇子的，对他说："你也拿它到衙门口去卖，卖的十两银子当本钱，另做生意。"

两个人接过扇子，心里似信非信，谁知跑到衙门口刚喊了两声，二十把折扇就被一抢而空了。两人各自捧着十两白花花的银子，欢天喜地地回家去了。

东坡判案，没有升堂号子的威吓，没有辩护双方的互相争论，反而有一种公堂变书房的文化气息。如果说这个故事只是表现出东坡的艺术才能，还不足以表现其文学才华，那么，我们不妨看两则东坡先生的判词。

苏东坡担任徐州太守的时候，碰到这么个案件：当时有一个叫怀远的书生，因为受到许多老百姓的殴打而到知府告状。怀远振振有词，说自己是读书人，无端受到众多老百姓侵害。经过调查，涉案百姓并非无缘无故殴打他，而是事出有因。事情的起因是怀远饮酒大醉，淫性大发，调戏村妇。周围老百姓义愤填膺，因此群起而攻之。

查明上述情况，苏东坡提笔挥毫，为怀远写了一纸判词："并州剪子苏州绦，扬州草鞋芜湖刀。"怀远看到所写内容，不知所云，但碍于脸面，又不好意思说自己不懂，更不敢开口向官府人员请教，只能如"闷葫芦"一般回去了。后来，怀远苦思冥想几天几夜，寝食不安，还是没能搞清楚苏东坡的判词究竟是什么意思。无可奈何，他只能悄悄地向附近一个私塾先生请教。私塾先生听后不禁笑出声来，连声夸赞东坡先生的才情。

原来，"并州剪子苏州绦，扬州草鞋芜湖刀"说了四样东西——并州的剪子、苏州的绦带、扬州的草鞋和芜湖的刀具。这四样东西在当地很有名，都是手工艺人精心制造的。归根到底，这四样东西有一个共同特点，就是"打得好""收拾得好"。苏东坡不动声色地自创歇后语，怀远讨了个没趣。

元祐六年，苏东坡从杭州调任吏部尚书，途经润州。润州刺史林子中设宴为苏东坡送行，按照当时的惯例，有官妓在场陪同。

陪同苏东坡的两个官妓分别叫郑容、高莹，得知到场的是大名鼎鼎的苏东坡，二人抓住机会叩头求情，请求苏大人准许她们脱籍从良。按照当时的规定，妓女从良或赎身，必须得到当地官员批准。苏东坡虽然有意帮她们，但并非当地官员，无权处理这一事项，只好问林子中。林子中回答说，此事先生可以做主。

苏东坡得到首肯，立即提笔挥毫，瞬间写成一首《减字木兰花》：

> 郑庄好客，容我尊前先堕帻。落笔生风，籍籍声名不负公。
>
> 高山白早，莹骨冰肤那解老。从此南徐，良夜清风月满湖。

林子中看后，忙叫两位官妓向苏大人谢恩。两位官妓如何能理解东坡先生的词意呢？林子中提起笔，在东坡先生写的每一句的第一个字旁边画了一个圈儿，这下子所有人都明白了，原来苏东坡写的是一首藏头词：

"郑庄好客，容我尊前先堕帻。落笔生风，籍籍声名不负公"是说"郑容落籍"。

"高山白早，莹骨冰肤那解老。从此南徐，良夜清风月满湖"则是说"高莹从良"。

大家连声称妙，两位官妓欢喜无度，给东坡先生跪拜行礼。

公堂之上，非黑即白，而东坡先生竟然可以找出其他的色彩，让公堂立刻充满了文化味儿。

不过，这种有色彩的判词却并非东坡先生首创，他也是有师承的。谁呢？白居易。白居易曾在多地担任刺史之职，所以也有长期审理案件的经历。《白氏长庆集》中收录了白居易所撰写的一百零一道判词。

他在任期间有这样一个案件：某甲与妻子离婚后，妻子犯了罪，请求根据儿子的"恩荫权"（亲属立功可以替自己减刑）赎罪。某甲怀怒，断然拒绝。之后，妻子向"白青天"做了汇报。

白居易认为那女子的请求是对的，儿子有义务庇护母亲。为了把事情说明白，白大人说：

想《茉苡》之歌，且闻乐有其子；念《葛藟》之义，岂不忍庇于根？

这段话中提到了《诗经》的典故。大意是：想想《茉苡》之歌吧（茉苡就是车前草，古人相信它的种子可以治疗妇女不孕），你就知道妇女喜爱自己儿子的心情了；再好好想想《葛藟》的含义吧（《葛藟》一诗表达子女思念母亲的感情），难道你还忍心不让儿子庇护母亲？

白居易的判词非常工整，而且经常长篇大论，当时不少准备考官入仕的人都以他的判词应答考问。

正如西湖上白堤和苏堤隔世相望，两位才华横溢的大文豪也在公堂上"相逢"，他们真的称得上隔代知音了。

最牛调香师苏轼和他的"雪中春信"

文人爱香，算得上一种传统，到了宋代则发展到极致。宋代甚至出现了香文化专著如《陈氏香谱》，这里面讲到了"雪中春信"，这个香方的发明者就是苏轼。

元祐五年正月初七，杭州下了一场雪。东坡先生一直在等这样一场梅花盛开时的江南好雪，没想到真的被他等到了。他想：心心念念的"寒雪香"，莫非就成在今天吗？

他取出一只玉碗，交给爱妾朝云和侍女，吩咐她们去院中取梅花蕊之雪，并强调一定要存敬畏天地和感念造物之心，用毛笔小心收集。

文人制香的确不同凡响。玉碗是真正的雅器，毛笔更是文房之宝，如此收集来的雪一定是清雅无染的。当然，最为关键的还是敬畏天地和感念造物之心。

接着，东坡先生取出早已准备好的香料，诸如沉香、檀香、烘干的丁皮梅肉和朴硝等，这是他理想中的"寒雪香"所必备的，早已都研磨成粉。此外，还有一款最重要的"药引"——一场好雪。如今，好雪也被他等来了。

再往前说，早在七年前，东坡先生还在汴京的时候就研制出这个香方了，还专门拿给他的学生黄庭坚看。黄庭坚虽然是苏轼的学生，但是在香界是一等一的高手。黄庭坚对老师的香方给予了极高的评价，并预言此香必在江南制成。

的确如此，汴京的梅花要到三四月才开放，那时已经没有雪了。唯有江南，梅开与降雪才有可能同时发生。而这次，降雪发生在正月初七——人日，又是格外吉祥。最关键的，这一天还在假日里，如果晚一天下，苏轼也没有这份从容了。可以说，"寒雪香"的诞生，需要天、地、人等多方面的因素。

大约一个时辰后，朝云与侍女已采集完回到书房。玉碗中的雪水散发出幽幽梅香。苏东坡很满意地冲二人笑了笑。

接下来是朝云配合东坡先生合香。他们把事先准备好的香料用刚采来的梅花蕊雪浸透。这个过程看似简单，却需要反复数次才可以完成。合香的时候，东坡先生的动作缓慢而娴熟，仿佛在写字，又仿佛在打太极。朝云看呆了，她跟了东坡先生这些年，还是第一次看先生合香。这位名震华夏的大文豪，到底还有多少本事不为人知呢？

朝云兀自嘀咕着，东坡先生则微闭着双眼，似乎进入了禅定之中。与此同时，室内已充满了幽幽的梅香。朝云不敢作声，只是静静地看着东坡……

大约半炷香的工夫，东坡先生轻轻地说："好了。"他示意朝云把合好的香粉装入一个瓷罐里，并把罐子密封好，然后上屉蒸大约一个时辰。蒸好的香自然冷却后，便大功告成。

东坡先生打开瓷罐的封纸，用银香匙取出一匙香粉，交给朝云。朝云是打香篆的高手，很快，她就在粉青香盘上用印香模具制出了"焚香告天"香篆。东坡先生对赵清献公格外敬仰，他非常喜欢赵清献留下的名句"昼有所为，夜必焚香告天"，便叫人做了"焚香告天"的篆字模。

朝云点燃了香篆，缥缈的香烟上下飘散，香气格外迷人。那香气起初如同千百株梅花同时喷香，紧接着淡下来，仿佛飘进每一个人的心里，令人久久回味……

"先生，这香叫寒雪香，似乎太悲切了。"朝云轻声说。

东坡点点头，略加思索，提笔写下了四个字：雪中春信。朝云看后，喜极而泣。

上面的故事是我听一位当代制香师讲述的。他一边讲述，一边合香，在满屋梅香中，我们仿佛一同回到了北宋，一同来到了杭州。

焚香、点茶、挂画、插花是典型的宋人四艺。作为大宋风雅的引领者，东坡先生可谓样样精通。他用七年时间做成的雪中春信香，早已成为后世文人香客津津乐道的绝品香方。

东坡先生爱香，也多次以香入诗。尤其是他和黄庭坚互相酬答的有关香的诗作，往往让人拍案叫绝，如《和黄鲁直烧香》：

> 万卷明窗小字，眼花只有斓斑。
>
> 一炷烟消火冷，半生身老心闲。

黄庭坚唱和的《子瞻继和复答》，也极有韵味：

> 迎燕温风旎旎，润花小雨斑斑。
>
> 一炷烟中得意，九衢尘里偷闲。

像苏轼这样爱香的，在宋代文人士大夫群体中并不少见。我们熟悉的晏殊、晏几道、欧阳修、黄庭坚、陆游、范成大都是合香的好手，他们共同组成了宋代的"真香男团"。南宋诗人范成大写了一首名为《寄题林景思雪巢》的六言诗，实在是美到了极致，忍不住向各位推荐 ——

> 大地九冰彻底，小巢四壁俱空。
>
> 只有梅花同调，雪中无限春风。

作为苏轼的"小迷弟"，他用"只有梅花同调，雪中无限春风"真情诠释了东坡先生雪中春信香方的意境，带给人的不仅是幽香满纸，还有冰寒之中的无限春意。

"暖男"苏东坡拍了拍刘景文：朋友别哭

元祐五年的初冬时节，东坡先生在杭州写了一首诗：

荷尽已无擎雨盖，菊残犹有傲霜枝。

一年好景君须记，正是橙黄橘绿时。

这首诗的后两句格外有名。那么，是哪位"君"有此殊荣，得到东坡先生如此关心呢？

这首诗的题目是《赠刘景文》。"刘景文"这个名字听起来好像有些陌生，在苏轼"高大上"的朋友圈里，他的确算不得出众，属于非著名朋友。然而，在苏东坡眼里，这位刘景文却堪称"慷慨奇士"。

刘季孙，字景文，北宋大将刘平之子。宋仁宗时期，刘平奉命抵抗西夏军，战败被俘，因拒绝降敌而被杀，可谓英烈。刘景文虽然没像父亲一样当上威风凛凛的大将军，但血脉或多或少都会延续，刘景文把父亲豪放的个性遗传下来，这是他与苏轼成为好友的基础。苏轼第二次到杭州做官，和刘景文通过工作关系认识了。我们前面说过，苏轼这次来杭州，除了杭州太守这个身份，还有一个军衔——两浙西路兵马钤辖。而刘景文当时则担任两浙兵马都监。苏轼疏浚西湖并用挖出的泥修了"苏堤"，这一系列大运作中，刘景文都给予了大力支持。

由于两个人都留着胡子，所以双方都觉得格外亲切。刘景文生得人高马大，胡子也很特别，颇有洗洗武夫之相。而苏轼的胡子和刘景文的胡子相比，显然就逊色了一些。后世有些画家给苏轼画了一大把络腮胡子，这显然不符合真实的情况。苏轼的胡须是典型的文人胡子，稀稀疏疏的。元代赵孟頫画的比较接近真实的苏轼。

苏轼虽然不会武艺，却很喜欢侠义之人。他在黄州时，好朋友陈季常、巢谷都是大侠一般的人。比起那些只会动心眼儿的政客，苏轼更喜欢与侠义之人往来，可以不设防。

很快，苏轼就发现刘景文不仅武艺高强、善于统兵，还颇有文采，特别喜欢藏书。刘景文以前对一代文宗苏东坡只是闻名，如今可以坐在一起，自然也是欣喜不已。他们互相串门，刘景文收藏的书画中有不少得到了东坡的题跋。他们还一起相约游西湖、赏枇杷……几乎每次一起玩，两人都写诗互相酬答。仅元祐五年至六年，苏轼写给刘景文或与刘景文有关的诗作就多达四十几首。

元祐五年初冬的一天，刘景文在陪苏轼饮宴之时突然流下泪来，说自己这么一把年纪了，还只是个默默无闻的都监，进而思念起为国捐躯的父亲，不禁悲从中来，觉得自己一生活得平庸，对不起祖上……

东坡先生想安慰刘景文，却又觉得眼前这位末路英雄和自己何其相似。他默默地看着刘景文，做了一个用心的倾听者。次日，东坡写下了一首诗，并亲自交给刘景文。刘景文看完感动不已。东坡拍了拍好友宽阔的肩膀说："走，我们一起摘橙子去。"

初冬的孤山，层林尽染。"荷尽已无擎雨盖，菊残犹有傲霜枝"，非常形象生动地写出了残秋的况味。荷花已经凋谢，连茎叶也枯萎了，再撑不起那绿叶，再也不能遮风挡雨了。菊花也已败落，只有枝干还在风霜中傲立。"好朋友刘景文啊，我们现在都已经走到了生命的秋冬之际，再去回想曾经的灿烂又有什么意义呢？只要我们的精神还在，就像这残菊一般，还能够以铮铮傲骨立于严寒之中。"

孤山深处的寺院里，橙子黄了，橘子将黄犹绿，一派丰收的景象。寺僧见到苏大人来了，连忙摘了满满一大盘子的橙子和橘子，摆在二人面前。于是，诗的后两句自然而然就出来了——"一年好景君须记，正是橙黄橘绿时。"

两位好友在这里收获了喜悦和满足。冬景虽然萧瑟冷落，但也有硕果累累、成熟丰收的一面，而这一点恰恰是其他季节无法相比的。东坡先生这样写是用来比喻人到壮年，虽已青春流逝，但也是人生成熟、大有作为的黄金阶段，勉励朋友珍惜这大好时光，乐观向上，努力不懈，切不要意志消沉、妄自菲薄。

诗中所描绘的"橙黄橘绿"，是南方特有的景致。苏轼居江南日久，所以熟知其风土人情。宋代陈善《扪虱新话》中专门提到东坡先生对江南风物的熟悉程度，他认为只有吴地之人可以一下子就明白"橙黄橘绿"的含义，而此时的北方早已萧瑟不堪。

南宋胡仔在《苕溪渔隐丛话》中，将这首诗和唐代文学家韩愈的《早春呈水部张十八员外》相提并论："'天街小雨润如酥，草色遥看近却无。最是一年春好处，绝胜烟柳满皇都。'此退之《早春诗》也。'荷尽已无擎雨盖，菊残犹有傲霜枝。一年好景君须记，最是橙黄橘绿时。'此子瞻《初冬诗》也。二诗意思颇同，而词殊皆曲尽其妙。"

之后不久，苏轼调任颍州，收到了刘景文寄来的诗——《奉寄苏内翰》。在诗中，刘景文直率地表达了对苏东坡想建功立业却碍于高处之寒，不得不外任的同情。同时，他也安慰东坡先生：什么样的荣华富贵你没享受过啊？发到外任，不在权力中心也未必是坏事，只要有你在的地方，一准儿有一群像我一样有品位的人围着你，喝酒、游山，把日子过成诗。

苏轼看到刘景文的诗，欣慰地笑了，心想：我的朋友老刘已经走出哀伤，他都来宽我的心了。

苏东坡当年也是露营爱好者

很多朋友提起东坡先生，往往会说起和东坡先生有关的美食。其中，尤以东坡肉和羊脊骨最为著名，有人甚至煞费苦心编了一本《东坡菜谱》，竟然罗列了和东坡先生有关的上百种菜肴。我认为其中许多是后人附会，抓名人效应。

东坡先生爱吃，是爱生活的直接体现。他不仅爱吃，对美食器物也非常重视。比如他在给朋友滕元发的信里写道："某好携具野饮，欲问公求朱红累子两卓、二十四隔者，极为左右费。然遂成藉草之乐，为赐亦不浅也。"

累子是什么呢？其实就是多层食盒。"累"有堆积、重叠的意思，于是累子便成了食盒的一个代称。

东坡先生为什么需要多层食盒，而且还要点明二十四个格的？很显然，这并非居家所需。是不是东坡先生游山的时候用呢？是的，不仅东坡先生喜欢游山玩水，自古以来，文人雅士们普遍对游山玩水都很热衷。可是只看美景，肚子还是会咕咕叫，所以这些古时的士绅名流便会让家仆再提上些酒菜食物。用来装这些美味佳肴的器物，就成了游山玩水时的宝贝之一。北宋诗人文彦博还专门给这些器物起了个雅致的名字——游山器。野餐爱好者苏东坡向好友滕元发求的就是这样的游山器。

东坡的眼光毋庸置疑，他要的一定是上品，而且还要求朱红色，这是为了和大自然的绿色相对应。

人们都说贵人多忘事，可是苏轼说完这个事一直惦记着。另一封信中，他提及：您答应我做朱红累子的，不知道请人做了吗？这真是密友之间的口吻了，也看出东坡多想要这个食盒。

还有一个东坡与食盒的故事，流传很广。当年东坡身陷乌台诗案，被囚禁于御史台，在狱中煎熬地等待最终判决时，苏轼长子苏迈负责每日给他送饭。但是父子不能见面，消息不能通达，餐食只能由狱卒来回传递，所以二人定下暗号："如果判决结果未出，那只送蔬菜和肉食；如果死罪消息出来，便送鱼。"一日，苏迈因事未能亲自前往，而是委托一位亲戚去送饭，谁知这亲戚送的恰恰就是鱼。苏轼打开食盒一看，顿时泪流满面："这下是凶多吉少了！"可见这小小的食盒里，也可以放下一代文豪的命运。

自从文彦博给食盒起了"游山器"这样的名字之后，文人士大夫就开始注意到这个运送食物的宝贝，众多的宋画中都有直观的展现，如《春游晚归图》中就有仆人挑着食盒的形象。

想当年他在泗州，泗州太守刘倩叔陪他游览南山，当时苏轼写下了"雪沫乳花浮午盏，蓼茸蒿笋试春盘"，他们在一起又是点茶，又是吃春盘。刘太守一定安排人带着食盒。如今，他在风光如画的杭州，身边又有那么多朋友，大家相约游山玩水，走累了便让小童从精美的食盒中拿出提前准备好的佳肴美味，于绿草溪边席地而食，真是羡煞旁人。

介绍完食盒，解决了吃的问题，我们再来看看苏轼是如何解决野营住宿或休息的问题。元祐七年（1092），他在颍州知州任上写下了《择胜亭铭》一文。此铭文采飞扬，如歌如叹，而且还颇有玄机，其中有以下几句：

> 乃作斯亭，筵楹栾梁。凿枘交设，合散靡常。

> 赤油仰承，青幄四张。我所欲往，一夫可将。

不难发现，苏轼笔下的"择胜亭"其实是一个可以移动的亭子。亭子的梁、檐、柱等主要构件都是分散的，使用的时候临时搭建起来。顶上覆盖红色油布，四周悬挂上青色的布帷。苏轼还说，这种临时搭建的亭子，只要一个随行人员便可以独立完成。

那么，苏轼为什么要发明并装备这样的移动小亭子呢？他在文中回答：

> 岂独临水？无适不臧。春朝花郊，秋夕月场。

> 无胫而趋，无翼而翔。敝又改为，其费易偿。

这种长了脚的小亭子，既可以放在春天开满鲜花的郊外，也可以放在秋天凉风习习的月夜中。任何美好的地点、美好的时刻，支上这个亭子，人们都能立刻享受一场酣眠。

这不就是我们今天常用的帐篷吗？有帐篷遮风挡雨，有食盒可以补充能量，不得不说，东坡先生实在是个会生活的人。

第十一章 远知四方

时间： 宋哲宗元祐六年八月至宋哲宗绍圣元年（1094）闰四月

地点： 颍州、扬州、定州

　　杭州离任之后，东坡先生回到了汴京。果然不出他所料，这里依然有着浓郁的硝烟味，或许是因为他才华太高、位置太显赫（距离宰相只有一步之遥），因此受到的攻击也格外多。他继续提出外任的请求，一心想去越州（今绍兴），但越州没有空缺，只好被安排去了颍州，不久又被调往扬州。以身许国的苏轼在颍州疏浚西湖、在扬州罢黜了祸国殃民的"万花会"。

　　宋哲宗亲政，这位被压抑了许久的帝王终于可以站在时代的潮头，实现他富国强兵的理想了。元祐七年，苏轼奉诏离开扬州回到汴京，以礼部侍郎的身份主持了皇帝大婚之后的郊祀大典。之后不久，苏轼再次请求外任越州，皇帝没有同意，而是安排他去定州戍边。

　　在定州，他整顿军备，训练士兵，俨然统帅。辽闻东坡大名，秋毫无犯。这段时间，在他身边的幕僚和知己好友是李之仪，他们朝夕相处，诗文酬答。身处边地的东坡先生又一次找到了精神乐园。他发现一块长满白脉的黑色奇石，以水击之，如雪浪翻滚，于是将此石命名为"雪浪石"，书斋命名为"雪浪斋"。他邀请诸文友写诗文以赞此石，成一时文坛佳话。

帝王师，父母官，不如做个西湖长

元祐六年三月初九，苏轼奉命离开杭州，回到了都城开封。然而，这次回朝，他待了仅仅三个月便被同朝奸佞贾易等人搞得不胜其烦，于是主动请求再次外调。他这次为自己想了一个好去处——越州，也就是今天的绍兴。但是朝廷经过权衡，最终许了他安徽的颍州，也就是今天的阜阳。颍州也好，那是恩师欧阳修终老之处。苏轼接到任命，立即动身。

苏轼到达颍州，是元祐六年闰八月二十二日，正是秋高气爽时节。这位父母官跟刚到杭州一样，也是兴修水利、为民求雨，为百姓干了不少事。余下的时光，他则约朋聚友，游览颍州西湖。临近年底，他还收到了好朋友刘景文的生日礼物——珍藏多年的《松鹤图》。这提醒了他，自从元丰五年在黄州为自己过了一次生日，这九年来都没过过一个像样的生日。于是，他通知亲近的朋友一起来为他庆生。

衙署内官宅的厅堂上张灯结彩，喜气洋洋，刘景文寄来的古画《松鹤图》被挂了起来，苏轼的贤内助王闰之、爱妾王朝云、儿子苏迨、苏过等眷属皆在身边。颍州签判赵德麟送来了苏轼喜欢喝的"洞庭春色"酒，颍州教授陈师道拎来了颍州西湖捕捞的鲜鱼。大家纷纷向东坡祝贺生日，饮酒赋诗。这是颍州留给东坡先生的温暖记忆。

在苏轼的一生中，大部分时间是在各地为官。有趣的是，他的足迹所到之处，不少地方都有"西湖"。

南宋杨万里的《惠州丰湖亦名西湖》，其中有这样的句子：

> 三处西湖一色秋，钱塘颍水更罗浮。
>
> 东坡元是西湖长，不到罗浮便得休。

此诗道出了苏轼为官所到的三处西湖——杭州、颍州、惠州。

而"西湖长"之名并非后人追封，而是苏轼任颍州知州时自己封的。他在《颍州到任谢执政启》中说："入参两禁，每玷北扉之荣；出典二邦，辄为西湖之长。"北宋翰林学士直舍在皇宫北门两侧，两禁就是翰林院；北扉，也是指翰林院。苏轼在这里把当西湖长官和在翰林院做事放在同等高度上，估计皇上看了也会笑出来。

苏轼曾多次赋诗称赞颍州西湖。他写过"大千起灭一尘里，未觉杭颍谁雌雄"，也写过"西湖虽小亦西子，萦流作态清而丰"。有一次，他在颍州泛舟西湖，听闻歌者吟唱欧阳修之词，不禁感怀恩师，写下了《木兰花令·次欧公西湖韵》，其中有"与余同是识翁人，惟有西湖波底月"的句子。这些句子被后人无数次征引，成为人们赞美颍州西湖绕不开的佳句。

苏轼所到过的西湖，一般都是因湖在城西而得名，但也有因苏轼这位"西湖长"到来而得名的，惠州西湖就是如此。惠州西湖原名丰湖，苏轼见这里的湖光山色堪比杭州，又因湖的位置在惠州城西，就把丰湖硬称为"西湖"，生生写进了自己的诗里。于是，后人也就跟着这样叫了。

苏轼一生所到过的西湖，还不止这几处。

嘉祐五年，苏轼服母丧期满，到汴京参加制科考试，途经许州，游许州西湖，游罢乘兴赋诗《许州西湖》："西湖小雨晴，滟滟春渠长。……谁知万里客，湖上独长想。"

熙宁十年，苏轼任徐州太守。云龙山下有处湖水，他想引上游丁塘湖之水至此，则此湖堪比杭州西湖。这相当于苏轼给徐州规划了一个"西湖"。后人践行着苏轼规划的思路，才有了今天的云龙湖。

　　元丰二年，苏轼调任湖州知州。这里也有一处西湖，又名吴越湖，相传吴王筑吴城，取土于此，遂成湖。而苏轼就是在湖州任上，发生了著名的"乌台诗案"。

　　黄州西湖在北宋时期已然形成，是古云梦泽遗留下来的一片沼泽，也就是今天的遗爱湖公园。苏轼当年被贬至黄州时栖居的临皋亭和雪堂，距离这片水域也只有几里路远。或许是因为黄州的水系太发达了，长江边的赤壁矶更容易引起苏轼的"怀古之思"吧，这个西湖并没有被苏轼写进诗里。不过，就在这西湖边，苏轼写下了《遗爱亭记》一文，记录了他和黄州太守徐君猷"饮酒于竹间亭，撷亭下之茶，烹而饮之"的风雅场面。

　　元丰七年，苏轼离开黄州，赴任汝州。他在尚未动身之前写下一首《满庭芳·归去来兮》，用以告别黄州诸友，其中有句"当此去，人生底事，来往如梭。待闲看秋风，洛水清波"。他已经提前陶醉在汝州西湖的"洛水清波"里了，并且还对黄州友人说"仍传语，江南父老，时与晒渔蓑"。这样充满人情味的约定，谁会拒绝呢？然而，苏轼在赴任途中，意外遭遇丧子之痛，深受打击的他上书朝廷，请求不去汝州赴任，希望终老于常州。这个请求最终得到了朝廷批准，汝州西湖就这样和他失之交臂。然而，他和汝州的因缘却并未因此阻断。若干年后，先生故去。胞弟苏辙根据兄长遗愿，把他的灵柩从常州接到了汝州郏县小峨眉安放。再后来，苏辙故去，也安葬于此，后人将苏洵衣冠做冢。这便是千百年来被无数文人墨客景仰的"三苏坟"。

　　元祐七年，苏轼到扬州任太守，当时"瘦西湖"尚未得名。后人为了纪念苏轼，在瘦西湖畔建起了"三贤祠"，供奉扬州史上三位文章太守——欧阳修、苏轼、王士禛。清朝中后期"三贤祠"扩为"四贤祠"，增加了另一位文章太守，也就是"苏迷"伊秉绶。千年文采风流，汇于一处。

绍圣四年，苏轼由惠州再贬儋州，途经雷州，与被贬至雷州的胞弟苏辙相逢。雷州城西有一罗湖，兄弟二人同寓湖上，泛舟流连。后来雷州人也因此将罗湖改为"西湖"了。

宋徽宗即位后，元符三年（1100），苏轼被移居廉州。廉州城西亦有一西湖，苏轼曾在那里留下了"西湖平，状元生"之语。

苏轼与"西湖"有不解情缘，他每到一处西湖，那里就成为福地，不仅留下千古名篇，更留下他的千古美名。

"花神"苏轼动了扬州鲜花行业的奶酪

众所周知，宋人会享受是出了名的，发展到极致的时候有四项活动最为人喜爱，那就是"四艺"。

《梦粱录》中称"烧香、点茶、挂画、插花，四般闲事，不宜累家"。四般闲事，便是宋人四艺。那"不宜累家"作何解呢？如果从字面去揣摩，或许会理解成"不要过于沉迷于这四项可有可无的闲事，因此耽误了养家"。这样理解可谓大谬。"累家"原本写作"戾家"，是外行人的意思。"闲事"也不是我们理解的"闲着没事儿时干的事"，而是需要一定的规矩才可以干好的事。在宋人眼里，"烧香、点茶、挂画、插花"这四件风雅之事必须交给专业人士去做。

更有甚者，当时有些风雅文人出游也会携带桌儿，"列炉焚香，置瓶插花，以供欣赏"，风雅至极。

对于这四项风雅活动，宋人的热爱程度几乎达到了极致，尤其是插花。与其说宋人爱插花，不如直接说宋人就是很爱花，因为除了插花，宋代还流行簪花、赏花和万花会。巧合的是，东坡与这些活动都有交集。"赏花归去马如飞，去马如飞酒力微""只恐夜深花睡去，故烧高烛照红妆"描述的是他赏花；而"人老簪花不自羞，花应羞上老人头"则描述了他到老还喜欢戴花。当然，这不是东坡特立独行，在《宋史·舆服五》中记载了重大活动中在幞头上簪花的定例，可见簪花习俗之盛。由此，民间也兴起了种花、卖花的花卉产业链。花农成为常见职业之一，洛阳种牡丹，扬州种芍药，成都种海棠……这些鲜花产地的响亮名头从宋时延续至今。

扬州自北宋初年就以种植芍药闻名于世，苏轼写有一首堪称传世芍药诗中的佳作《赵昌四季芍药》：

> 倚竹佳人翠袖长，天寒犹著薄罗裳。
>
> 扬州近日红千叶，自是风流时世妆。

在扬州还有一个与芍药有关的颇有趣味的民间故事。扬州太守韩琦在自己后花园发现了一株芍药，开了四朵品相奇特的花——红色花瓣中有一条金线，宛若红色官服上的金腰带。于是韩琦设宴请了王安石、王珪、陈升三人一同欣赏这四朵奇花。饮宴中，四人各簪其中一朵，相视大笑。可巧的是，一同赏花、簪花的这四位后来陆续做了宰相。这就是扬州地区流传甚广的"四相簪花"的由来，芍药也因此被雅称为"花相"。这四位同时出现在扬州几乎不可能，但百姓们不管那么多，大家喜欢这种"皆大欢喜"的结果，至于真假倒不是太重要了。明代画家仇英以此为灵感创作了《四相簪花图》。

后来金兵入侵，扬州满目疮痍，诗人姜夔经过时发现遍地的芍药却开得很好，不禁发出"念桥边红药，年年知为谁生"的感慨，从侧面反映了芍药在扬州大面积种植。

蔡京任扬州知州时，模仿洛阳牡丹万花会，开始举办芍药万花会，由此成为当地的一种特色活动。元祐七年，苏轼成为扬州的新一任父母官。一到扬州，他的学生、扬州通判晁补之就陪着老师四处巡查，并向老师介绍说："您来得真是时候，扬州就要举办万花会了。"果然，映入眼帘的是扬州城内万花盛开、花团锦簇的美景，其中芍药尤为突出，五彩缤纷，争相开放。整个城市变成了花的海洋，一派歌舞升平的景象。

然而，穿街过巷的时候，苏太守也听到了许多不同的声音，这些声音多来自普通百姓。他最善于听取民意，便拉着晁补之换上便装，扮作读书人模样，走入民间酒肆调查民意。很快，他们就了解到万花会背后的猫腻：一方面，地方恶吏趁万花会之机，敲诈勒索老百姓，原本指望种花卖花改善生活的花农们不仅没有得到实惠，反而又欠新债；另一方面，万花会规模太大，其动用的人力、物力和财力之巨远超预想。

如此一来，很容易得出结论：扬州万花会不是百姓的万花会，是官府和富绅的万花会。于是，苏轼提议取消万花会，虽煞风景，但避免了劳民伤财。晁补之深知老师的脾气，而今老师又是自己的顶头上司，于情于理都应该尊重老师的决定。但他也提醒老师："您这样的决定，相当于新官上任的三把火直接把官府中人烧伤了呀，扬州的各级官员可能就不乐意了。"很显然，这里面的商机巨大，无论哪一级官员都不愿意苏轼这么干。

苏轼深知其中利害，也了解到蔡京已经得势，得罪扬州地方官员只是一方面，还会直接伤及蔡京的利益。于是他召集扬州地方官员开会，开会的时候，他还戴了一朵芍药花，表明自己很喜欢芍药。这是情感战术。他对扬州的官员们说："不是官员不可以爱花，而是主政一方的官员不可以以乐害民。"之后写《记以乐害民》一文，告诉扬州的父老乡亲取消万花会的原因，文章说"既残诸园，又吏因缘为奸"。

苏轼的谏言直抵京师。皇帝找来蔡京商议，蔡京当然是投反对票。不过，苏轼建议取消万花会的理由的确很充分，经过他接连不断上疏，皇帝最终采纳了他的意见，劳民伤财的万花会终被取消。此举得到了民众的拥护，被当地百姓广为传颂。但这件事也让苏轼和蔡京结下了梁子。

苏轼就是这样的性情，他认为对的，不计后果也要执行到底，管你高不高兴呢！

有趣的是，古代文人给他们热爱的花赋予了人文生命，创造出"花神"的概念。比如，在男性角色的花神中，屈原是正月兰花之神，林逋是二月梅花之神，皮日休是三月桃花之神，而苏东坡则被当作五月芍药花之神。

苏轼只做了五个多月的扬州知州，除了取消扬州的万花会，他还直接上书最高领导，请求减免在瘟疫笼罩下扬州灾民的税赋和欠款。经过他的努力，老百姓的官债被宽免了，而他本人则又一次被召回京师，陷入了新的政治旋涡中。

与陶渊明的跨时空梦幻联动：和陶诗

苏轼对于晋代诗人陶渊明的诗有着不同寻常的热爱。他在黄州东坡上耕种的时候就自比陶渊明，还写了不少赞颂陶渊明的诗。

而今，作为扬州太守的他，公务之余开始了对陶渊明诗歌的唱和。而且这个习惯保持了很多年，之后在惠州、儋州也没有停下。在中国文学史上，这种大规模次韵前代诗人之诗，似乎是苏轼首创。

苏轼对陶渊明从认知到热爱，经历了一个较长的过程。年轻时的苏轼对陶渊明关注不多。元丰二年，乌台诗案导致苏轼被贬至黄州。他在黄州过着躬耕田亩的清贫生活，自号"东坡居士"，当时处境无疑与陶渊明相似。他在《陶骥子骏佚老堂》一诗中写出了"渊明吾所师"之语。

苏轼爱陶诗，爱到舍不得读。他在《东坡题跋》中说："每体中不佳，辄取读，不过一篇，唯恐读尽后，无以自遣耳。"他身体不舒服时，就找陶渊明的诗来读，但每次只读一篇，因为陶渊明的诗很少，他怕读完了，以后就没有用来排忧遣闷的了。

元祐七年，苏轼知扬州，在这里，他平生第一次和陶诗，写出了《和陶

164

饮酒》：

　　我不如陶生，世事缠绵之。云何得一适，亦有如生时。

　　寸田无荆棘，佳处正在兹。纵心与事往，所遇无复疑。

　　偶得酒中趣，空杯亦常持。

　　自此一发不可收拾，他又写了十九首，形成《和陶饮酒诗二十首》。

　　之后，苏轼度过了一生中最暗淡的时光。从绍圣元年到元符三年（1094—1100），他接连被贬，先是被贬到惠州，两年后又被贬到海南儋州。直到元符三年徽宗即位，苏轼被赦，六月渡海北还，第二年即建中靖国元年（1101）七月病逝于常州。在这期间，苏轼笔下与陶有关的诗多达一百六十首，包括绝大部分和陶诗，此外尚有与陶有关的书信、题跋、词作十余首，至此，陶渊明其人、其诗都成了苏轼心中之典范。

　　在《和陶读〈山海经〉》这首诗里，苏轼俨然把自己当作和陶渊明一样的神仙了——

　　东坡信畸人，涉世真散材。仇池有归路，罗浮岂徒来。

　　践蛇及茹蛊，心空了无猜。携手葛与陶，归哉复归哉。

　　对于陶诗，苏轼有颇多赞美。比如，他评价陶渊明的"平畴交远风，良苗亦怀新"两句诗说："非古之耦耕植杖者，不能道此语；非余之世农，亦不能识此语之妙也。"因为他也干农活，所以能体会到陶渊明此语的妙处。

　　苏轼和陶诗全部为次韵。所谓次韵，即句句与前人同韵，这无疑是具有较高难度的。次韵，首先是对唱和者的尊重，其次也表明和诗者之才华。苏轼本人创作的次韵诗为数众多，金代王若虚称"集中次韵者几三之一"，更为可贵的是如此之多的次韵诗并没有伤害苏诗的艺术面貌。

　　次韵诗多只是友人之间用来酬唱的手段，到了苏轼手上才摇身一变，成为追和古人诗歌的工具。苏轼在写给弟弟苏辙的信中不无自得地说："古之诗人有拟古之作矣，未有追和古人者也。追和古人，则始于东坡。"他还说到了陶诗："吾于时人，无所甚好，独好渊明之诗。渊明作诗不多，然其诗质而实绮，癯而实腴。自曹、刘、鲍、谢、李、杜诸人皆莫及也。"

苏轼提到了六个人，可以分为三组，我们来看看分别是谁。

其中，"曹刘"指的是曹植和刘桢。曹植有《七步诗》《洛神赋》等名篇传世。谢灵运评价他"天下才有一石，曹子建独占八斗"。而文学评论家钟嵘在他的《诗品》中，认为曹植是东汉末年成就最高的诗人。同时期的刘桢在五言绝句方面负有盛名，与曹植并称"曹刘"。

"鲍谢"可以指鲍照、谢灵运或者鲍照、谢朓。"李杜"可以指"大李杜"李白、杜甫，或者"小李杜"李商隐、杜牧。依个人意见，"鲍谢"应指鲍照、谢灵运，因为其他两组人都活跃在同一时代，"鲍谢"也应该如此。鲍照、谢灵运主要活跃在南朝宋时代，与颜延之并称"元嘉三大家"。谢朓则活跃在南朝齐，稍晚了几十年。"李杜"应指"大李杜"，苏轼一定是拣最有名望的来说，这样才能更好地突出他的偶像。

接下来，苏轼开始评价自己和陶诗："吾前后和其诗凡百数十篇，至其得意，自谓不甚愧渊明。今将集而并录之，以遗后之君子。子为我志之！然吾于渊明，岂独好其诗也哉？如其为人，实有感焉。"

大意是："我自认为我的唱和对得起陶渊明。我不仅喜欢他的诗，我对他的为人也很有感触。"苏轼言下之意是："你们也别认为我的唱和不如老陶，你们能和我一样真正进入陶渊明的世界吗？"

苏轼指望这样就可以挡住天下人的嘴，没想到就有不服气的。南宋大儒朱熹认为苏轼和陶诗不够自然："渊明诗所以为高，正在不待安排，胸中自然流出。东坡乃篇篇句句依韵而和之，虽其高才似不费力，然已失其自然之趣矣。"

与朱熹同时代的刘克庄则认为天下只有苏轼一人配和陶诗，《后村诗话》言："陶公如天地间之有醴泉庆云，是惟无出，出则为祥瑞，且饶坡公一人和陶可也。"

东坡之后，和陶诗的创作历代不乏其人。苏辙继和陶诗四十七首，金代的赵秉文，宋代的李纲、释觉范、张磁、舒岳祥，元代的方回、郝经，明代的李贤、邵宝、黄衷，清代的施闰章、张英、查慎行等，也创作了数量不等的和陶诗。这些只是一少部分，如果仔细爬梳，东坡之后，历代和陶诗的应该不下百人。

东坡先生和陶诗原本只是自我内心烦恼的排遣，没承想又一次引领了风尚。

职场人苏东坡的"调岗信"：人生如逆旅，我想去绍兴

从杭州太守任上回朝不久，苏轼写信给皇帝说："皇上啊，我如果能改变初心，同流合污，随世俯仰，还能为您所用。但我做不到啊，我只愿坚持自己的处事方式，这样就会常遭群小攻击，弄得身心不安。所以，求乞一郡，比如越州，让我逍遥去吧。"皇上没有同意，安排他先后去了颍州、扬州。

苏东坡任礼部尚书时，请奏去越州，皇上没有直接拒绝，他以为此事成了，很开心地做起了打算，还给好朋友苏伯固写信炫耀说："我要到越州养老去了！当年你和我一起在杭州治理西湖，得了治湖大名。现在，你还来和我一起治理鉴湖不？说不定，还可以再出一次名呢。"在北宋，特别是北宋末年，鉴湖的围湖造田现象很严重，差不多三分之二的水域变成了田地。如果苏东坡来绍兴，他一定会治理鉴湖，说不定鉴湖也会成为他生命中又一个西湖呢。

此时，还有另外一个好友汶公，向苏东坡求诗。东坡爽快地写诗相赠：

乞郡三章字半斜，庙堂传笑眼昏花。

上人问我迟留意，待赐头纲八饼茶。

我们从诗中语气可以读出，东坡一想到要去越州，高兴得放飞自我了。遗

憾的是，这个愿望他最终未能实现，闹了个小小的乌龙。这就是可爱的东坡先生，八字还没一撇呢，就喊得全世界都知道了。

一年后，苏东坡外放定州，他又写折子，对皇上说："虽然定州是国家重镇，您隆宠我，让我做定州太守，但我在浙江三度为官，对那里风土人情都很熟悉，您就让我去越州吧。那儿比定州偏远，我去差一点儿的地方，朝中也就不会有人说什么了。而且，我在常州买了田地房产，稍加修葺，就可归老居住。常州与越州很近，照顾起来方便。您就让我去一次越州吧，求您了！"皇上还是没同意。不久，形势大变，苏东坡被一贬再贬。

那么，绍兴到底为什么这么吸引东坡先生呢？

苏轼在杭州通判任上就来过绍兴。他的一个朋友名叫张次山，当时担任越州签判，在府山脚下建了一座房子，取名寿乐堂。竣工的时候，张次山请了不少文人雅士来，苏轼也受邀前去了，还写了一首诗，名为《越州张中舍寿乐堂》。他在诗中把好朋友比作隐居的高士，是从心底里对朋友的祝福，对越州山川的赞美。

苏轼去绍兴，肯定不止这一次。我们看他的诗词中提到兰亭、若耶溪、鉴湖等标志性景点多次，王羲之、谢道韫、顾恺之、李白的足迹让苏轼神往，他的很多好朋友（如钱勰、刘景文）都和绍兴有着很深的因缘，这更让他对绍兴有了向往。相对杭州而言，绍兴小一些，如果能来这里做知府，政务也会清闲一些，他会有更多的时间来体验江南美景，过诗意的生活。

钱勰是东坡先生非常重要的朋友。元祐三年（1088），钱勰被贬至越州，当时的东坡先生还是翰林学士知制诰，他写了两首诗宽慰朋友，其中一首是这样写的：

　　　若耶溪水云门寺，贺监荷花空自开。

　　　我恨今犹在泥滓，劝君莫棹酒船回。

大意是：你看你去的地方有多好，有若耶溪、云门寺，四明狂客贺知章也在那里。和你相比，我还在泥沼中，你可千万别掉头回来啊！

元祐六年，钱勰调任瀛洲，赴任途中经过杭州，顺路看望苏东坡。东坡先生陪老朋友游山玩水，喝酒赋诗，不亦乐乎。临别，东坡先生填写了一阕《临江仙·送钱穆父》送给他：

> 一别都门三改火，天涯踏尽红尘。依然一笑作春温。无波真古
>
> 井，有节是秋筠。
>
> 惆怅孤帆连夜发，送行淡月微云。尊前不用翠眉颦。人生如逆
>
> 旅，我亦是行人。

这首词中又出了一个千古名句——人生如逆旅，我亦是行人。

逆旅指的是什么？《中国诗词大会》上曾经出过这个考题，给出了三个答案：A. 艰难行军；B. 逆水行舟；C. 旅馆。

在场很多选手选了 A 或 B，结果正确答案竟是 C。

东坡先生的千古名句表达了怎样的情感呢？人生在世就好像住旅馆，我也包括在旅行者里边。我多么希望能去你曾经停留过的越州啊！真不知道那里的旅馆能不能让我常住呢？

雪浪石：一块顽石的千古风流

元祐七年，苏轼奉诏离开扬州回到京城，他以礼部侍郎的身份主持了皇帝大婚之后的郊祀大典。之后不久，朝廷加封苏轼为端明殿学士兼翰林侍读学士、守礼部尚书的重任。

当时已经是冬季了，新春即将到来，此时，他得以和弟弟苏辙一家团聚，度过了生命中最难忘的一次春节，这也是他在汴京度过的最后一个春节。

元祐八年（1093）在苏轼的生命中注定不同寻常，春节刚过，他的夫人王闰之不幸因病去世。王闰之陪伴苏轼二十多年，年近花甲的苏轼悲从中来，

默坐无言。他回想这些年来，王闰之跟着他四处漂泊、相夫教子，而今年仅四十五岁就撒手西去，怎不让人心痛？在儿子和弟子们的操持下，王闰之的葬礼极为隆重，苏轼亲自写了祭文《祭亡妻同安郡君文》，承诺"惟有同穴，尚踏此言"。王闰之的灵柩一直停放在京西的寺院里，直至苏轼去世，苏辙将其与王闰之合葬于河南郏县小峨眉，也就是今天的"三苏坟"，实现了祭文中"惟有同穴"的愿望。

几个月后，还没有完全走出哀痛的苏轼又得到了高太后去世的消息，这让他再次陷入悲伤。高太后对苏轼的赏识从仁宗执政时就开始了。高太后执政期间，也是苏轼一生仕途中最为高光的时刻。

妻子王闰之是这个世界上最疼爱他的人，走了。

高太后是这个世界上最恩宠、最赏识他的人，也走了。

苏轼在哀伤之外，有一种隐隐的不祥预感。

他的学生宋哲宗承继大统。亲政之后，他赶紧把苏轼发了外任，以两学士充河北西路安抚使兼马步军都总管，出知定州军州事。这或许是高太后为保全苏轼而做的预先安排，也可能是皇帝听从了新党分子的唆使，先把这个碍手碍脚的老师搞出去，免得将来麻烦。苏轼请求进朝面谢，没有得到皇帝允许。苏轼憋了一肚子气，给哲宗写了《朝辞赴定州论事状》，劝诫皇帝不要轻举妄动。殊不知，这位被压抑了许久的帝王早就筹划了一场巨大的政治变革，又怎么听得进去呢？

苏轼带着对未卜前途的隐隐担忧来到了定州。这里是大宋和大辽的交界，属于边城，军务为第一要务。苏轼虽以文名世，但他也有着很了不起的军事才华，毕竟他饱读诗书，又喜欢纵论天下，守城这样的事对他来说的确不是什么问题。此时的朝廷早已乌烟瘴气，而远在定州的东坡先生却可以获得短暂的太平日子。

有一天，苏轼在州衙后园中发现了一块长满白脉的黑色奇石，便问当地人这是什么石头。当地人说，这石头没名字，就是曲阳产的山石。苏轼很喜欢这石头，他觉得这石头仿佛就是一幅若隐若现的山水画卷。尤其是往石头上泼水之后，黑石头上的白色纹理就更加明显，如同雪白的浪花飞溅，非常有气势。这让他想起了自己在黄州赤壁赞颂千古风流人物时见到的长江之壮阔："乱石穿空，惊涛拍岸，卷起千堆雪。"于是，一个好听的名字诞生了——雪浪石。

他命人把雪浪石置于书房前，给书房命名为"雪浪斋"。苏轼还亲自到曲阳定做汉白玉雪浪石盆，将雪浪石置于盆中，激水其上，观赏雪浪翻滚之纹理变化和雄姿。绍圣元年四月辛酉日，苏轼作了《雪浪斋铭》，并将其铭刻于芙蓉盆口沿上，其中有句"异哉驳石雪浪翻，石中乃有此理存"。

苏轼立石作诗不久，此石便在社会上广泛流传。他还与好友联系，索要和诗。一时，围绕雪浪石的诗作出现了很多，保存至今的有苏辙的《和子瞻雪浪斋》、张耒的《和定州端明雪浪斋》、秦观的《雪浪石》、晁补之的《次韵苏门下寄题雪浪石》、道潜的《次韵苏端明定武雪浪斋》、李之仪的《次韵东坡所和滕希靖雪浪石诗古律各一》等，形成壮阔的"雪浪文化"。

后世文人来此，承继这种风雅，也写出了不少怀念苏东坡、歌咏雪浪石的诗文，"雪浪文化"得以延续。如今，雪浪石被放置在"众春园"故址之雪浪亭中，现存格局为清乾隆皇帝钦定修复建造。

然而对于苏轼来说，雪浪石不仅是用来观赏的，也不仅是为体现他的文学、艺术理念，更寄托了他的军事抱负。

秦观在《雪浪石》诗中称："天恩许兼两学士，将兵百万守北门。"道潜写下《次韵苏端明定武雪浪斋》一诗，其中有这样几句："孔明气宇白玉温，忠义勇决踰王尊。葛巾羽扇传号令，塞垣彻警无尘昏。良辰往往挟将佐，射雕走马循烟村。归来饮酒坐堂上，宾从如云填戟门。"在道潜的笔下，苏轼仿佛成了周瑜，以书生的形象射雕走马，号令三军，好不威风！

早在密州时期，苏轼就曾在《江城子·密州出猎》一词中发出豪放之语：

"会挽雕弓如满月，西北望，射天狼。"

苏轼发现定州的官军不如他想象的那么能征善战，而且还有不小的积习，他一方面要求士兵加强训练，另一方面对他们展现了最大的宽容。他能体谅这些戍边将士的苦，他也认识到单纯对他们严加管理并不是提高作战能力最好的选择。他向朝廷上书《乞增修弓箭社条约状》，恢复了原先行之有效的"弓箭社"，利用当地人民守土保境的斗争经验和"以战斗为生"的习俗，"严加训练，昼夜勤习"，很快就建立了一支有相当战斗力的三万人的民兵武装队伍，增强了军事力量。

这一举措和他在嘉祐六年参加制科考试时，所作策论《教战守策》中的"教民战守"思想是一脉相承的。苏轼主张对人民实行"教战守"的政策在当时情况下是极必要的，是对人民真正的、从大处着眼的关怀与爱护。当然，人民的战斗力增强了，国防也就增强了，爱民与爱国得到了统一。定州恢复"弓箭社"，也正是对他"教战守"理论的实践。

苏轼在定州的同僚兼老朋友李之仪在《次韵东坡所和滕希靖雪浪石诗古律各一》中赞苏轼："纶巾羽扇晚自得，已闻漠北几亡魂。"

雪浪石仿佛东坡先生的面壁石，那些飞溅的浪花难道不是他千古风流的显现吗？

李之仪：我曾遇到最好的老师和爱情

苏轼奉命出守定州之时，在争着要给他做幕僚的满朝才子中，他单单选择了文名不太出众的李之仪。

李之仪，字端叔，比苏轼小十一岁。他出身仕宦之家，从小受到良好的教育，这让他在科举的独木桥上比别人抢先了一步。治平四年（1067），他进士及第，年仅二十岁。他生于群星璀璨的仁宗年间，与"苏门四学士"相继进入文坛。虽然他当时也有才子之名，但在苏轼与门人弟子的光芒映照下，他的才华不免显得黯淡。许多年来，他都在各地担任县令一类的低级官职。他自称"才既无长，性多忤物"，尤其在苏轼面前表现得极为谦卑。这谦卑是非常真诚的，在他眼里，名满天下的苏轼是他的良师益友。

在多年游宦的过程中，他结识了黄庭坚和秦观。而张耒是他的同乡和晚辈，两人早有交往。这几位朋友在他的交际圈里格外独特，不仅是因为他们自身杰出的才华，还因为他们身上都有着苏轼的影子。

李之仪从朋友们那里听说了苏轼无罪被贬的始末，也听说了苏轼被贬至黄州之后，处境极端孤独，亟须友情慰藉。在苏轼的故交纷纷与他划清界限的时候，李之仪给他写了信。

苏轼接到信后很是感动，但他并没有马上回信。"一朝被蛇咬，十年怕井绳"，他生怕连累了这位值得珍惜的朋友。可是李之仪"终不弃绝"，甘愿冒着被牵连的危险，给苏轼屡屡投书，表达推崇和结交之意，这种胆量、这份执着令人感动。

大约一年之后，苏轼给李之仪写了第一封回信。他在信中首先表示了深深的歉意："先蒙惠书，又复懒不即答，顽钝废礼，一至于此。"接着他解释说，"得罪以来，深自闭塞，扁舟草履，放浪山水间，与渔樵杂处，往往为醉人所推骂。轼自喜渐不为人知，平生亲友无一字见及，有书与之亦不答，自幸庶几免矣。"

从此，他们二人真正有了书信来往，并且一发不可收。

时间来到元祐年间，从元祐元年至四年（1086—1089），苏轼及苏门中的几位重要文人，如黄庭坚、秦观、张耒、晁补之、李之仪等，大都在京师或来过京师，师友之间唱和较多。李之仪也参加了那场群星璀璨的西园雅集，米芾在《西园雅集图记》中说："其乌帽黄道服，捉笔而书者，为东坡先生……捉椅而视者，为李端叔。"从这个记载中，我们已经看出李之仪早已成了苏门中的一员。那为什么他没有成为"苏门四学士"或"苏门六君子"呢？因为他的老师是范纯仁，东坡先生怎好夺人爱徒呢？

苏轼对李之仪保持着亦师亦友的情感。他在《答李端叔》一诗中饱含深情地说："识君小异千里人，慰我长思十载间。西省邻居时邂逅，相逢有味是偷闲。"难怪他专门点名让李之仪和他去定州，原来他可以找到生命中的"闲"。苏轼对"闲"是高度重视的，他在黄州时就写出了"江山风月，本无常主，闲者便是主人"。元祐年间，苏轼填了一首《行香子》，把"闲"写到了极致：

清夜无尘，月色如银。酒斟时，须满十分。浮名浮利，虚苦劳神。叹隙中驹，石中火，梦中身。

虽抱文章，开口谁亲。且陶陶，乐尽天真。几时归去，作个闲人。对一张琴，一壶酒，一溪云。

在定州，李之仪几乎成了苏轼最得力的助手，白天忙于军务，下了班一起饮酒赋诗。李之仪对苏轼的人品和才学倾慕不已，苏轼也很喜爱读李之仪的诗词，读到欲罢不能之时，干脆挥毫写下《夜直玉堂携李之仪端叔诗百余首读至夜半书其》：

玉堂清冷不成眠，伴直难呼孟浩然。

暂借好诗消永夜，每逢佳处辄参禅。

愁侵砚滴初含冻，喜入灯花欲斗妍。

寄语君家小儿子，他时此句一时编。

大意是：李之仪啊，我在你的诗里找到了那份难得的闲适和禅意，我都忍不住要抄写你的诗词给孩子们看。

定州戍边，眨眼间九个月一晃而过，苏轼踏上了被贬谪的征程。李之仪回到汴京，受到蔡京之流的迫害，被贬至太平州，也就是今天的安徽当涂。可巧的是，黄庭坚原是太平州知州，被贬官后在此闲居。他和李之仪同为苏门中人，此时他乡遇故知，两人都很激动。

在为李之仪举行的接风宴会上，黄庭坚让歌女杨姝弹奏了一曲《履霜操》。那是范仲淹一生最喜爱的曲子，曲调高洁哀婉，闻之令人忘俗。不久，黄庭坚调离了太平州，知己旧友的离去使李之仪在他乡异地更加寂寞。更为不幸的是，来到此地的第三年，李之仪的妻子、儿子、女儿相继因病去世。李之仪茕茕孑立，生无可恋。李之仪在此时写下了"伤心不见东坡老，纵有鹅溪下笔难"（《和储子椿竹·其一》）。他深深怀念的还是他的老上级、老恩师苏东坡。在无边的寂寞之中，一位伶俐而温婉的女子来到他身边，这女子便是杨姝。她为李之仪再次弹起了那首《履霜操》。沉浸在优美的琴声中，李之仪感到恍如隔世，他生命中的凄苦与遗憾似乎瞬间被淡化。最终，他们跨越了年龄的界限，冲破了世俗的障碍，在一个无比美好的春日结为连理。

婚后小别，他以杨姝口吻填写了一首《卜算子》：

我住长江头，君住长江尾。日日思君不见君，共饮长江水。

此水几时休，此恨何时已。只愿君心似我心，定不负相思意。

可惜，此时的东坡先生早已魂归那世，假如他见了这首词，也一定会大赞。李之仪在一生中遇到过最好的老师，也遇到了最好的爱情，他的人生应该无憾吧。

第十二章

惠州安居

时间：宋哲宗绍圣元年十月至宋哲宗绍圣四年六月

地点：惠州

宋哲宗绍圣元年四月，苏东坡在定州接到诏命，被贬至广东英州，后改为惠州。此行贯通南北，路途艰辛。在南京，东坡先生让次子苏迨携家眷去宜兴与长子苏迈一起居住，自己携小儿子苏过、侍妾朝云和两位女仆前行。十月，抵达惠州。

老年之境，投荒万里，早已看透了世态炎凉的东坡先生无喜无悲。他用赤子之心化解了政敌的"巧安排"；"来者不善"的表哥程正辅成了他无话不谈的好友；他给弟弟苏辙写信，专门讲授羊脊骨的吃法；他"日啖荔枝三百颗"，吃剩的荔枝被他用来酿酒。

他心里装着百姓，虽然自己没有权力，但是有权力的地方官都很乐意结交这位天才文人。于是，东坡先生用自己的魅力不断影响着地方官去做利民的事：修建东西桥、建立丛冢为路死者安葬……他甚至帮助广州设计"自来水"工程，造福一方。

然而，岭南瘴毒夺走了爱妾王朝云的生命，芳草永远留在了天涯……

政敌借刀杀人，苏轼轻松化解

宋哲宗绍圣元年四月，苏东坡在定州接到诏命，再次遭贬，这次被贬的目的地是广东英州。对于这次贬谪，苏轼早有预感。他离开汴京去定州戍边前，就闻到了浓浓的火药味儿。年轻气盛的皇帝一心想有所作为，想把他治下的国家做大做强，这愿望是好的，但他毕竟太年轻了，太容易被人左右。他起用了章惇、吕惠卿、王安中、李清臣一干人，并改国号为"绍圣"。高太后掌权的时候，元祐党人那么受宠，而今宋哲宗做的第一件事就是对付这批老家伙。

首先挨刀的就是苏轼。他从端明殿学士和翰林侍读学士被降到黄州起复时相当的官职——以左朝奉郎责知英州军州事。

英州就是今天的广东英德，属于岭南。在宋朝，被贬至岭南是非常重的刑罚。从位高权重的礼部尚书、大学士，一落千丈，成为不得不面对身家性命之危难的天涯谪客。如此遭遇之下，很少有人不失态。当年韩愈被贬至潮州，"死不闭目""哀而怜之"；白居易被贬至江州，写下了"座中泣下谁最多，江州司马青衫湿"，又是何等凄惶。而经历过大起大落的苏轼在给皇帝的谢表中，没有为自己辩解，只说"瘴海炎陬，去若清凉之地"，言下之意是"大宋的河山都是您的，您让我去哪里，我都欣然接受"。

后来，在南行途中，他的贬谪地被改为更远的惠州。苏轼对此毫不在意。事实也是如此，两地都在岭南，个中微弱的优劣怎会影响到一位通达者的内心呢？惠州原本寂寂无名，正是苏东坡的到来让这个城市至今拥有令人骄傲的文化名片。

十月，他来到惠州。宋代的惠州在经济和文化上都远较中原落后。所幸苏东坡初来乍到，就受到当地官员与百姓的热烈欢迎和深切同情。他安顿下来后，发现惠州气候宜人，山川秀丽，民风淳朴，因而心绪也逐渐安定下来。

第二年新春，一个消息传来，程正辅授命到广州赴任，将来惠州视察。

这个消息让苏轼心里有些忐忑不安，原来这是时任宰相、由友变敌的章惇试图利用苏程两家的恩怨，借程正辅之手加害苏轼，所以命程正辅为广南东路（今广州）提点刑狱，按察广东。那么，程正辅是何人，与苏轼有何恩怨呢？

程正辅，眉州青神人，苏轼母亲程氏的侄子，娶苏轼的姐姐八娘，因此是苏轼的表兄和姐夫。谁知八娘自嫁到程家以后，一直和公婆相处不太融洽，因此日子过得很不称心。第二年，八娘产下一子并身患重病，而程家却不给她治疗，得知消息的苏洵将她接回娘家诊治。经过一段时间的精心医治、疗养，八娘的病情渐渐有了好转。可程家竟不顾八娘大病初愈，责备她不尽媳妇孝道，在一番争吵指责之后，抢走尚在襁褓中的婴儿。此举使得八娘伤心不已，忧郁之中旧病复发，不久后就含恨离开人间。那年，她才十八岁。

八娘之死引起苏家的巨大悲痛，尤其是父亲苏洵更为恼火。他一怒之下，借着给家族立碑的时机将族中众人请来，宣布与程家断绝一切来往。八娘去世时，苏轼已成年，因此对姐姐的去世也是非常悲痛的。于是在苏轼与苏辙的前半生里，他们一直没有与程正辅联系，而与程家的另两个表弟程之远和程之邵却保持着紧密的联系，有很多诗词唱和来往。可见苏轼对他与表兄弟间的情谊还是十分重视的，但因为八娘早逝，苏轼对程正辅成见颇深，致使他们四十多年来没有来往。

章惇与苏轼相交数十年，自然熟悉苏轼家事，因此安排程正辅来广州是一个很明显的阴谋。

绍圣二年（1095）正月，程正辅到任。到底他是挟私仇而坚定执行章惇之意而来，还是念在两家的亲戚关系而会对章惇的要求阳奉阴违？苏轼一时难以揣摩透。正在左右为难之际，程乡（今属梅州，宋时为广南东路所辖）令侯晋叔因公务往惠州，给苏轼带来口信：程正辅托侯晋叔代为问候，并转达和好之意。程正辅很谨慎，他没有写信让侯晋叔带来，只是通过口头转达了愿意与苏轼相见。

苏轼是何等聪明之人，自然会抓住这伸过来的橄榄枝，立即接连修书两封寄给程正辅，期望能与他会面叙旧。程正辅收到书信深悟苏轼本意，于是匆忙结束在番禺的视察后，于三月初赶往惠州，这算是对苏轼盛情邀请的积极回应。苏轼信中已明言自己是戴罪之身不便亲迎，于是派幼子苏过乘船相迎。

与程正辅同行的还有其小儿子十郎，程正辅也是用心良苦，此次携子来访，意在告诉苏轼自从父辈结怨以来已经两代不曾交往，这样的仇怨终该结束。不仅如此，他希望下一代之间能延续亲情，化解之前的家族恩怨。

程正辅见江边桃花正盛，一时诗兴大发，随即口吟一首，由人飞送苏轼。苏轼见诗，立即答复一首《次韵表兄程正辅江行见桃花》。有了文字交往，说明中断了四十多年的关系重新开启。苏轼与程正辅终于见面了，二人把酒言欢，其乐融融。相聚近十日，程正辅要去视察其他地方，苏轼万分不舍，一直相送几十里，完全不管之前所说的戴罪之身了。

苏轼与程正辅惠州相聚后经常保持书信来往，《苏东坡全集》中收录写给程正辅的书信多达七十一通。苏轼在与程正辅的书信中，有时表达对表兄的思念之情，有时表达再会之愿，有时表达对表兄赠送物品的感激之情，有时又叙述生病、酿酒等家常。在程正辅妻子病逝后，苏轼又写信致以慰问，宽解其怀。其中尤其值得注意的是，在与程正辅的书信中，苏轼还对惠州的弊政、老百姓的疾苦有所反映，促使程正辅采取了一系列措施改善民生，使得老百姓享受了不少惠民政策，这是苏轼对惠州老百姓的贡献。

苏轼晚年与表兄程正辅重修亲情，是苏轼寓居惠州时最重要的交游活动。两位老人在消解四十多年的宿怨以后，反而显出非比寻常的亲近感。

苏、程重归于好，完全出乎章惇的意料。章惇一心想"借刀杀人"，谁知这"刀"不仅没有给苏轼带去威胁，反而给苏轼送去了倚仗和温暖。

契顺专线：为送一封信，孤身跑了两千里

苏轼被贬谪至惠州，而他的家人大多在宜兴。宜兴与惠州相隔千里，岭海隔绝，家人都因不知苏轼的消息而感到担忧，在当时的交通条件下，连寄封书信都相当困难。

常州人钱世雄是苏东坡的至交，也是苏州定惠院守钦长老的朋友。有一天，他到定惠院喝茶，说起苏轼长子苏迈的一桩烦恼：自从苏轼被贬至惠州，一晃一年多了，想要送家书到惠州去，却苦于脱不开身。不用说，苏迈想要送往惠州的这封家书颇重要，须托付给可靠的人。守钦长老听了，发出一声叹息。这话被茶室续水的小和尚契顺听到了，他说："长老，我去送吧。"守钦长老摇摇头，转问天真的小和尚："你知道惠州有多远吗？"

契顺答："惠州又不是在天上，总能走到的。"

这句看似轻描淡写的回答得到了守钦长老的赞许。对于一个年轻的求道者来说，漫漫惠州路，难道不是修行路吗？于是长老同意契顺稍作准备后启程。

契顺，俗姓卓，人们一般都称他为"卓契顺"。他的生平不见记载，似乎就只有这一件事留下来。他的法名也很有意思，契顺指契合而顺达，似乎就是隐喻着生命中的这次远行。

几日后，契顺揣了苏迈的家书以及守钦老和尚送给苏轼的《拟寒山十颂》诗稿上路了。没有交通工具，僧人出门就是行脚。契顺饥餐露宿，披星戴月地

走，给自己定下目标，争取日行百里。然而，他还是低估了一路的艰险。越往南走，语言越不通，有时候问个路都要费半天劲。不过，机灵的他沿路见到寺庙就心生欢喜，进山门可以饱餐一顿，美美地睡僧房。契顺的行为感动了很多僧人，大家都为东坡先生的遭遇鸣不平，想给东坡先生带礼物。无奈惠州好似天涯，未来的路还很远，而契顺又那么单薄，礼物只好作罢……契顺只管前行，这一天，他终于翻过大庾岭来到了英州地界。岭南瘴毒真不是闹着玩的，他刚到英州就病倒了，幸好被一户山民救下来，然而病情稍稍见好又上路了。

屈指一算，离开苏州已经三个多月了。这一天，他终于走到惠州城，一打听，人人皆知苏东坡，他过合江，走进坡翁暂时安顿于合江楼的家，看见传说中的子瞻帽了。契顺双手合十，道一声"阿弥陀佛"，那份欣慰、惬意和满足无以言表。

带着体温的信和诗稿交到东坡手里之后，契顺如释重负。这时的契顺衣衫破烂，伤痕累累，可是交到东坡先生手上的信和诗稿包裹得好好的。苏家上下都感动哭了。东坡先生保持了一如既往的幽默，他笑问契顺："你这么远来，带了什么土特产呀？"契顺被这劈头一问弄得猝不及防。他临行前就听守钦长老说过，东坡居士禅风凌厉，见面要小心。这下，他可真领教了。后来东坡先生还补了一刀："可惜了你数千里空手而来。"他这样一说，全家人又都笑了，连契顺也被逗笑了——原来这位名满天下的大文豪这么接地气儿。契顺在合江楼住了下来，东坡安排家人为契顺做了新衣服，并陪他在惠州游访，毕竟岭南风光非他处可见。

有一天吃饭，东坡问契顺："我们相识一场，终要分别，你想要点什么吗？"

契顺说："我要是有所求，就去汴京城了。"

这回答让东坡先生深感钦佩。在他几次三番追问下，契顺说："唐代有个蔡明远，是鄱阳军的一个小校、颜真卿的旧僚。当颜真卿在升州（今南京）做太守的时候，百口之家断粮断钱，蔡明远背米前去接济。颜真卿心存感激，便写了一幅字送给他，使世人知道这世上曾经有过一个蔡明远。我此番入得宝山，'空手而来'见先生，但总不好'空手而归'，不知能否援引蔡明远的先例，得到大人亲笔写的几个字呢？"

东坡先生听契顺说到"空手而归"，暗暗赞叹这个小和尚。原来这看似普通的四个字是佛经的典故。《大乘本生心地观经·离世间品》下卷云："如人无手，虽至宝山，终无所得。"这是修行人的境界——破除执念得修行法门。苏轼欣然答应。但他觉得，如颜真卿一样写一封"与卓契顺书"，未免显得太刻意了。于是，他抄写了陶渊明的《归去来兮辞》送给契顺，这远远超出了契顺的预期。而且，东坡先生还专门写了一段题记，记下了这段感人的归去来的故事。在题记的末尾，东坡先生说："我很高兴地答应了契顺。只是很惭愧，无论是名节还是字画，我都不及颜真卿，所以抄写陶渊明《归去来兮辞》送给契顺，让他流芳百世。"

不得不说，年届六旬的东坡先生在文字上已经非常有造诣。他这样处理，既是对契顺两千里传信义举的谢忱，也没有让人觉得他这个大文豪居高临下，随便写几句话应付了事。他抄写他最敬仰的陶渊明的《归去来兮辞》，也是在赞颂契顺那颗真诚的心。陶渊明在为人方面一个很重要的特征就是真诚，而千里徒步送来家书的契顺和尚正说明了他的真诚，而且这种真诚是不需要任何回报的。

对于守钦老和尚的诗作，东坡认真唱和了八首，并在引子里又一次讲述了这段因缘：

> 苏州定慧长老守钦，使其徒卓契顺来惠州，问予安否，且寄《拟寒山十颂》。语有璨、忍之通，而诗无岛、可之寒，吾甚嘉之，为和八首。

契顺接过来数百字的《归去来兮辞》长卷和写给师父的诗稿，在外面包了一层又一层，揣在怀里，踏上了北归的道路。

东坡让广州人喝上了"自来水"

被贬至惠州的苏轼，很快喜欢上了这里。这里没有北方的严寒，有的是看不完的湖光山色和奇花异草。而且，他很快就和惠州太守詹范成了好朋友，还可以经常见到表哥程正辅。后来，他在惠州的朋友圈还增加了博罗县令林天和、推官柯常，以及读书人王原、赖仙芝。他经常在朋友们的陪伴下去丰湖玩，那里不仅风光美，还有一座栖禅寺和一座罗浮道院，他很快就结识了僧人昙颖、行全，以及道士何宗一、邓守安。

虽然苏轼已经快六十岁了，被贬谪到了荒蛮的岭外，但这似乎丝毫没影响他高昂的心劲儿。许多年来做地方官，他总是能够发现治下百姓的疾苦，并立即采取行动，他称之为"以身许国"。如今，虽然不能像做太守一样发出号令，但是，毕竟他可以和太守说上话。

苏轼发现江边郊野有人的枯骨，经过了解是流民的。苏轼心中很是不忍，于是他就跟太守詹范说希望父母官建立丛冢，让这些暴露的枯骨得以入土。詹范很支持苏轼的提议，立刻照办了。表哥程正辅对这个提议也颇为上心，利用自己的影响力在更大范围内推行这一善举。

惠州城自东到西被东江隔开，来往行人一直依赖简陋的竹浮桥通行。但是江流很急，竹桥很容易被冲坏，屡有落水伤亡事件发生。苏轼提议改建船桥，其方法是把四十条小船两两相连，变成二十个舫，这样就保证了足够的稳定性，再加上铁链和石碇，稳定性进一步增强。太守詹范听取了苏轼的建议，立即筹措经费，着手安排，而苏轼则把皇帝赏赐的腰带捐了出来。这是条犀角腰带，在当时绝对算得上稀罕之物，再加上苏轼的名人效应，一准儿能有好价钱。为了做好事，苏轼也是拼了。

惠州西丰湖上有长桥，经常维修也经常坏。栖禅院僧主动承担修建改造工程，在两岸建飞楼九间，全部使用一种名为石盐木的硬木，坚如磐石。苏轼对这个义举非常钦佩，但他已经没啥可以捐的了，这时候就想起了弟弟苏辙和弟媳史夫人。他们看苏轼这么热心，毫不吝惜地把太皇太后赐予的数千黄金捐了出来。

绍圣三年（1096）冬天，道士邓守安跟苏轼说了一件事。广州城内的古井多为权势者霸占，平民百姓只好饮用受海潮影响的江水，因此常发生瘟疫。苏轼一听，心想：这还得了？！百姓饮水问题如果不能得到妥善解决，如何可以安心？不行，我得找广州太守王古，他和我的老朋友王巩是叔伯兄弟，我能说上话。

邓守安说："您先别急。我有一个可以从根儿上解决的办法。"

"快快说来！"苏轼有些急不可耐。

邓守安说："可以考虑将离广州二十里的蒲涧山滴水岩上的泉水引入城中，通过管道让这水遍布广州城的每个角落。泉水原本就比井水好喝，此事若办成，将使广州全城得益。至于怎么引，就得你来想办法了。"

苏轼回到住处连夜设计方案，并写信给广州太守王古。按照苏轼的建议，先要改造蒲涧山滴水岩，在岩下挖出一个大石槽来当蓄水池，再将池中的水用五根大竹管引出。为了稳定竹管，还要沿路固定，而竹管连接处则必须用麻绳固定。为了防止竹管遇水迅速老化或遭虫蛀，还要事先涂上油漆。这样做，可以顺水势把水直接引入城中。那么问题来了，引到城中的水是直接分散开来，还是先注入同一个蓄水池再分散到四处呢？苏轼认为，从稳定和好管理的角度考虑，应该先注入同一个蓄水池。这样一来，引到城中蓄水池的水还可以进行静置和过滤，提高水质。之后，再用多个竹管将水分引至城中各处小石槽，供百姓汲取。

苏轼担心自己的建议会让太守觉得花费太高，就帮着算了一笔账："不过用大竹万余竿，及二十里间，用葵茅苫盖，大约不过费数百千可成。"为了替太守节约开支，他甚至想到了购买田地放租的建议，此外还建议专设兵匠数人，定时沿线巡查、维修，并着力推荐罗浮山道士作为项目主管。基于多年的地方工作经验，苏轼考虑问题十分周全。

王太守收到信后感激不已。他没想到这位曾经在徐州治水、在杭州和颍州推行水利改造工程的文章太守，会主动为自己献计献策，为广州百姓排忧解难。他立即着手实施，很快将工程完成，这项工程也被称为中国最早的"自来水"工程。工程完毕，苏轼又想到了另外的问题——二十多里长的管道还要经年累月地使用，难免会发生堵塞。对此，他给出的解决方案是：给每根竹管上钻一个小孔，用竹针塞住。很显然，正常情况下，如果拔掉了小竹针，水便会顺着小孔流出来；如果哪处小孔不出水，便可判断是哪一节竹管堵住了，只要更换掉那根竹管就行了。

这是一整套行之有效的方法，只有一心想着百姓的官员，才会有如此接地气的方案。即使千年之后，供水专业人士应该也会被东坡先生深深折服吧。

据记载，喝到干净泉水的广州百姓发病的现象少多了。他们当中或许没有几个人知道，帮助他们的正是处于贬谪生涯的苏东坡。第二年，实干家王太守被降调袁州，苏轼也被贬到了更远的海南儋州。古道热肠的苏轼到儋州不久，就又投身于为海南人民寻医问药、指导百姓耕种和开办学校的公益事业中。以身许国的苏轼就像一个太阳，自身可以发光发热，也把这光和热洒向他热爱的世界。

东坡吃羊蝎子，引来"众狗不悦"

说起与东坡有关的美食，很多人首先想到的是东坡肉，其实这并非他一手研制出来的，而是他的妻子王闰之琢磨出来的。当然，这里面也一定有东坡先生的智慧。

苏轼对于美食的乐趣首先在于吃，其次在于制作，最后是与友人分享。若给历朝最能吃、最会吃的文人排个次序颁个奖，苏东坡肯定荣登榜首。他经常把制作过程和制作方法写出来给大家看，比如在《鱼蛮子》一诗中记述了做鲤鱼的方法："擘水取鲂鲤，易如拾诸途。破釜不著盐，雪鳞芼青蔬。"他专门指出，不可以先放盐，否则鱼汤就不鲜了。

苏东坡在黄州时曾写有《煮鱼法》一文，现在饭店里的各种"东坡鱼"应该起源于苏东坡。

他不仅是炖肉和烧鱼的高手，煮粥也有独到的心得。他曾写有《东坡羹颂》一文，专门讲述他发明的东坡羹的做法。第一步，将大白菜、大头菜、大萝卜、野荠菜反复揉洗干净；第二步，在大锅四壁、大瓷碗上涂抹生油；第三步，将切碎的白菜、萝卜等菜及少许生姜放入锅中，用油碗覆盖但不触碰菜羹，这样可以避免有生油味；第四步，将盛满米的蒸屉放在锅中，等到菜完全煮熟后再盖上屉盖。

煮东坡羹的诀窍在于涂抹生油，生油可以阻止菜羹煮沸时上溢。蒸汽上达蒸屉，锅中的菜羹以及蒸屉中的米饭都一次加工而成，这很像现在流行的快餐"盖浇饭"。苏轼曾将这方法介绍给一些道士、和尚朋友，很受欢迎。

来到惠州以后不久，他给弟弟苏辙写了一封信，信中分享了他最新发明的美食——烤羊脊。他在惠州是谪官，虽然嘴馋，但也不好与其他官员争着买羊肉，所以每次他都嘱咐屠夫留下一些羊脊骨，也就是我们俗称的羊蝎子。一根大骨头怎么做呢？他不紧不慢地写道："骨间亦有微肉，熟煮热漉出。不乘热出，则抱水不干。渍酒中，点薄盐炙微燋食之。终日抉剔，得铢两于肯綮之间，意甚喜之，如食蟹螯。率数日辄一食，甚觉有补。"

大意是：先将羊脊骨煮熟，趁热捞出，控干水分。然后用酒把羊脊骨全部浸透，撒上一些盐，然后拿到火上烘烤，等待骨肉微焦，便可以食用了。他每次都花相当长的时间用牙签在羊脊骨间摘剔碎肉，这看起来有点儿寒酸，东坡先生却乐在其中：他觉得自己发明的羊脊骨太美味了，经过一番折腾才可以吃到的碎肉，简直和蟹螯一样美味。而且，每隔几天吃一次，感觉很有补益。

接下来他说："子由三年食堂庖，所食刍豢，没齿而不得骨，岂复知此味乎？戏书此纸遗之，虽戏语，实可施用也。"

大意是：兄弟你啊，公款饭吃了三年，整天有肉，哪里有机会吃到骨头啊，怎么能品尝到这种美味？所以我写信告诉你，这个秘方虽然是个笑谈，但确实值得一试。

这篇《与子由弟书》中，尤其是"得铢两于肯綮之间，意甚喜之，如食蟹螯"一句，蕴含了趋近极致的豁达、无可救药的乐观。这一点直接影响了明朝文人金圣叹，临刑前留给儿子最后一句话："花生米与豆腐干同嚼，有火腿滋味。"

在惠州过着艰苦日子的东坡先生，能够在"烤羊脊"中收获那份扬扬自得与沾沾自喜，只怕世间没有第二人可以做到。他除了煞有介事地在信中向弟弟嘚瑟一番，临了还不忘调侃一下狗，也调侃一下自己："然此说行，则众狗不悦矣。"

大意是：把骨头上的肉都剔除干净的话，估计那些等着啃骨头的狗要不高兴了，呵呵。

读者读到这里，感觉苏东坡好像全然忘了自己遭受贬谪，他只活在当下，醉心于美食。

绍圣四年，苏东坡再次被贬往生活条件更加艰苦的儋州。在那里，"食无肉，病无药，居无室，出无友，冬无炭，夏无寒泉"。即便如此，依然未能磨灭他对生活的热情。他与当地百姓打成一片，谈笑风生，但他无论如何也不敢吃当地居民吃的重口味食物。在儿子苏过的协助下，苏东坡发明出一道美食，并且以诗作记之：

香似龙涎仍酽白，味如牛乳更全清。

莫将南海金齑脍，轻比东坡玉糁羹。

东坡的诗把"玉糁羹"的色香味描述了出来，但没有提供制作过程。大概在那难得大米的地方，苏过弄来了一些米和芋头一起煮，米粒被衬托得如同晶莹的玉珠，颇为耐看。"玉糁羹"之所以在苏轼看来是那么不同寻常，更多的只怕还是儿子的那片孝心吧？

东坡先生发明的美食的共同特点是所选取的食材都是最平凡之物。东坡肉的食材是常见的猪肉；制作鱼肴的鲤鱼和鲫鱼也是随手可得；东坡羹的食材则更容易找，无非是大白菜、大头菜、大萝卜、野荠菜和米；玉糁羹就是芋头掺点儿大米熬成的。

东坡晚年说自己一生功业在黄州、惠州、儋州，而他的美食也几乎是在这些地方创造出来的。我们常说穷途末路，而东坡先生的穷途则是峰回路转、柳暗花明。他用美食告诉我们，他可以用智慧把苟且的生活变得异彩纷呈。

苏东坡的饮酒文化

> 罗浮山下四时春，卢橘杨梅次第新。
>
> 日啖荔枝三百颗，不辞长作岭南人。

苏东坡的一首《食荔枝》传诵近千年，把一个吃货对荔枝的喜爱写绝了，以至于世人只要想到荔枝，脑袋里第一时间浮现出的便是这句"日啖荔枝三百颗，不辞长作岭南人"。

苏东坡不仅爱吃荔枝，还经常用荔枝酿酒。他在惠州谪居期间，就常常走进当地居民家里，品尝他们的自酿酒。有一天，他在罗浮山下的一位老农家第一次喝到了荔枝酒，觉得是世间妙品。于是，回家后他便开始自己尝试用荔枝酿酒，并且还根据荔枝红壳的特点为这款酒命名为"紫罗衣"。

据说宋代流行喝黄酒、药酒和果酒，白酒比较少见。西蜀道士杨世昌赠送蜂蜜造酒秘方，东坡便照方在黄州私酿蜜酒，还写了《蜜酒歌》记录此事。东坡喝自酿蜜酒，开心得不得了，但其他人喝一口全跑了，说是喝到了腐败的蜜汁味，还统统拉肚子。东坡不以为然，仍然笑呵呵地沉浸在自酿酒的美味中。

东坡来到定州，在曲阳取松膏酿酒，"救尔灰烬之中，免尔萤爝之劳"，取名"中山松醪"，并写出《中山松醪赋》，称松醪酒"味甘余而小苦，叹幽姿之独高"。

贬官至惠州时，东坡发现此地无官方专卖酒类，每家各有佳酿。他兴致勃勃地用柑橘酿"橘子酒"，用桂圆（龙眼）酿"桂酒"，长子苏迈与三子苏过二人各尝了一口，就声言打死都不喝了。之后每提及此事，东坡便拊掌大笑。

东坡还很有品牌意识，为私家酒取名。酒名都非常美，如前面提到的"紫罗衣""中山松醪"，此外还有"万家春""罗浮春"等。"余家近酿，名之曰'万家春'。盖岭南万户酒也。""万家春"在他的诗文中被多次提及，比如《和陶己酉岁九月九日》中有"持我万家春，一酬五柳陶"，《浣溪沙》一词中有"雪花浮动万家春"。糯米酒"罗浮春"在《寓居合江楼》中是这么写的："三山咫尺不归去，一杯付与罗浮春。"

贬至海南岛，东坡将当地生蚝浸酒或烤之，照酿不误。他用从惠州邓守安道长那里学来的秘法，以米麦水酿造"真一酒"，还大大方方把秘方送给朋友，还有《真一酒歌》传世。他以天门冬汁液为酒曲，与糯米酿成有药性的米酒 —— 天门冬酒。《山居要录》中详载酿法，说"酒初熟味酸，久停则美香，余酒皆不及"。

东坡在海南岛也酿过桂酒，说其酒色如玉，香味超然，饮后飘飘欲仙（《桂酒颂》）。而他人却有着和东坡完全不同的口感，喝完之后觉得"桂酒尝来犹如屠苏酒"，换言之，喝这种酒如同喝药。他在海南儋州还饮过椰子酒，作诗《椰子冠》赞美椰子酒是天然之酒，根本"无须仪狄（中国酿酒始祖之一）"。

品酒犹如品人生，东坡先生在饮酒理论文章《浊醪有妙理赋》中直言"酒勿嫌浊，人当取醇"，大意是"我的酒酿得好与坏，咱先不说，我们要透过酒品看人品啊"。他又说，"身后名轻，但觉一杯之重"，来，接着喝！

东坡一向不保守，他不仅乐于酿造，还善于总结，竟然堂而皇之地写出了《东坡酒经》，被后人当作黄酒酿造的金科玉律。这篇小文至少投射出宋人酿酒的七个特点：

一、以大米（糯米或粳米）为原料。

二、以草药制成药汁，再和面粉、姜汁制成酒曲。

三、采用三次投料的喂饭法。

四、酒糟经重酿后再利用，以充分利用酒精中微生物和原料，达到节约原料和酒曲之目的。

五、当时的出酒率：五斗米最后酿出五斗酒。

六、酿造生产周期为三十天。

七、酿制过程中，各环节生产工艺之变化及检验方法称为经验作业法。

人常言久病成医，我们的东坡先生是久醉而成酿酒师。如果说苏轼酿酒无论成败，至少还都是在老老实实按步骤酿酒，而发生在黄州的另一幕，则让人惊掉了下巴。

苏轼在黄州时，文名早已远播天下，因此附近州县的朋友每次来看他，都会带一些佳酿。而他又不胜酒力，一段时间下来，雪堂北墙根儿便积攒了许多酒坛子。到了夏天，苍蝇蚊子围着坛子转，一派乱象。这让苏轼很发愁，后来他索性找来一个大缸，把那些开了封的剩酒不分贵贱统统倒进大缸里，然后盖上盖子，还封上黄泥。来客人的时候，他就从缸里舀酒待客。这一缸混合酒便被苏东坡取名为"雪堂义樽"。

大约七百年后，纽约某酒馆一个名叫贝特西·弗拉纳根的服务员把几种剩酒倒进一个大容器里，冒充新酒给客人喝，才有了真正意义上的鸡尾酒。

如果东坡先生知道了，没准儿会呵呵一笑，因为他又一次站在了潮流的前头。

朝云之死：世界上最懂我的那个人走了

绍圣三年六月，苏东坡守候在爱妾王朝云的病榻旁一筹莫展。此时的朝云已经在病榻上躺了两个月，面无血色，气若游丝。

年初朝云生日时，苏轼为朝云写了一首诗，诗名为《王氏生日致语口号》，其中有句"天容水色聊同夜，发泽肤光自鉴人"。在苏轼的笔下，三十四岁的朝云依然光彩照人。这个陪伴自己到岭南的女子，多么像王巩身边的柔奴啊，有朝云的地方就可以安心，能安心的地方就是家。

然而，苏轼万万没有想到，这岭南瘴毒对他倒是没有太大影响，而爱妾朝云却不幸染上了。苏轼使尽了浑身解数，利用身边仅有的资源熬制中药，但最终无济于事，朝云还是满怀遗憾地离开了这个世界。

东坡先生没有流泪，只是在朝云身边不停念诵《金刚经》中的"六如偈"。

> 一切有为法，如梦幻泡影，
>
> 如露亦如电，应作如是观。

然而，那些鲜活的生命，谁又愿意真的如梦幻泡影，如露如电呢？造化弄人，东坡先生在伤心时想起了去年秋天，唯有朝云陪伴借酒消愁的他，那时的他感从中来，填写了一曲《蝶恋花·春景》：

> 花褪残红青杏小。燕子飞时，绿水人家绕。枝上柳绵吹又少，天涯何处无芳草。
>
> 墙里秋千墙外道。墙外行人，墙里佳人笑。笑渐不闻声渐悄，多情却被无情恼。

彼时朝云为东坡先生唱此曲，歌声嘹亮婉转，东坡听得如醉如痴。朝云唱罢一遍，再唱的时候，唱到"天涯何处无芳草"，突然唱不下去了，泪落如雨……苏轼问她为何停下来，朝云说："奴所不能歌，是'枝上柳绵吹又少，天涯何处无芳草'二句。"苏轼大笑道："吾正悲秋，而汝又伤春矣！"

"天涯何处无芳草"是苏轼为这个世界贡献的又一千古名句。后世引用通常有两个含义，第一是指大千世界机会很多，不要过分注重于某一件事而不知变通；第二是指男女之间没有必要死缠一方，可以爱的人或值得爱的人很多。而在苏轼笔下，这两个意思都不对，他分明指的是在这样荒蛮的天涯，朝云陪伴，宛如芳草相随。而朝云一门心思想的是东坡先生的安危，流落至此，纵使芳草陪伴天涯，又能解内心几许落寞？

在朝云的世界里，她的东坡先生是那个总是不合时宜的大学士，是那个幽默的灵魂，是可以随时和皇帝、和各路臣公开玩笑的大才子。而如今，在这样的天涯，先生在百无聊赖之中感慨墙内墙外，又是何等让人心酸！墙内是家，墙外是路；墙内有欢快的生活，墙外是赶路的行人；或者说，墙内是朝堂，是京城，佳人即英宗、神宗或哲宗；墙外行人即自己。许多年来，一心为国为民兢兢业业的他，对"墙内佳人"始终忠贞不贰，而最终却被冷落在一堵高墙之外。一次次被放逐，直到来到这天涯，四顾茫然，无所归处，连一线渺茫的希望也没有，这正是使朝云悲从中来，泪满衣襟的原因吧。

朝云不愧是苏轼的红颜知己，她完全读懂了他。一首表面看来的爱情诗词，事实上表达了内心无尽的落寞，这是宋代文人惯用的技法。

前些年，漂泊江南期间，他和朝云的爱子苏遁不幸夭折。朝云悲痛欲绝，从此，她走进了佛陀的世界，终日念经持咒以为排遣。他们一路辗转来到惠州，更是成了同修。有一天，苏轼看到朝云来到岭南之后，由于水土不服，日渐消瘦，不禁生出无比爱怜，于是，为她写下了一首《朝云诗》：

> 不似杨枝别乐天，恰如通德伴伶玄。
>
> 阿奴络秀不同老，天女维摩总解禅。
>
> 经卷药炉新活计，舞衫歌扇旧因缘。
>
> 丹成逐我三山去，不作巫阳云雨仙。

第一句"不似杨枝别乐天"，引用的是和白居易有关的典故。白居易的宠妾樊素，以善唱"杨柳枝词"而闻名。苏轼诗中"不似杨枝别乐天"说的就是樊素在白居易晚年比较落寞的时候离开，让白居易伤怀不已。而朝云却在苏轼多年的贬谪生涯之中一直陪伴，这是让他备感欣慰的。接下来第二句"恰如通德伴伶玄"，讲的是汉代一个叫通德的女子陪伴名士伶玄的故事，他把朝云比喻成善解人意的通德。第三句"阿奴络秀不同老"，是针对王朝云与苏轼所生的儿子苏遁夭折一事所写，他联想到晋代络秀与阿奴这对母子的故事：络秀是大户人家的小妾，她有一个孝顺的儿子叫阿奴，阿奴长大成才之后一直陪伴在母亲身边，络秀的人生也因此美满幸福。孩子和父母"不同老"，是他和朝云人生最大的遗憾。写到这里的时候，诗的氛围有些沉重，但到第四句，苏轼很快将话题一转，他说"天女维摩总解禅"，出自佛教《维摩诘经》天女散花的故事，称赞朝云心智聪明，对佛禅有很高的悟性。

诗的后半段开始回到眼前。从"经卷药炉新活计，舞衫歌扇旧因缘"二句可以看出，此时朝云的身体已经非常不好，经常熬药、念经，曾经曼妙的舞姿和婉转的歌喉再也无法展现。"丹成逐我三山去，不作巫阳云雨仙"，表达了苏轼期盼有朝一日他们能共登仙山，做一对神仙眷侣，不再为凡尘俗世所牵绊。"云雨仙"说的是楚王与神女在巫山相会的典故，这是诗作的第五个典故。

东坡先生守在朝云灵前，不吃也不喝。苏过几次三番苦劝，他方止住悲伤。遵照朝云的遗愿，苏轼将其葬于惠州西湖孤山南麓栖禅寺大圣塔下的松林之中，并在墓边筑六如亭以纪念。苏轼撰写一联悬于亭上：

不合时宜，惟有朝云能识我。

独弹古调，每逢暮雨倍思卿。

红颜知己朝云，生命里最疼爱东坡的那个人走了，芳草永远留在了天涯。

第十三章

海外见闻

时间：宋哲宗绍圣四年六月至宋哲宗元符三年六月

地点：儋州

　　东坡先生原本以为惠州是生命的天涯，没想到天涯之外尚有海角。绍圣四年四月，东坡先生再次遭贬，被贬至海南儋州。他抱定了必死海南荒岛的决心踏浪而去。

　　然而，生存能力极强的东坡很快就在小儿子苏过的照顾下适应了海南的生活。后来他把黎子云的厢房改为"载酒堂"，成为讲学之所。很快，海南人读书求学蔚然成风，当地学生姜唐佐成了第一个举人。

　　有一次，东坡先生途中遇雨，便向农妇借来斗笠和木屐穿戴。这种在本地稀松平常的装束穿在这位曾经的高官身上，百姓觉得十分亲切和有趣，孩子们更是围着他拍手大笑。有人据此作画，名为《东坡笠屐图》，传为佳话。而海南人从此称斗笠为"东坡笠"。

　　两年之后，哲宗驾崩，徽宗即位，大赦天下。苏东坡得以北归。

　　与来时相比，苏东坡离琼时的心境已大不一样，他对海南岛与当地居民产生了不舍之情，写下《别海南黎民表》一诗……

东坡儋州开课：你有酒，我有故事

"此生当安归，四顾真途穷。"这是东坡先生初到海南儋州时，这个城市留给他的印象。没有了可以说话的人，他只好委身于几间破旧的官舍里，默默思念着海那边的儿孙，更多的时候他靠打坐消遣时光……

他再次熬过了最初这段困难的时光。对于我们来说，仅仅是"再次"两个字，可是对于年迈的苏轼来说，他是抱着死在这里的心来的，甚至已经让人准备好了棺材。

儋州军使张中是东坡来海南后最早遇到的支持者，这个年轻健硕的汉子一身正气，很喜欢和东坡先生聊天。张中还介绍了当地的乡贤黎子云给东坡先生认识。黎子云喜欢读书，生活算不上多富裕，但家里环境很美，林木水竹，是个清幽的好去处。他常常去拜访东坡先生，也约着东坡父子去他家做客。后来，东坡借住的官舍被收回，黎子云立刻陪着东坡父子去看地，并非常仗义地拿出钱来帮他们盖了几间房子，那就是东坡先生在海南的居所——"桄榔庵"。黎子云和弟弟黎威常常带着酒找东坡先生共饮，听东坡先生讲述过往的故事。东坡有诗云"寂寞两黎生，食菜真臞儒"，指两位姓黎的朋友虽然没什么名气，却一心读圣贤书，是真正的儒者；"东行策杖寻黎老，打狗惊鸡似病风"，指黎家兄弟不来的时候，东坡还喜欢拄个拐杖去黎家，一路上打狗惊鸡，如同抽风一样，这形容他想要见到黎家兄弟的急切心情。

很快，在黎子云的宣传下，经常来问学的人渐渐多了起来。黎子云就和东坡先生商议："我们不如开个学堂吧，就把我家的厢房改造改造，能容纳数十人便可。先生您来这里讲学，我们象征性地收取束脩，也给先生谋点儿收益，补贴家用。"东坡一听，连声称好。

东坡先生虽然生活拮据，但还不至于因为学费才开讲。黎子云请东坡先生为讲学的地方取个名字，东坡想了想说，就叫"载酒堂"吧。

为何叫作"载酒堂"呢？汉朝才子扬雄博览群书，通晓古今，为官的时候也是个清廉之人，就是有个爱喝酒的毛病。因为扬雄学问渊博，想向他请教的人知道后就索性用车载着酒来，这就是"载酒问字"的典故。苏东坡从扬雄那里借来了学堂的名字。事实上，他根本喝不了多少酒，这样取名字除了寻儿分古风，也是为了拉近和海南学子的距离。

苏轼这位文坛巨子开坛讲学的消息很快不胫而走。先是海南岛上儋州和其他地方的士人渐渐围拢来，后来，甚至远在广州的学子也冒着惊涛骇浪，渡海而来。对于这些后辈，苏轼热情接待，欣然教授，不管他们资质如何，只要有心向学，他都循循善诱，加以指导。

有一个叫葛延之的十九岁年轻人，因为仰慕苏轼，竟然万里迢迢从江阴奔赴儋州，苏轼留他在这里居住、读书一个月。临行前，葛延之请教作文之法，于是苏轼侃侃而谈：

> 儋州虽数百家之聚，而州人之所须，取之市而足，然不可徒得也，必有一物以摄之，然后为己用。所谓一物者，钱是也。作文亦然。天下之事，散在经子史中，不可徒使，必得一物以摄之，然后为己用。所谓一物者，意是也。不得钱不可以取物，不得意不可以用事，此作文之要也。

在这里，苏轼打了一个比方，他说商品要流通就必须通过一个媒介，那就是钱。如果想要在自己的写作中自如运用散落在经史子集中的作文材料，也需要一个媒介，那就是意。有钱可以流通商品，有意才可以串联文章。

葛延之听了非常受益，临别时，他"投其所好"，送给苏轼一件礼物——用海龟壳做的一个头冠。

很快，海南人读书求学蔚然成风。

姜唐佐生活在琼山，也就是海口一带，与儋州还有一些距离。他自幼攻读诗书，一心想要考取功名，但屡试不第，只好在家乡开办私塾。听说苏轼在儋州开讲，他征得母亲的同意后与母亲一起来到儋州，边照顾老人边向苏轼求学。他聪明好学，基础又好，因此领悟力远远超过其他学子，深得苏轼赏识。苏轼几乎是倾囊相授。学成之后，他应考前请求苏轼赠诗一首，苏轼便在他的扇子上写了"沧海何曾断地脉，白袍端合破天荒"，并鼓励他"异日登科，当为子（续）成此篇"。元符三年，苏东坡遇赦北归。不久姜唐佐游学广州，登乡荐中举人，是见之史载的海南历史上第一位举人。崇宁二年（1103），姜唐佐赴京路过河南汝阳时拜访苏辙。那时苏轼已经去世两年，姜唐佐出示题诗的扇子。苏辙沉思片刻，在胞兄诗句前补了四句，诗句后补了两句，凑成一首完整的七言律诗。诗曰：

> 生长茅间有异芳，风流稷下古诸姜。
>
> 适从琼管鱼龙窟，秀出羊城翰墨场。
>
> 沧海何曾断地脉，白袍端合破天荒。
>
> 锦衣他日千人看，始信东坡眼目长。

姜唐佐也真够幸运的，先后得到了苏轼和苏辙两位天才文人的教诲。

姜唐佐取得功名之后，放弃仕途回到家乡开办学堂，继续播撒恩师苏东坡留下的中原文化。宋元明清几代，海南共出举人七百六十七人、进士九十六人。《琼台记事录》中称赞"琼州人文之盛，实自公启之"，海南从此走上了

"遥从海外数中原"的新时代。

如今人们去儋州寻访东坡先生的足迹，都会去儋州东坡书院，这里便是载酒堂的旧址。明嘉靖二十七年（1548），因有学者在这里开办学堂，才改称东坡书院。书院东园有一口井，立碑钦帅泉。据说，此井至今已有九百余年，从未干涸，且水涌不断，清澈如初。来的人都汲此泉水洗手，希望能沾上点东坡的灵气。

差点烧掉房子的"东坡墨"

东坡先生被贬至海南，不方便带很多行李，只随身带了几本书、常用的笔墨和生活必需品，便匆忙上路了。到了海南后不久，东坡先生便凭借他独有的乐观精神，从人生低谷走出来。虽然弟弟苏辙来信劝他不要读书写字，终日静坐就好，但是一腔才华的苏轼又怎能不表达自己的思想呢？

可是问题来了，写字需要墨，自己带的墨很快就用完了。而在远离繁华的海南，想得到好墨简直比登天还难，爱琢磨的东坡先生便凭着自己对制墨工艺的了解，开始研究利用海南当地的材料制墨。

苏轼对墨情有独钟，他曾说："吾有墨七十枚，而犹求取之不已，不近愚邪？是可嗤也。"东坡究竟蓄藏多少？没个准数，某个时段"蓄墨数百挺"，廷珪墨、潘谷墨、张遇墨、高丽墨、清悟墨、徂徕墨、新罗墨等应有尽有。被他记录下来的北宋墨工有潘谷、张遇、李承晏、郭玉、裴言、潘衡，几乎涵盖了北宋制墨名匠。

苏轼在试验制墨的过程中还有一些新发现，他曾写道："凡烟皆黑，何独油烟为墨则白，盖松烟取远，油烟取近，故为焰所灼而白耳。予近取油烟，才积便扫，以为墨皆黑，殆过于松煤，但调不得法，不为佳墨，然则非烟之罪也。"他起初以为烟都是黑的，没想到油烟却是白的，这让他大为诧异——

既然如此，为什么前人还用油烟制墨呢？经过反复试验，他发现了"松烟取远""油烟取近"的窍门，而且总结出一套调配方法。东坡非常有品牌意识，他酿的酒多半不能喝，但都起了各式各样好听的名字，制墨这么风雅的事自然更要有名字了。东坡所制之墨被他称为"海南松烟东坡法墨"。

《苏轼文集》中记载了这样一件事：己卯腊月二十三日，墨灶火大发，几焚屋，救灭，遂罢作墨。得佳墨大小五百丸，入漆者几百丸……

这一年是元符二年（1099），他在海南试验制墨，和他一起进行这一试验的是后来的制墨大家——潘衡。潘衡远涉重洋来到儋州，陪东坡先生一起制墨，结果不小心把东坡先生的房子给点着了。

叶梦得在《避暑录话》中记载，大宋宣和间，潘衡在江西一带卖墨。他卖墨的招牌就是苏东坡。他常常给别人讲述自己去海南拜访东坡先生的经历，说得神乎其神，"自言尝为子瞻造墨海上，得其秘法"。这实在是高明的广告招牌。他说："一代文宗苏东坡有制墨秘法，你们不可能反驳吧？东坡先生写字写得那么好，一定在文房四宝上极为讲究。你也想和他一样写字那么好吗？那我这里的墨你不能不用啊，这是东坡先生教我做的。"

叶梦得也不大相信，便跑去向苏过打听其父制墨之法。苏过笑道："我那老父亲啊，哪儿来的制墨秘诀，只是因为在海南岛无事，以此为消遣。"苏过根据记忆再现了当时的场景，他说，父亲的确想亲手制墨，海南松树又多，这是得天独厚的条件。因此，父亲经常拉着他漫步于松林古道间，寻找优质松木以制墨。正好这段时间里，潘衡慕名前来拜访苏轼。苏轼对这位有制墨经验的造访者表现出极大的欢迎，认为是上天派来的好帮手。于是他们两人就在一间小屋里开工了。没想到的是，半夜不慎失火，点着了房屋。好在发现及时，没有殃及其他房屋。第二天，他们从废墟中找到几两黑烟灰，这就是他们制墨的主要原料。后来制成的墨，潘衡还真的带走了一部分，不过他也给苏轼留下了从江西带来的很多好墨。经过这次险情，在苏过的坚决反对下，苏轼才停止了自己的制墨试验。

不过，漂洋过海归来的潘衡一定会把这个故事讲给朋友们听，这的确算是东坡先生的爆料了。好在他制作的墨质量确实好，"然衡墨自佳"，总算没有辱没苏大学士的名声。

东坡笠屐图：海南留下的写真像

在眉山三苏祠墨庄里，有一幅张大千的《东坡笠屐图》。图中的苏东坡高大豪迈，头戴斗笠，脚穿木屐，右手拄杖，左手捻须，神态颇为悠闲。张大千极爱"东坡笠屐"这个题材，一生创作了多幅《东坡笠屐图》。其实不仅是张大千，自宋代以来，"东坡笠屐"这一主题便被不断演绎，成为历代大家钟爱的绘画主题，也是传世的东坡画像中被绘制最多的题材。

相传苏轼的好友李公麟曾经画过《东坡笠屐图》，并题跋说："东坡一日谒黎子云，途中值雨，乃于农家假箬笠木屐戴履而归。妇人小儿相随争笑，邑犬争吠。东坡曰：'笑所怪也，吠所怪也。'"这个版本比东坡自己的记录还要详尽，东坡本有的气质和这样接地气儿的打扮不仅引得妇女小儿皆乐，连狗都觉得奇怪，在那里大叫。东坡对着妇女小儿说："你们笑啥？"他又对着狗说："你叫啥？"

笠屐图为什么会得到这么多人的青睐，成为画家们争相绘制的主题呢？我想，更多还是因为反差。斗笠下，木屐上，是一代文宗，是中国风雅集大成的顶级文人苏东坡。他虽然身处逆境，却可以安之若素。他不以此为挂碍，反倒从中收获快乐，这种精神气质的确不同凡响。凡是以此题材入画的画家都领略到了这种气质，"高高山顶立，深深海底行"，居庙堂之高的是东坡先生，处江湖之远的依然是他。乐天，知命，接受并享受每一个当下，这就是东坡先生。

东坡先生以随和宽容的魅力赢得了人们的爱戴。他无米下锅时，邻里左右总是馈赠酒食。天冷时，连素不相识的樵夫都送来布料让他御寒。苏轼的朋友越来越多，生活也似乎越来越悠闲，他觉得自己来到了梦想中的桃源胜境。他有时候在城乡间到处随意漫游，有时候去寺院清坐，有时候喝点小酒，半醉半醒间去朋友家中串门……

他之所以来到儋州，据说是因为他的老朋友、后来的政敌章惇。章惇做了一个文字游戏——苏东坡字子瞻，子瞻的"瞻"与儋州的"儋"都有一个"詹"字，看来他和儋州有缘分，所以就去儋州吧；苏辙字子由，那就把他贬往雷州吧，因为"由"与"雷"都藏着一个"田"字。

海南这个谈起来让人色变的岛屿，其实是物产奇特、民风淳朴的地方。苏轼不仅爱上了这里的人，也爱上了这里的美食。他在诗文中多次关注海南的特色美食，如《食蚝》一文记录下了生蚝的两种烹饪方法，夸赞海南生蚝味道鲜美，还略带幽默地告诫儿子千万不要把海南有好吃的生蚝这件事泄露出去，以免北方的士人听说了都争着要求贬谪来海南。

东坡离开儋州时，有数十人带着酒菜前往送别，有人一边流泪一边问："内翰此去，何时才能再见？……"与来时相比，苏东坡离琼时的心境已大不一样，他对海南岛与海南人产生了恋恋不舍之情，于是写下《别海南黎民表》一诗：

> 我本儋耳人，寄生西蜀州。忽然跨海去，譬如事远游。
>
> 平生生死梦，三者无劣优。知君不再见，欲去且少留。

这首诗被看作东坡先生对海南人的真情告白，"黎民表"既可以是一个人，也可以是他所认识的那些纯朴的海南人的一个代称。

苏轼谪居儋州三年，创作了大量诗文，尤以"和陶诗"知名，另有一定数量的赋、铭、颂、书信等。这些文字最开始由苏辙辑集为《儋耳手泽》，明朝时被人辑集为《居儋录》，在清朝乾隆年间又被整理为《海外集》。可见，这个笠屐的老人，穿过市井，回到桄榔庵或载酒堂之后，还是那个文思如涌的一代文宗。除了诗文，他在海南还完成了《东坡易传》《东坡书传》《论语说》这三部学术著作。

两手空空而来，满载一船文脉而去，东坡先生的心灵是富足的。

第十四章

南渡北归

时间：宋哲宗元符三年六月至宋徽宗建中靖国元年七月

地点：儋州、雷州、广州、镇江、常州

"曾见南迁几个回"，九死一生的东坡先生北归之路走了整整一年。

他在归程中接到了老政敌章惇的儿子章援的来信，原来章惇被贬至雷州了。章援担心东坡先生被起用后会报复父亲，便写信求情。东坡在回信中打消了章援的顾虑，并叮嘱章援多带药材去岭南，一方面自用，另一方面可以惠及邻里。信是写给章援的，但章惇一定可以看到。东坡先生以最大的善意告诉这位半生挚友半生惊梦的故人，该放下还是要放下。他原谅了章惇，就等于原谅了整个世界。

在镇江金山寺，他看到了当年李公麟为自己画的画像，他提笔写出了"问汝平生功业，黄州惠州儋州"。这三处是东坡苦难一生的缩影，也正是苦难造就了苏东坡，实现了从苏轼到苏东坡的转变。倘若没有这些苦难，以苏轼的才能必将位列国相，成为一代忠直耿介之臣。多了一位名相，也就失去了百姓最亲近的朋友——苏东坡，那个在逆境中给了我们无限勇气的哲人。

建中靖国元年七月二十八日，东坡先生在常州离世。一代巨星陨落，山河一恸，天地同悲。也恰恰从这一刻开始，东坡先生获得了新生。他留给这个世界的诗文、故事鼓舞了一代又一代人，至今被人津津乐道。他光明的自性、达观的品格照耀着越来越多的人走出迷茫，走向光明。

渡海归来，大庾岭上万里晴空

元符三年正月，年轻的宋哲宗驾崩，哲宗的弟弟宋徽宗赵佶即位。徽宗即位之后不久，大赦天下，苏轼、苏辙兄弟都在大赦的名单里。徽宗安排苏轼廉州安置，苏辙永州安置。与此同时，苏轼的弟子秦观、张耒、晁补之、黄庭坚都有新的安置。万里岭海，东坡听到这样的消息喜极而泣。

苏轼并没有马上动身，他在海南三年，有些事情需要处理。

六月二十日，东坡渡海北归。海南百姓携酒菜夹道欢送，东坡先生在渡海前对着海南父老深深鞠躬致意。当年来的时候，他和苏过不过是一叶扁舟，而今北归，坐的却是官船。当夜，他写下了一首诗——《六月二十日夜渡海》。

> 参横斗转欲三更，苦雨终风也解晴。
>
> 云散月明谁点缀？天容海色本澄清。
>
> 空余鲁叟乘桴意，粗识轩辕奏乐声。
>
> 九死南荒吾不恨，兹游奇绝冠平生。

"苦雨终风"结束了，剩下的是万里晴空！苏轼作为"元祐"老臣，七年来一贬再贬，不仅以老迈的身躯承载着种种苦难，而且接连传来的坏消息也预示着朝廷被小人把持，这就更令苏轼担忧了。北宋正在渐渐走向没落，而苏轼自己的遭遇，就是腐朽朝廷的一个典型代表。所以，苏轼终于遇赦北归之后，他的内心燃起了希望之火，或许朝廷还有救吧！或许自己终于能在晚年落叶归根，见到自己惦念的兄弟朋友了吧！我们越是了解苏轼的遭遇和生活，就越能感受到这"苦雨终风也解晴"的喜悦，也就越能感受到这份"晴"来之不易。

此番岭海七年，九死一生，他都没有任何怨恨。相反，他认为这番渡海的游历不是一般人可以有的。他之所以可以看到这冠绝平生的壮阔奇景，还要感谢政敌。这是何其雄浑博大的胸怀和气势，又怎能不令人肃然起敬呢？

渡海之后，先到徐闻，他的学生秦观早已从雷州出发在那里迎候。师生相见，感慨万千，相伴数日方告别。临别，秦观填了一首《江城子》，其中有"绿鬓朱颜，重见两衰翁"的感慨，又有"后会不知何处是，烟浪远，暮云重"的凄迷。东坡深知少游心思细腻，也不好多劝。秦观启程去滕州，东坡启程去廉州，约好日后相见，师生洒泪而别。

然而，他们谁都没有想到，这次相见竟然是人生的永诀。九月初，东坡先生在廉州惊闻噩耗：秦观病故。原来，秦观因中暑而亡。听说秦观的女婿范温与其兄范冲尚在滕州料理后事，苏轼决定绕道前往，希望能来得及在友人灵前放声大哭一场。可是，等他不分昼夜地赶到滕州时，范氏兄弟已于半个月前载着秦观的灵柩走了。苏轼站在空旷的街头临风洒泪，无限伤感。他说"少游已矣，此高山流水之悲也"。秦观走了，还有谁是他的知音呢？

九月底，苏轼父子抵达广州。一路舟车劳顿，加上秦观之死，苏轼深感心力交瘁。幸而长子苏迈、次子苏迨带了孙子们来广州相会，一家人分别已经七年之久，至今方得团聚。很快，他的病好了。朋友孙蕡送来了烧羊肉，苏轼看着儿孙们津津有味地大吃羊肉，心里说不出地高兴。这是一种久违的天伦之乐。

恰在此时，他收到了朝廷的圣旨：苏轼复朝奉郎，提举成都玉局观，在外州军，任便居住。也就是说，从此，苏轼便免去四处漂泊的征程，可以回他心仪的常州居住了。这和之前廉州安置相比，的确算得上皇恩浩荡了。

苏轼写了谢表，继续北行。

建中靖国元年正旦刚过，苏轼北返到达大庾岭。在宋代一般官员的心目中，这座山岭具有特殊的含义。他们若一旦贬官岭外，就意味着政治生涯消歇，少有北还的希望。当时有所谓"春（广东阳春）、循（广东龙川）、梅（广东梅县）、新（广东新兴），与死为邻；高（广东高州）、窦（广东信宜）、雷（广东雷州）、化（广东化州），说着也怕"的民谚。环境的凶险恶劣，对任何人的心灵都是一种威胁与震慑。而今，东坡先生不仅从岭外归来，而且是从更为凶险的海外归来，可以说是难上加难。眼下这被人谈之而色变的大庾岭，竟然成了东坡先生内心的慰藉。

而在绍圣元年九月经大庾岭赴贬所惠州的时候，苏轼作诗《过大庾岭》：

> 一念失垢污，身心洞清净。浩然天地间，惟我独也正。
>
> 今日岭上行，身世永相忘。仙人拊我顶，结发授长生。

当时登上大庾岭，他便以殉道者的勇气将过去的身世宠辱一齐抛下了，他感觉到仙人在为他拊顶，授记他学道成功。他把无法预测的未来当作一场修行的开始，或许正是因为有了学道之心，东坡先生才可以在艰苦的环境中活下来，而且活得很精彩。

这次返回，再至大庾岭，苏轼小住了几日。有一天，苏轼一行人在大庾岭的林麓间穿行，偶然遇到两名道人。他们一见苏轼，立即转身，匆匆隐入林中。苏轼心中十分诧异，便对同行的仆从说："这里有异人，我们一起去拜访他们吧。"

穿过一片树林，数间茅屋出现在眼前，两名道人都在，举止潇洒，气宇不凡，他们问仆从："这是什么人？"

"苏学士。"仆从回答。

"莫非是苏子瞻？"道人随即笑道，"文章岂解触荣辱，富贵从来有盛衰。"

对此，苏轼可说是会心有得，走出茅屋好远好远，他还一直默默回味着这两句颇富哲理的话语，感叹道："何处山林间，没有有道之士呢？"

他默默踱步，心中无比惬意，觉得过去的七年真像一场醉梦：忽而岭北，忽而岭南，忽在海外……他写下《过岭三首》，其中有句"梦里似曾迁海外，醉中不觉到江南"。他最牵挂的，还是他的江南。

当时，岭上村店前正坐着一位白发老者，他见苏轼气宇不凡，徘徊于山岭间，时而欢笑，时而忧叹，不禁好奇地问苏轼的仆从："这位官人是谁？"

"是苏尚书。"仆从说。

"可是鼎鼎大名的苏子瞻先生？"老人激动地问道。

仆从点头称是。

老人连忙起身来到苏轼面前，拱手行礼，由衷地说："我听说有人千方百计地陷害您，今日北归，真是天佑善人啊！"

苏轼十分感慨，赋诗题壁《赠岭上老人》：

> 鹤骨霜髯心已灰，青松合抱手亲栽。
>
> 问翁大庾岭头住，曾见南迁几个回。

联系起绍圣年间与苏轼一同贬谪到岭南的大批元祐大臣如今已死去大半的实际情况，这个不用回答的问句显示出苏轼屡贬不屈的傲岸，也透露出否极泰来的欣喜之情。他抬眼望去，大庾岭上，晴空万里……

苏轼题字是看人下菜碟儿吗？

苏轼在元符三年九月到达广州。当时在广州做官的谢民师，拿上诗文作品，前往拜见。在随后的书信往来中，谢民师请苏轼为家乡江西临江惠力寺题写牌匾"法雨堂"，以慰思乡之情。按说以东坡的性格，应该是来者不拒，不过让人意想不到的是，苏轼在回信中拒绝了他。

苏轼的书法在当时已经名扬北宋，黄庭坚也说东坡"本朝善书自当推为第一"，甚至周边国家都争相收藏他的诗文书法。而在后世，他的《寒食帖》被称为"天下第三行书"，以他为首的"宋四家"被视为宋代"尚意"书风的倡导者。

谢民师是苏轼新结识的好朋友。他自幼聪慧好学，元丰八年与父亲、叔叔、弟弟四人为同第乙丑科进士，时称"四谢"。据宋代曾敏行的笔记小说《独醒杂志》中记载，谢民师这个人博学，而且诗词写得好，有不少人向他求教，而且在教学过程中，他对每一个学人都随问应答。这证明谢民师实力不可小觑，而且他还著有《上金集》《蓝溪集》两部诗文集，可惜都没有传世。不过，从谢民师"随问应答"的教学场景差不多可以判断：无论为人还是为文，他还是被苏轼赏识的。

面对谢民师的请求，苏轼于情于理都应该大笔一挥，既为寺庙添了彩，还给自己扬了名，何乐不为？不过苏东坡的回函却出人意料："所须惠力法雨堂两字，轼本不善作大字，强作终不佳，又舟中局迫难写，未能如教。"大意是：我本来不擅长写大字，勉强写也写不好，而且小船局促不便写大字，所以不能如你所愿。

苏轼的理由是不是很牵强，甚至有点儿敷衍呢？他真的不擅长写大字吗？

他在《论书》一文中说道："凡世之所贵，必贵其难。真书难于飘扬，草书难于严重，大字难于结密而无间，小字难于宽绰而有余。"

苏轼对自己擅长的书法形式再清楚不过了，他很少作草书，更少写榜书，留下的多为书札尺牍等小幅带有楷意的行书作品。他传世的楷书《丰乐亭记》《醉翁亭记》《表忠观碑》《罗池庙碑》《明州阿育王广利寺宸奎阁碑》等，单字字径最大的仅约十厘米。

苏轼对颜真卿《争座位帖》表现出来的"信手自然，动有姿态"尤其钦服，常常摹写。他特别强调作书时"超然于物外"的自在状态，认为只有在这样的状态下，才可以写出韵味无穷、神采飞扬的书法作品。让他在舟中小桌子上写大字肯定是不行的，这并非敷衍，而是事实如此，内心直白。

同时后世的流传中，苏轼有"五不写"的规定。这"五不写"是不是苏轼提出的，还有待考证，或许是人们愿意让苏轼这位伟大的艺术家有这样的规定吧。

一、限定大小者不写。东坡认为求书的人限定字的大小，就会忽略后期装裱对空间的要求，并不可取。

二、未曾谋面者不写。面对什么样的朋友，写什么内容，用什么风格写，他是胸有成竹的。而对于未曾谋面的人，他无法把握，即便是派人捎来润笔，他也不写。

三、绫绢不写。东坡倔强地认为绫绢该用来做衣服，不该用来写字。他所处的时代，造纸术已经很发达了。东坡向来崇尚俭朴，他这样决定也在情理之中。

四、借此扬名者不写。东坡一生极少抄写同时代人的作品，除非他认为特别好的。如果有人借着他的书法四处招摇，丢的可是他的脸啊！在这一点上，东坡立场坚定，绝不含糊。

五、文无深意者不写。这是对第四条的延续和补充。有的人来求字，并非拿自己的诗文，而是请东坡写一些格调很低的俗语，东坡岂能就范？

人书俱老的苏东坡对书写的态度依然如此认真，对自己的作品依然如此看重，这也许是让求字的谢民师出乎意料的。举世闻名的大文豪、大书法家大笔一挥，写得好自然是人人称赞，写得不好也是白玉微瑕，在大师的光环下，又有谁来指摘？即便指摘，也难以撼动其地位。不过，这不是苏东坡对待艺术的态度。

让谢民师更加没有想到的是，展开尺牍，他看到苏轼停顿了一下接着说："然轼方过临江，当往游焉。或僧有所欲记录，当为作数句留院中，慰左右念亲之意。"

苏轼也不是冷血无情，事实上正是出于对书法的情感和对谢民师的尊重，他说："我不久会经过临江，一定会去惠力寺游览，如果寺里想要我写点什么，我自然不会拒绝，甚至会多写几句，留下笔墨在寺院中，以慰藉你的思乡之情。"

从来艺品如人品。东坡先生是磊落的人，他的书法也从不矫揉造作。而在这件事上，东坡的拒绝就有了另外的含义，那是对艺术、对自己、对他人的尊重。

原谅了章惇，就等于原谅了整个世界

被贬至岭海七年之久的苏轼，遇赦北归。

建中靖国元年六月，苏轼一路辗转到达京口，收到了老政敌章惇的儿子同时也是苏轼的学生章援的来信。展信观看才知道，章惇竟然被贬至岭南了。原来，章惇曾经反对徽宗即位，再加上这些年他着实得罪了不少人，结果被贬至雷州。

章援参加了元祐年间苏轼担任主考官的考试，一举考中，算是苏轼的门生。这次来信的主要目的是替父亲求情，因为当时有一种传言，说苏轼将被起用。章援担心苏轼重新上台会对父亲进行报复，他的信哀凄动人，不亚于李密的《陈情表》。

东坡铺开纸，笔走走停停。章惇这个曾经的老朋友、后来几次要置他于死地的政敌，原本在他心中早已模糊了，而此刻渐渐清晰起来……

章惇是苏轼签判凤翔时结交的朋友，他性格狂放、胆大敢为，却又志向高远，很投合东坡的脾气。两人有过一段同游同饮的日子。

有一次，两人一起游览陕西的仙游潭，这里风光奇美、地势险要。二人来到一个独木桥前，桥下就是万丈悬崖，苏轼看着就眼晕。章惇轻轻推了苏轼一把，示意苏轼过去，苏轼不敢过。这时，章惇竟然径直走了上去，并把事先准备好的绳索一头拴在树上，一头拴在自己腰间，在绝壁上忽上忽下，看得苏轼心里直打鼓。这时，章惇竟然神色不动，从怀里掏出笔墨来，在岩壁上写下"章惇苏轼来游"。回来以后，苏轼拍着章惇的后背说"子厚必能杀人"，章惇问何出此言。苏轼说"能自拼命者能杀人也"，章惇听后大笑。

还有一次，两人一起在山中饮酒，忽然听人说前面有老虎。在章惇的撺掇下，两人借着酒劲儿骑马前去，离虎数十步之外，马不敢靠前了，于是苏轼返回。这时，他看到章惇不知从哪里找了个铜锣在石头上碰响，竟吓跑了老虎。

想到这里，苏轼笑了，当年他们还都是二十几岁，章惇那股子狠劲儿至今想起来都让他感到不可思议。苏轼一生起起伏伏，但是很少涉险，他爱惜生命，也从来不会想到去伤害别人。而章惇则相反，似乎总爱争天下先，想成为人群中最出色、最独特的那一个。

章惇能力突出，个性也狂傲，他参加科举的时候很轻易地就做到了别人梦寐以求的进士及第，然而因为族侄章衡考中了状元，他不愿居于族侄之下，竟然扔掉敕诰回家。两年后章惇再一次参加科举，名列一甲五名，开封府第一。后来，章惇累任官职，但因为他自傲固执、不愿同流合污的性格，一直受到排挤。直到熙宁二年，章惇被推荐给参知政事王安石，他才迎来仕途的上升期。王安石十分欣赏章惇的性格和能力，深感相见恨晚。开始变法后，章惇立即得到重用，不仅负责许多具体事项的推进，还一度进入决策层，参与制定财政机构的法规。这样的历练，也为他在王安石倒台后独当一面奠定了扎实的基础。

章惇和苏轼之间最著名的一次交集是乌台诗案。乌台诗案发生后，各方积极营救苏轼，如曹太后多次在神宗面前感叹苏轼兄弟人才难得至泣下；张方平、范镇不顾风险先后上疏，后来均遭处罚；弟弟苏辙愿以官职为兄长赎罪，被降职外迁……这时权臣王珪落井下石，对神宗说："苏轼曾经写过'此心惟

213

有蛰龙知'，他放着您这样的圣明天子而不敬，却反求诸蛰龙，这岂不是本末倒置？"神宗听后说，古来称龙的也不仅仅是皇帝，不还有荀氏八龙、孔明卧龙吗？王珪碰了一鼻子灰，悻悻而退。出来的时候，章惇截住王珪说："你想要灭人家苏轼的九族吗？"王珪推脱道："这是舒亶说的。"这个故事是苏轼听老朋友王巩说的，断不会假。他想在写给章援的回信中提一下这件事，告诉章援，他一直非常感恩章惇对他的支持。

然而，有件事他一直没有想通，他开始闪电般回忆自己和章惇数十年的交往中，究竟是哪里得罪了章惇，让这个当年的挚友对自己痛下杀手……东坡想了半晌，没有找到突破口。他当年因为一句玩笑得罪程颐，可是章惇这家伙不爱开玩笑，他打年轻时候就知道，自己也从来没有和他开过什么玩笑。那只能是站队问题了，章惇算是新党骨干，而他是旧党。可那是乌台诗案之前的划分，后来苏轼连司马光都顶了，况且那段时间的章惇是被逐出了朝廷……对！问题就出在这里了！

以章惇的性格，他看到落难的苏轼本可以拔刀相助；但是，他看到一路扶摇直上的东坡，立刻就受不了了。元祐时期是苏轼最高光的时期，章惇寂寂无名，这种强烈的反差让他非常不爽。而且，就在这段时间，苏辙曾经上过一个折子《乞罢章惇知枢密院状》，充当保守派攻击章惇的炮弹。而苏轼没有阻止这件事，说明他默许了。章惇能不记恨吗？再加上新上任的哲宗皇帝一心想要证明自己，首先需要拔除的就是元祐党人，章惇和哲宗此时拥有了共同的敌人——元祐老臣。

然而，章惇万万没有想到的是，看起来那么健硕的哲宗二十多岁就驾崩了。太后找几个权臣商议新帝王的人选，章惇一心想拥立哲宗的儿子，对于徽宗上台，他提了反对意见，认为徽宗为人做事过于轻佻。章惇真的是本性难移啊！苏轼不禁赞叹了一声。面对太后的询问，即便苏轼一样对徽宗不满，也未必有章惇的直肠子，一口气说出来。苏轼坐在案头感慨。这时，苏过已经研好了墨，他开始给章援回信了——

> 伏读来教，感叹不已。某与丞相定交四十余年，虽中间出处稍
> 异，交情固无增损也。

大意是：小章你放心，我没有记恨你父亲。

> 闻其高年寄迹海隅，此怀可知。但以往者更说何益，惟论其未然
> 者而已。

大意是：你父亲这么大岁数了被贬至岭南，你的心情我感同身受，别的不
说了，我们说说今后的生活吧。

> 主上至仁至信，草木豚鱼可知。建中靖国之意，又惮以安。

大意是：当今圣上至仁至信，连草木豚鱼都知道。你看，"建中靖国"这
个年号的意思就是让国家安泰、百姓安居。

> 海康风土不甚恶，寒热皆适中，舶到时四方物多有，若昆仲先于
> 闽客川广舟中准备家常要用药百千去，自治之余，亦可及邻里乡党。
> 又丞相知养内外丹久矣，所以未成者，正坐大用故也。

大意是：岭南温度适宜，物资丰富，我待了这么多年，其实没你们想的那
么坏。我建议你们兄弟多准备些药物过去，以备不时之需，也可以帮助邻里。
我的老朋友章惇深知修炼内丹和外丹的方法，这么多年忙于政务，没有时间修
行，这下有了大把的时间，正好可以用上了。

信是写给章援的，但章惇一定可以看到。东坡先生以最大的善意告诉这位
半生挚友半生惊梦的故人，该放下还是要放下。他原谅了章惇，就等于原谅了
整个世界。

平生功业：我的理想你不懂

苏轼北归途中，在镇江小住。他约了好友程之元、钱世雄一同到金山寺会

晤。他们一起凭吊了前任金山寺住持佛印禅师的舍利塔。东坡伫立塔前，久久无语。佛印和尚于元符元年（1098）圆寂，那时的东坡刚刚被贬到海南。

如今，他来到金山寺，再也听不到老朋友爽朗的笑声了。寺僧见东坡先生来了，热情迎接，其中一个僧人说他刚刚打扫完毕先生的房间。东坡以为寺僧要留他住下，忙说不必了，就是来走走看看。寺僧笑着说："学士误会了，当年佛印长老圆寂前嘱咐我们，为您专设一堂，并悬挂龙眠居士所画学士像，香火不断。我刚刚打扫完您的法堂。"

苏轼听后感念不已。他随着寺僧来到一间法堂，果然看到了自己的画像。这还是元祐时期他在汴京时，龙眠居士李公麟画的。画中的他坐在岩石上，一条藤杖斜横在膝上，神态微醉。苏轼回忆起来，那天是和李之仪同饮之后，李公麟为他画的。如今，十几年光景眨眼就过去了，画作上的黑发已然斑白。

钱世雄问寺僧要来文房四宝，东坡冲老朋友笑笑，提笔写下一首六言绝句：

> 心似已灰之木，身如不系之舟。
>
> 问汝平生功业，黄州惠州儋州。

两位老朋友和寺中僧人都不明其意，按理来说，东坡先生一生的辉煌要么是在京城的元祐时期，要么是先后两次在杭州，为何把平生功业放在了三个贬谪之地呢？东坡没有解释，洒然而去。

两个月之后，东坡先生离开了这个世界。而这首诗则无数次被后人提起，成为人们走进东坡精神世界绕不开的宣言。

黄州、惠州、儋州是苏轼一生被贬谪的三个地方，是他仕途最失败、生活最困苦的时期，却也是他文学创作最丰收的时期。黄州是东坡文学创作的井喷期，他在这里完成了伟大的"赤壁三篇"，一代文坛宗主横空出世。相比较而言，惠州和儋州似乎少了些光彩。事实上并非如此，他在惠州寓居两年多，所作诗词、序跋、杂文、书启等多达五百八十七首（篇、封），从写作频率来看，应该高于黄州，更远高于儋州，只不过这一时期的作品趋于平淡、从容。苏轼居琼期间共写出诗一百七十四首、散文一百二十九篇、赋五篇、颂十八篇、铭四篇，平均近两天写出一篇（首）。他到晚年仍然如此勤奋，实在是值得赞叹。

如果没有海南贬谪，东坡先生可能就在惠州恬然自适了。然而，造化弄人，他来到了"食无肉，病无药，居无室，出无友，冬无炭，夏无寒泉"的海南儋州。他早早向长子苏迈交代好后事，打算死在海南了。也正是有了这种直面死亡的坦荡，他才能以超脱的心境面对自己遭受厄运的一生，从而达到一种终极旷达境界。

初到海南时，他写了篇《试笔自书》：

　　吾始至南海，环视天水无际，凄然伤之曰："何时得出此岛耶？"已而思之，天地在积水中，九州在大瀛海中，中国在少海中，有生孰不在岛者？覆盆水于地，芥浮于水，蚁附于芥，茫然不知所济。少焉水涸，蚁即径去；见其类，出涕曰："几不复与子相见。"岂知俯仰之间，有方轨八达之路乎？念此可以一笑。

　　戊寅九月十二日，与客饮薄酒小醉，信笔书此纸。

"天地""九州""中国"不都是在"大瀛海"中吗？普天之下有谁不是"岛"上人呢？刚到海南岛，苏轼就生出宇宙浩瀚、人类渺小的感叹。渺小的生命个体很难把握自己人生的航向，但推而广之"有生孰不在岛者"，从而获得一种终极顿悟：既然人生皆如此，自己又何必耿耿于怀呢？这种"寄我无穷境"、超越自我的旷达境界，早在他被贬至黄州时就有所表现，只不过随着时间的推移变得更加突出了。

从黄州的超然到惠州的自适，再到海南的超拔，天才文人苏东坡完成的功业，不仅仅是世人所疯狂迷恋的文学，还有他精神世界和人格的自我完善。他深信，这才是他留给这个世界最有价值的礼物！

黄州、惠州、儋州是东坡苦难一生的缩影，也正是苦难造就了苏东坡，实现了从苏轼到苏东坡的转变。倘若没有这些苦难，以苏轼的才能，仕途必将一路扶摇，位列国相，成为韩琦、欧阳修一样的股肱之臣。这世间多了一位名相，也就失去了一位百姓最亲近的朋友——苏东坡，那个在逆境中给我们带来无限勇气的哲人。他说"眼前见天下无一个不好人"，不是在宽恕别人，而是在宽恕自己，使自己内心如澄明之境。命途多舛，但东坡的内心世界从来都是丰盈的，所以他直到生命的最后依然从容，毫无挂念，如一缕清风般逝去了。

黄州、惠州、儋州更是他精神境界得到升华、对生命意义探求最为深刻的地方。正是这三地成全了苏轼，使他历练出一种由寻求到坚守再到超越的伟大人格。

东坡临终说法：我相信我的自性是光明的

建中靖国元年六月十五日，东坡先生坐船沿着运河赶赴常州。他头戴小冠，身披一件半臂（背心），坐在船舱靠前处。天气有些炎热，再加上他身害热病，他只好一半身子探出船舱。他猛然发现，运河两岸挤满了当地的老百姓，他们对着船舱议论纷纷："这就是苏子瞻吗？""是啊，大学士从海外归来，怕是要被朝廷重用了！"……东坡先生对同行人讲："莫看杀轼否！"从这一被记录在《邵氏闻见录》中的故事可以看出东坡先生受人爱戴的程度。

谁知东坡先生的一句戏言，竟然一语成谶。他没有被看死，却在一个多月以后因病离世。

东坡先生似乎早有不祥的预感。

老友钱世雄是常州人，是与东坡先生相交数十年的朋友。他的父亲钱公辅文才出色，有名篇《义田记》流传不衰，并被收入《古文观止》一书。熙宁四年，苏轼在杭州通判任上去扬州看望老友钱公辅，临别钱公辅特意拜托苏轼：
"小儿钱世雄也在杭州做事，望你们能够成为好友。"苏轼自然一口应承，但谁
也没料到，仅在相隔一年的熙宁五年（1072）十一月，钱公辅便猝然离世，年
仅五十岁。自此，东坡和钱世雄一直有联系，并成为极为亲近的朋友。而今，
东坡选择在常州养老，得以和钱世雄朝夕相处，自然也是一件乐事。见到钱世
雄来接，东坡慢慢站起身来，对钱世雄说："万里生还，不料要以后事托付你
了。只是我与子由自从贬往海南，就不得再见一面，倘若就此永别，此痛难
堪，其余都无甚所谓。"停了好一阵子，他接着说，"我先前在海外写的《易
经》《书经》《论语》三部书稿，今天想要全部托付给你，希望不要拿给别人
看。三十年后，会有知者。"说完，他取出一个匣子，要打开却找不到钥匙。
钱世雄说："我如今终于有机会侍奉先生，不要马上就谈这些。"

稍作安顿之后，东坡先生向朝廷上表请求致仕，也就是要求退休，朝廷同
意了。

钱世雄几乎每天都在东坡先生的病榻旁陪他聊天，听他追述往事。讲到高
兴处，东坡的眉宇间会透出一种难以形容的秀爽之气。

转眼入了七月，当地久旱不雨。东坡先生命人拿出五代后蜀画家黄筌画的
龙，悬挂在中堂，他连续数日为百姓祈雨。这样的事情，东坡先生的一生经历
了很多次，凤翔求雨、黄州求雨、密州求雨……世上苍生架上书，东坡先生
心里永远装着。

七月初那几天，东坡先生的病情减轻了很多，他还写字送给钱世雄。未承
想十四日开始，病情突然加重了，夜里发高烧，十五日热毒发作，齿间出血如
蚯蚓无数。东坡停服了一切药物，只饮用人参茯苓汤，希望通过安神散结来培
养元气，唤醒身体的抵抗力来抵抗顽疾。

病象显示，东坡先生患的是痢疾，体内虚弱无比，仅用这样的方法来治疗
想来是于事无补。钱世雄四处求医问药，找来灵丹让苏轼服用。苏轼说，没用

的，便拒绝服用。

十八日那天，他把三个儿子都叫到跟前说："吾生无恶，死必不坠。"他相信自己一生的所作所为对这个世界是没有亏欠的，因此也就不担心死后会下地狱。他还告诫孩子们，生死本是平常事。

二十六日那天，老朋友维琳长老来探望。苏轼写了他生命中最后一首诗——《答径山琳长老》：

> 与君皆丙子，各已三万日。一日一千偈，电往那容诘。
>
> 大患缘有身，无身则无疾。平生笑罗什，神咒真浪出。

维琳不懂"神咒"的典故，此时苏东坡说话已不利落，故索笔书曰："昔鸠摩罗什病急，出西域神咒三番，令弟子诵以免难，不及事而终，后二日属纩。"这三十一个字成了苏东坡的绝笔。他对维琳长老说，当年鸠摩罗什在生命垂危的时候，让弟子们念诵西域神咒，然而最终也没能挽回鸠摩罗什的生命，两天后还是生西了。长老看到东坡的解释，默然不语。

二十八日，他听觉渐失，然而神志丝毫不乱。维琳在他耳边大声道："端明勿忘西方。"

他答道："西方不是没有，但个里着力不得。"

钱世雄在旁也凑近耳畔大声道："至此更须着力。"

他答曰："着力即差。"

钱世雄继续追问："端明平生学佛，此日如何？"

轼曰："此语亦不受。"

苏迈凑上前询问后事，却再也听不到回答。

苏轼遂此溘然而逝，时为宋徽宗建中靖国元年七月二十八日。

东坡先生临终时和维琳长老、钱世雄的对答，算得上著名的禅宗公案。这段著名的公案到底说明了什么？

有人从这段文字断定东坡非佛徒，连最基本的生西都不愿意。这种理解堪称肤浅。东坡先生一生与多位佛教高僧交往，诗文中多次出现对佛法的认知。他不仅是一位不折不扣的佛徒，还是一位有证悟的禅者。"着力即差"是东坡先生留给这个世界的最后一句告诫。他强调，不要执着于念佛生西，这是因为相信自性。他的弟子秦观曾言："苏氏之道，最深于性命自得之际。"

七月二十八日，似乎是东坡先生一生绕不开的数字魔咒。

元丰二年七月二十八日，他因乌台诗案被捕。

元丰八年七月二十八日，他的幼子苏遁病逝于江南舟中。

建中靖国元年七月二十八日，东坡先生永远离开了这个世界。一代巨星陨落，山河一恸，天地同悲。也恰恰从这一刻开始，东坡先生获得了新生。他留给这个世界的诗文、故事鼓舞了一代又一代人，至今被人津津乐道。他光明的自性、达观的品格照耀着越来越多的人走出迷茫，走向光明。

第十五章

无处不在

心态王者苏东坡一生的故事讲完了，然而，我无法画上句号。

他二十岁天下闻名，一千年后的我们依然对他津津乐道。

他究竟长什么样？"赏心十六乐事"真的是他说的吗？"庐山烟雨浙江潮"真的是他写的吗？

不要以为只有今天的我们对东坡先生如此着迷，宋代大诗人陆游、元代书坛"一哥"赵孟頫、明代思想家（"童心说"的提出者）李贽、清代艺术家翁方纲和书法家伊秉绶等人，都是东坡先生的"迷弟"。

不要以为我们只能在东坡先生的诗文和故事中寻找他，《三国演义》《水浒传》《红楼梦》中都有他的存在。

无处不在的东坡先生，从来没有离开过我们。

苏轼长啥样：三十年前，我是风流帅

苏东坡到底长什么样子呢？是高是矮，是胖是瘦，是大长脸还是圆脸？这个问题，不光我们感兴趣，东坡先生离开这个世界以后，千百年来，无数喜爱他的人都关心这个话题。

东坡先生本人也非常关注自己的形象。早在元丰元年（1078），苏轼在徐州任上的时候就有一位画家从商丘赶来为他画像，这位画家名叫程怀立。他是一位画人物非常有名的画家。苏轼为了让程怀立迅速捕捉到自己的特点，还专门写了一篇《传神记》，提前给程怀立看。他从顾恺之的"传神写照"说起，希望程怀立可以抓住自己的神。那么，苏轼自己认为的"神"在哪里呢？"吾尝于灯下顾自见颊影，使人就壁模之，不作眉目，见者皆失笑，知其为吾也。目与颧颊似，余无不似者。眉与鼻口，可以增减取似也。"大意是：我常常在灯下看到我的影儿，最突出的是我的大颧骨。我让人对着墙上的影子把我的脸形勾画出来，不画眉毛和眼睛，见到的人都说是我。可见，只要把大颧骨画对了，其他的都没那么重要。

程怀立画的苏轼究竟啥样，可惜我们都没看到。但这个故事告诉我们，苏轼很在意自己的形象，怕人给他画写真的时候画不出神采。

"三十年前，我是风流帅。"这是四十八岁的苏轼在《蝶恋花·送潘大临》一词中自夸的词句。这很容易让人联想起2012年的电视剧《苏东坡》中陆毅所扮演的苏轼，似乎就是"风流帅"这一形象的完美演绎：风流倜傥、儒雅帅气，再加上一点淡淡的忧郁……不过"帅"在古代是没有相貌英俊这个意思的，而是"元帅、统帅"或"表率、楷模"的意思，这里苏轼实际是自夸"风流至极"，当然主要是文采风流，而不是说行为放荡。

"去年一滴相思泪，至今流不到腮边""口角几回无觅处，忽闻毛里有声传"是明冯梦龙《醒世恒言》中苏小妹戏谑苏轼"长脸、大胡子"的诗句，如此形象与好看是沾不上边了。而苏小妹则是戏曲、民间故事中虚构的人物，对苏轼相貌的描绘似乎并不可信。

张大千仿元代画家任仁发笔意所绘的《东坡居士笠屐图》，其中的苏轼就是"长脸、大胡子"的形象，同时身材伟岸、形态豪迈，似乎又很符合现在人们心目中苏轼"伟大"的形象。然而，对比张大千多幅苏轼画像和其自画像，就知道完全是同一形象，实际他一直把苏轼这个出色的老乡当作人生的楷模和偶像，他对自己的形象是非常接受的，于是，完全按自己的形象来塑造苏轼的形象。

林语堂在《苏东坡传》中对苏轼形貌的描绘是这样的：

> 兄弟二人，气质不同，形貌各异。子由高大，丰满的圆脸，两颊附近的松肉很多，而东坡则健壮结实，骨肉匀停。由他的画像，我们不难判断，他大概是五尺七八寸身高，脸大，颧骨高，前额高大，眼睛很长而闪闪发光，下巴端正，胡须长而末端尖细。最能透露他特性的，就是他那敏感活动、强而有力的嘴唇。他的脸色红润，热情洋溢，会由欢天喜地的表情一变而成抑郁沉思的幻想状。

文中所说是按苏轼的"画像"进行描述的，那根据的是什么画像呢？现在常见的《苏东坡传》汉译本中，很多配图用的是赵孟𫖯画的苏轼像，形貌确实比较吻合，不过赵孟𫖯所画形象似乎比例不太合适，显得人物头大、身短。

而英文原版书中所配画像《扶杖醉坐图》，是经过清初著名学者翁方纲鉴定过的，他认为此图比较接近苏轼的原貌。这幅图像据传是依照李公麟的原画，由翁方纲请友人朱鹤年临摹的。黄庭坚《跋东坡书帖后》说："庐州李伯时（李公麟）近作子瞻按藤杖，坐盘石，极似其醉时意态。此纸妙天下，可乞伯时作一子瞻像，吾辈会聚时，开置席上，如见其人，亦一佳事。"此幅画像与黄庭坚所说的"按藤杖""坐盘石""醉时意态"是高度吻合的。

四川眉山三苏祠博物馆藏明代所刻传为李公麟所绘的《苏东坡盘陀画像碑》，与上述《扶杖醉坐图》中的苏轼形象也大致吻合。

现存最早的苏轼画像，见于北宋画家乔仲常绘制的《后赤壁赋图》。这幅图描绘的是大场面，并非专为苏轼画像。由于他的绘画师从李公麟，因此画出的苏轼形象也与李公麟画作摹本中的形象基本相同。

根据上述画作中的东坡形象，再比照苏轼本人和当时其他人的有关记载，我们大致可以推演出苏轼的容貌、身材特点：

一、身材相对颀长。苏轼的弟弟苏辙曾说"颀然仲与叔"，这里的"仲"指的是苏轼，"叔"自然指的是苏辙。他们兄弟出生之前有一个哥哥夭折了。林语堂的《苏东坡传》中曾估算说苏轼的身高为五尺七八寸，这本书用英文写成，自然是西方的计量单位，折算下来大致为一米七至一米七三。

二、颧骨高耸，两颊清瘦。这是苏轼在《传神记》中说的，说高颧骨是他最为显著的特征。

三、脸部较长。米芾在《苏东坡挽诗》中说"方瞳正碧貌如圭"，圭是古代帝王或诸侯在举行典礼时手持的一种玉制礼器，其造型特征是长条形，上尖下方。挽诗不可能胡写，这和民间流传的苏小妹讽刺苏轼的大长脸也是相吻合的。

四、胡须稀疏。后世很多人把东坡画成络腮胡子，这是不符合实际情况的。明人李东阳、清人翁方纲都分别指出此为误传。宋人邵博创作的回忆录

《邵氏闻见后录》中记载，秦观多髯，苏轼取笑他。秦观机智地说："君子多乎哉！"这是借用《论语》成句，表明"多髯"者是"君子"。苏轼立即用《论语》的另一成句"小人樊须也"来进一步打趣，用的是"樊须"与"繁须"的谐音梗。这则笑话正表明苏轼自己不是"多髯"。

整体来说，东坡先生并非奶油小生，高高的颧骨突显他的刚毅和果敢，稀稀疏疏的胡子是他的文人特征，眉清目朗，他的眼神一定是深邃而动人的。

历代画作中，展现苏轼形象时最常用的道具是竹杖和笠屐。或许是因为他曾经写出过"竹杖芒鞋轻胜马"，所以在后世文人、画家心中，苏轼风雨中策杖前行的形象是其性情最好的写照。笠屐是苏轼在海南岛的形象，头戴斗笠，脚穿木屐，活脱脱一个海南土著。这是他文人之外的亲民本色，是回归自然的表现。

无论哪一种形象，我们都能在历代画作中找到。苏轼真的是"风流帅"，总是用他的率真和智慧一次次引领风潮。

以"呵呵"化解尴尬，胜过千言万语

我们今天的网络交流中经常出现"呵呵"一词。"呵呵"原本是象声词，形容笑的声音。不过，在现今的聊天中极少用到其本意，一般来说，表达的是不失礼貌的应对和敷衍。只要交流中的一方率先打出"呵呵"二字，也就意味着把天儿聊死了。

可你能想到吗？早在九百多年前，"呵呵"一词已经被东坡先生在他的北宋朋友圈里用得风生水起，东坡先生堪称"呵呵"世界里的骨灰级高手。他在给朋友写信的时候，常常冷不丁冒出"呵呵"二字，让交流立即变得轻松起来。个中情感极为丰富，尤以自嘲为多。据统计，"呵呵"在东坡先生的书信里总共出现了四十五次之多。

我把这些"呵呵"做了大致的分类，和各位读者朋友分享。

第一类是自得型的，夸自己，夸完了还有点儿不好意思，包括文采自得和做饭自得。

我们先说说文采自得——

他在写给陈季常的信里说："一枕无碍睡，辄亦得之尔。公无多奈我何。呵呵。"意思是只要晚上睡得舒爽，写词只是小意思。

他写信给鲜于子骏说"近却颇作小词，虽无柳七郎风味，亦自是一家。呵呵"，表达自己的词虽无婉约派的风味，但自成一派。"呵呵"是一种解嘲，也彰显他另辟蹊径的自信和豪放。

他在海南岛给老朋友王定国写信，"某既缘此绝弃世故，身心俱安，而小儿亦遂超然物外，非此父不生此子也。呵呵"。这里的"呵呵"，首先是解嘲，然后还有一点小小的骄傲和自得。

再说说做饭自得吧——

作为资深美食家，他时常在书信里慷慨分享自己的烹饪方法，或是煮鱼，或是做羊脊骨，或是熬制美味的粥。写完之后，往往"呵呵"一下。言下之意，你看我厉不厉害？你照我说的做，你也是美食家了！《与钱穆父书》中有"不敢独味此，请依法作，与老嫂共之。呵呵"。《与陈大夫书》中有"不敢独享此福，辄用分献，想当纳领也。呵呵"。

第二类是化解尴尬的，包括拒绝别人和死皮赖脸两种情况。

东坡先生是一代文坛宗主，而且，在文化艺术多领域里有杰出的成就，正所谓"树大招风"，才华也的确给他招来了麻烦，比如向他索求字画的人比比皆是。东坡先生戏称为"笔墨债"，而他打心眼儿里又不愿意"偿债"，这时，他会顾左右而言他，想办法赖掉。比如他在一封信里拒绝钱穆父，"承录示元之诗，旧虽曾见之，今得公亲书，甚喜。令跋尾。诗词如此，岂敢挂名其间。呵呵"。《与孙子思》中有"余空纸两幅，留与五百年后人作跋尾也，呵呵"。

等他自己跟好友要字要画时，腰杆子不知怎么又硬了很多，比如跟他的老表哥文与可，他是真不客气，"不尔，不惟到处乱画，题云与可笔，亦当执所惠绝句过状，索二百五十匹也。呵呵"，意思是说你这个大表哥要是不给我画，我就自己到处乱画，而且还要署名文与可。这还不够，你在一首绝句中可是答应了要给我画的，我会把这首绝句作为证据交到官府那里，让官府罚你二百五十匹绢。最后不忘"呵呵"。摊上这样的表弟，估计不苟言笑的文与可也会被逼得"呵呵"两声。

第三类是互通有无时，表现得如同孩子过家家一般的童真。

不仅苏东坡四处游宦，他身边一些朋友也到处为官。红尘羁旅本是辛苦事，东坡却总是先想到吃。这怕是受了张翰思鲈的影响吧。为了美食，张翰连官都不做了，苏轼找朋友要点儿当地的土特产，总不至于太过分吧。比如表哥程正辅自从在惠州与他恢复往来之后，收到东坡索要各种物品的信件就多达二十几封。苏轼给人写信索要物品，向来理直气壮，从不"呵呵"。到了他给别人寄送物品的时候，表情立刻丰富了许多。他写信给李公择："若要瓜蒲，到任后寄献。呵呵。"言下之意是你要有足够的耐心等待。有一次给另一位大表哥文与可送了两只船一样的酒杯，还没忘了调侃一下："有药玉船两只，献上，恰好吻酌，不通客矣，呵呵。"意思是我送你的船，只能喝酒，不能载客人，呵呵。

第四类是自我解嘲。

苏轼是心态王者，无论处在什么样的逆境中，总能迅速转念，苦中作乐。这时候，他自我解嘲的精神就占据了上风，而且他还喜欢和朋友分享，末了还不忘"呵呵"一下，这同时也是对人对己的一种宽慰。

他写给程秀才的信里说："儿子到此，抄得《唐书》一部，又借得《前汉》欲抄。若了此二书，便是穷儿暴富也。呵呵。"他写给毅父宣德的信里说："负暄独坐，醺然自得，恨不同此佳味也。呵呵。"

第五类是"腕儿"级别的玩笑。

他给米芾写信:"皆超然奇逸,笔迹称是,置之怀袖,不能释手。异日为宝,今未尔者,特以公在尔。呵呵。"意思是你的诗和字好啊,以后肯定是宝贝,现在之所以还不是,只是因为你尚在人间!不知道米芾这大腕儿接到信是开心还是崩溃。

此外,还有一些莫名其妙的"呵呵"时常出现在苏轼的书信中。

纸笔构建的朋友圈里,苏东坡的"呵呵"冷不丁地蹦出来,在很大程度上活跃了气氛。他的"呵呵"一笑,穿越千年时空,余音袅袅。

有人说,苏轼并非第一个使用"呵呵"的人,还找出来很多例子。比如,诗人韦庄在《菩萨蛮·劝君今夜须沈醉》中称:"遇酒且呵呵,人生能几何!"也有人说,在米芾著名的《葛君德忱帖》中,看见过"呵呵"二字的墨迹。曾有人考证,在《晋书》中就有关于"呵呵"的记载,石宣"乘素车,从千人,临韬丧,不哭,直言呵呵,使举衾看尸,大笑而去"。

东坡先生并没有心思和谁去争第一,他的"呵呵"更像是随性而为,让我们感受到春风一般的旷达和自得。真希望时光可以倒流,如果真能和东坡先生在同一个时代,写信的时候,我一定抢着先写"呵呵"。

被附会的东坡:我什么时候代言了这么多?

明代戏曲家汤显祖的代表作品《牡丹亭》,可谓家喻户晓。其中有一段唱词,即便是没有读过《牡丹亭》的人,也一准儿听过——

> 良辰美景奈何天,赏心乐事谁家院,则为你如花美眷,似水流年。

良辰美景与赏心乐事,堪称中国古代文人最痴迷的人生况味。良辰美景好理解,指好天气和好景致,那么赏心乐事指的是什么呢?是吃茶,还是饮酒？是登山，还是闲聊？

如果你继续问下去，一定会遭到师长的训斥，不好好读书！没看到东坡先生总结的"赏心十六乐事"吗？你上网一查，还真有——

清溪浅水行舟，微雨竹窗夜话。暑至临溪濯足，雨后登楼看山。

柳阴堤畔闲行，花坞樽前微笑。隔江山寺闻钟，月下东邻吹箫。

晨兴半柱茗香，午倦一方藤枕。开瓮不逢陶谢，接客不着衣冠。

乞得名花盛开，飞来家禽自语。客至汲泉烹茶，抚琴听者知音。

不得了，东坡先生总结得实在太到位了，几乎囊括了我们能想到的一切风雅事，而且用词极为精准。

倘若可以过上这种日子，那真是神仙了。不过，我查了东坡先生的作品集，并没有发现他有这样的总结。可是打开搜索工具，不少人都认为这段文字出自苏轼笔下，为什么会这样呢？其实不难理解，我们仔细回味一下其中的内容就知道了。宋代是一个文学艺术高度发达的时代，休闲娱乐的精神享受更是历史上独树一帜的。其中以东坡为代表的北宋文人，从美食到宋人四艺，再到文人九雅，几乎涉猎了休闲娱乐的各个方面。要说在北宋这些人中选出一个代表，东坡当仁不让。而上面的"赏心十六乐事"，更是对生活中无处不在的美好事物的总结和理解，要是选一个最能懂得其中三昧的人，那无疑是东坡最合适了。而且，这"赏心十六乐事"中提到的所有风雅行为，在苏轼的诗文中都可以轻易寻见。不得不说，这场附会的确是高水平的。

除了"赏心十六乐事"，还有一首特别有名的诗，也被附会到东坡先生名下了。这就是那首被很多人当作东坡先生绝笔的《观潮》。

庐山烟雨浙江潮，未至千般恨不消。

到得还来别无事，庐山烟雨浙江潮。

此诗被很多人讲述过，还讲得非常有画面感，说苏轼在弥留之际把三个儿子叫到身边，吟出了这首诗。目的在于告诉孩子们，人生有很多风景，我们没有见到的时候，特别想见到，真的有朝一日见到了，也不过如此。此诗意境内涵与艺术技巧的确非同凡响，以至于我在相当长的时间里也认为它出自苏轼之手，然而非常遗憾的是，这的确是一首附会的诗。不仅苏轼诗集里没有这首诗，纵观中国古代各种东坡先生诗文集的选本，也没有一处见到此诗。近年来，随着网络媒体大量传播此诗，以至于人们确信无疑了。近年来所有引用此诗者均无准确出处，有些学术文章引用时所注明的"出处"均为现当代新著，追根溯源，并无实据。目前能够找到的这首诗最早的出处是经由日本禅僧编辑汇总而成的《禅林句集》（又名《句双纸》）。国际人文学会（加拿大）主办的《文化中国》2021 年第 3 期刊登了中国苏轼研究学会副秘书长李公羽的论文 ——《"庐山烟雨浙江潮"并非苏轼作品》，这篇长达一万六千字的论文论据充分，证实了这首《观潮》是附会之作。

除了诗文，连东坡的亲人也没放过。明代冯梦龙在《醒世恒言》里就给东坡先生编出了一个妹妹 —— 苏小妹。

现存的苏轼亲笔信件中，所寄大多是弟弟苏辙，从未提起有这个"妹妹"，再看东坡的传世诗词中，也并无一篇提及。或许是后人仰慕苏家一门的文学才华，更为了增添苏轼故事的流传性，便生生编了活泼可爱的苏小妹出来，其中最受人喜欢的故事莫过于他们兄妹二人的斗嘴日常了。

一天苏东坡拿妹妹的长相开玩笑，形容妹妹的凸额凹眼是：

> 未出堂前三五步，额头先到画堂前。
>
> 几回拭泪深难到，留得汪汪两道泉。

苏小妹嘻嘻一笑，当即反唇相讥：

> 一丛哀草出唇间，须发连鬓耳杳然。
>
> 口角几回无觅处，忽闻毛里有声传。

苏小妹觉得只说胡须还没有说到痛处，后来想到了哥哥的大长脸，又回击一首：

天平地阔路三千，遥望双眉云汉间。

去年一滴相思泪，至今流不到腮边。

苏轼一听大笑不已。

为什么都喜欢在东坡先生身上做文章呢？我想，是因为他凭借卓越的文艺才能和尤为可贵的乐观、豁达心态，赢得了无数追随者的心，成为千百年来文化领域中最接地气的文人。

"东坡迷"陆游：为了成为更好的自己

说起南宋爱国诗人陆游，你的第一印象是什么？爱国，豪迈，专情。"王师北定中原日，家祭无忘告乃翁"，诗句里凝聚着诗人何等深沉、执着的爱国之心。

他还有一个身份：东坡迷。

他和东坡先生一样，深深爱着自己的祖国，然而残酷的现实却让他一再不得志。

南宋乾道七年（1171），被弃用了四年之久的陆游被重新起用，朝廷任命他去四川担任夔州（今重庆奉节）通判。这一年，陆游四十七岁。他带着一家老小从山阴（今浙江绍兴）出发，赶赴夔州。经过黄州时，陆游放慢了赴任的脚步，他游览了赤壁，参观了东坡。

陆游是见诸史料的第一个来到黄州凭吊东坡的文人。陆游游览东坡之后，写下了《入蜀记》，记载了一路的见闻。而更让人感怀的，则是陆游写下的《自雪堂登四望亭因历访苏公遗迹至安国院》一诗，诗中最后两句是：

名花亦已天上去，居人指似题诗处。

九十一翁不识公，我抱此恨知无穷。

大意是：我向安国寺九十一岁的老僧景滋问起东坡先生，他说他也无缘见到，因为东坡先生离开黄州的时候，他还是个年仅四岁的孩子。定惠院已经荒废，海棠花也没有了，陆游深感物是人非，无限感伤。

东坡先生那首著名的《定风波·莫听穿林打叶声》作于被贬至黄州后的第三年。当时的东坡因心中寂寥，见景抒情，从自然现象谈到了人生感悟和人生哲理。其中"一蓑烟雨任平生"等句为人所熟知。半年之后，东坡又填写了一首《临江仙·夜饮东坡醒复醉》，"小舟从此逝，江海寄余生"使得负责管束他的黄州知州徐君猷听后大吃一惊，以为这个罪官逃走了。热爱东坡的陆游也曾在自己的诗句多处用上了"一蓑"。在《题绣川驿》一诗中，陆游写出了"会买一蓑来钓雨"的句子；而在《舟过小孤有感》一诗中，他则写出了"商略人生为何事，一蓑从此入空蒙"。这些俨然是苏轼"一蓑烟雨任平生""小舟从此逝，江海寄余生"那几句的翻版。

在陆游的文集中，出现了大量他为苏轼写的跋文，仅《渭南文集》中就有十四篇关于苏东坡的跋文。不仅如此，陆游还为东坡写过小品文、像赞和序文，他甚至把东坡的法帖编成《东坡书髓》，以供自己随手翻阅、欣赏。

陆游还喜欢用和苏轼一样的名字。据说，陆游闲居故乡之时，有个主管"成都府玉局观"的虚职，但他却在落款里特地写上了"玉局祠吏陆某"的字样。试看《陆放翁全集》，在文后署职衔的情况并不多见，何况是这样一个在家闲居的虚职，对他来说又有什么荣光可言？然而不要忘了，大家笔下纵有千言，但绝不轻下一字。究其原因，竟是苏东坡也曾做过主管"成都府玉局观"的虚职。苏东坡曾以"玉局翁"的身份作自嘲诗一首，道："镜湖敕赐老江东，未似西归玉局翁。"陆游也口占一首诗，道："放翁白发已萧然，黄纸新除玉局仙。"

对于陆游的痴迷，好友范成大不由得叹道：只有陆游才最懂苏东坡，最能"发明东坡之意"。

陆游的《老学庵笔记》里收录了一篇《世言东坡不能歌》的文章，说"世言东坡不能歌，故所作乐府词多不协"。陆游在文中反驳道："公非不能歌，但豪放不喜裁剪以就声律耳。"在他看来，东坡先生根本就不会太在意唱词者的感受，东坡先生的豪放词为什么要迁就约定俗成的婉约一派的规矩呢？情感的表达不是比对格律的刻意遵守更重要吗？这辩白说得有理有据，仿佛他曾经和东坡见过面，专门讨论过这件事一样。这样努力地为偶像鸣不平，不是"铁粉"又能是什么呢？

陆游认为，一般人作诗，越到老年越故作深沉。而东坡先生则不同，越到老年，越是身处逆境中，越是飘逸狂放，嬉笑怒骂皆成文章。这是东坡的"真"，被陆游准确地把握到。陆游喜爱东坡先生的诗词而无法自拔。

"东坡迷"赵孟頫：
当元朝书坛"一哥"遇到宋朝书坛"一哥"

赵孟頫是元代初年著名书法家、画家和诗人，他一生的艺术成就非常高，高到让人不能理解。各位都听过"欧颜柳赵"楷书四大家的并称吧？前三位都是唐代的大书法家：欧阳询、颜真卿、柳公权。他们的楷书段位堪称天花板，可偏偏第四位是元朝人赵孟頫。

我在学习书法的时候就有这个疑问，为什么不是褚遂良，或者是更早的钟繇？很多年都想不通，但我还是习惯性地把"欧颜柳赵"的组合挂在嘴边上，因为约定俗成的力量太不容忽视了。仔细看看赵孟頫的楷书，其实已经不是严格意义上的楷书了，有了相当浓郁的行楷的味道。我想这个组合一定是元代人给出来的，这也从一个侧面说明赵孟頫在元代的艺坛上是不折不扣的天花板级别的明星。换句话说，元代如果没有赵孟頫，艺术史将失去一大半光彩。

历史上有不少人诟病他，说他原本是宋室宗亲，却被忽必烈提拔当官，违背了一臣不事二主的原则，是贰臣。傅山就曾大骂赵孟頫人品、书品都差，但到了晚年还是改口了，因为赵孟頫的书法境界的确不是他可以追得上的。

以这样的道德观念来评价一个人的艺术，本身就是不可取的。也有人为赵孟頫鸣不平，认为赵孟頫进入元朝当官是为了保留优秀的汉文化。

赵孟頫博学多才，能诗善文，工书法，精绘艺，擅金石，通律吕。绘画开创元代新画风，被称为"元人冠冕"；书法上善篆、隶、真、行、草书，领元代风骚，这很像苏轼。黄庭坚称苏轼为"真神仙中人"，元世祖亦惊呼赵孟頫为"神仙中人"；黄庭坚认为苏轼"本朝善书，自当推为第一"，鲜于枢则推崇赵孟頫书法为"本朝第一"。

那么，"元朝书坛一哥"遇到"宋朝书坛一哥"，又是怎样一番波澜壮阔的景象呢？

赵孟頫最为凸显的才华是书法，因此，二人在书法上的交集最多。古人写字，一般是以手札和文学创作为主要目的，更注重实用性。抄写他人作品的情况相对较少，一般来说，能够被书家抄写的都是了不起的传世作品，比如王献之抄写曹植的《洛神赋》、柳公权抄写《金刚经》、岳飞抄写诸葛亮的《出师表》，苏轼抄写得最多的是陶渊明的《归去来兮辞》。到了赵孟頫这里，他除了抄写经典如《道德经》《金刚经》，抄得最多的就是苏轼的作品了，如《赤壁赋》《道场诗帖》《苏轼古诗卷》《苏轼西湖诗》《烟江叠嶂诗卷》等，足见他对东坡文采之重视。

抄写自己偶像的作品是一种行为学，表示欣赏，表示崇拜，胜却语言无数。然而，不说两句话表表心迹，终究是差强人意。题跋是表明心迹的最好方法。随着赵孟頫的名气越来越大，一些藏家找上门来，将所藏苏轼真迹拿来请他题跋。这让赵孟頫感到很过瘾。如跋苏轼《中山松醪赋卷》："观东坡书法，高出千古，而笔势雄秀，骨肉停匀，真得书家之味者，非鄙俗所能拟议。此卷精妙尤入神品，信是人间至宝也。"跋苏轼《治平帖》："右二帖苏东坡早年真迹，与其乡僧者也。字划风流韵胜，难与暮年同论。情文勤至，尤可想见。故是世间墨宝。"

赵孟頫在《论宋十一家书》中说："东坡书如老熊当道，百兽畏伏。"很多人不理解，文采风流的赵孟頫为何说出这样不太美的比喻来呢？可是仔细端详东坡的书法，你会不会觉得那些总体相对宽扁的字气象非常端重呢？端重之余，笔画又不失飘逸灵动——看着像熊，可是你未必有它灵活。这样一想，赵孟頫的比喻可谓再恰当不过了。

说了书法，我们再来谈谈画。赵孟頫是元代大画家、画坛圣手，他留下来的传世画作非常多，而且他还有一个画画很好的妻子管道升。夫妻互相鼓励，互相支持，真是羡煞旁人。

赵孟頫的画作题材广泛，人物、山水、花鸟均有涉猎，整体来说属于文人画的范畴。中国的文人画在世界艺术史上是一个独特的现象。关于文人画的起源，因标准不一，说法也就不尽相同。有人把文人画的起源追溯到顾恺之那里，这是从作画者身份属性来说的。顾恺之的确是文人，但他的画是以佛教题材为重的。苏轼在评点王维和吴道子的画作时鲜明指出："吴生（吴道子）虽妙绝，犹以画工论。摩诘（王维）得之于象外，有如仙翮谢笼樊。吾观二子皆神俊，又于维也敛衽无间言。"这是东坡二十六岁签判凤翔府任上所作《王维吴道子画》中的诗句。东坡推崇王维"得之于象外"，就是绘画摆脱一切束缚以抒怀。

此外，在一些诗文中，苏东坡也不止一次表明他的文人画主张："能文而不求举，善画而不求售，文以达吾心，画以适吾意。"这使中国绘画发展的方向发生了根本性的改变。

赵孟頫在接受苏轼文人画主张的基础上提出"古意"和"书画同法"，认为"作画贵有古意，若无古意，虽工无益。今人但知用笔纤细，傅色浓艳，便自谓能手，殊不知古意既亏，百病横生，岂可观也？吾所作画，似乎简率，然识者知其近古，放以为佳"。他所追求的"古意"，着重于笔墨风格和艺术趣味。赵孟頫的影响是划时代的，不仅同时代有许多文人和画家追随他，直至明清，他依然是一个标杆式的人物。

不知道是巧合还是必然，在《元史·赵孟頫传》中出现了这么一句话，也足以见证苏东坡和赵孟頫的渊源。"帝（元仁宗）尝与侍臣论文学之士，以孟頫比唐李白、宋苏子瞻。又尝称孟頫操履纯正，博学多闻，书画绝伦，旁通佛、老之旨，皆人所不及。"

赵孟頫在抄写东坡先生的《前后赤壁赋》时，先为偶像画了一幅小像。纵观赵孟頫一生的传世作品，受到这待遇的还有一个人，就是老子。他在抄写《道德经》时，为老子画了一幅画像。赵孟頫笔下的东坡先生为高颧骨，双目有神，文人胡子，头戴东坡帽，手持筇杖，身材微微发福。这是被后人征引最多的东坡像之一。

东坡一生坎坷，但能进退随缘，积极面对人生，可谓是大了悟者。这从其文、其字中也鲜明地流露出来。他的雄文、法书转而又影响了他之后的很多文人，人们因他的积极而积极，因他的了悟而了悟。这大概就是所谓的文脉相承吧。

赵孟頫便是得东坡之神者。他的一生经历了"国破山河在"的动荡，空有一腔抱负而难得伸张。因此，他的很多文学艺术作品都隐隐透露出一种淡淡的"悲婉"之气。虽然后来遇到了赏识他的元仁宗，但济世之志依然没有得以实现。这对于他来说是深深的遗憾。然而，这对于艺术家而言，恰恰是独特的心灵体验。他晚年的书法作品已经呈现出难得的"老辣"气象。这一点和东坡极为相似，经历了一贬再贬的东坡先生晚年在海南所写的《渡海帖》，也呈现出前所未有的美学精神。有人评价说，此帖已得山海波涛之气。

东坡先生和赵孟頫在各自的世界里努力前行，成了中国文化长河中令人眼前一亮的大师。"雪飞炎海变清凉"，两位隔代艺术大师的相遇是如此耐人寻味。

"东坡迷"李贽：坡仙的"童心"是我前进的动力

　　明代思想家李贽，号卓吾，是"童心说"的提出者。他在我国思想史上有着非常重要的地位。

　　他几乎算得上当时的一代文宗。"文坛巨子"袁宏道、袁宗道、袁中道三兄弟专程跑到湖北麻城龙湖问学，陪他一住三个月。他讲学的时候，用"万人空巷"来形容也不过分。袁中道在《跋李氏遗书》中，将苏轼与李贽并论，认为二人性情与经历都有相似之处。李贽的才趣不如苏轼，但对抗世俗的胆力更胜一筹，当然其结局也就更加悲惨。

　　对于李贽，人们最熟悉的就是他提出的"童心说"。他以"童心"的标准否定六经四书的权威地位，认为只有未失"童心"者，才有资格和自己谈论文章，只有"出于童心"者才能成为"天下之至文"。

　　那么，谁符合李贽心目中"童心"的标准呢？苏轼就是屈指可数的其中一位。对于苏轼，李贽一向倾慕，他在《复焦弱侯（焦竑）》中说：

　　　　苏长公何如人，故其文章自然惊天动地。世人不知，只以文章称

　　之，不知文章直彼余事耳，世未有人不能卓立而能文章垂不朽者。

　　李贽认为东坡的文章可以惊天地泣鬼神，然而世上的人只会夸东坡文章写得好，其实人们不知道，东坡写文章只是他在为民请命之余喜欢做的事。李贽认为只有像苏轼这样襟怀坦荡、顶天立地的人物，才能写出不朽的传世文章。

　　明代周晖在《金陵琐事》中记载："（李贽）常云：'宇宙有五大部文章：汉有司马子长《史记》，唐有杜子美集，宋有苏子瞻集，元有施耐庵《水浒传》，明有李献吉集。'"李贽将汉司马迁《史记》、唐杜甫诗集、宋苏东坡诗文集、元施耐庵《水浒传》、明李梦阳诗文集，并称"宇宙五大部文章"。

　　李贽在他的名著《藏书》中专门论及苏轼，在他看来，历史上有三位文人可以并称"三子"，他们是晋代的谢安、唐代的李白和宋代的苏轼。这三人不

仅可以称为"三子"，甚至称"人龙""国士""万夫之雄"也不为过。一般人想学习东坡，可不是轻易能学来的。

更有意思的是，李贽把历史上的大诗人分成"狂者"和"狷者"两类："李谪仙、王摩诘，诗人之狂也；杜子美、孟浩然，诗人之狷也。韩退之文之狷，柳宗元文之狂，是又不可不知也。汉氏两司马，一在前可称狂，一在后可称狷。狂者不轨于道，而狷者几圣矣。"李贽还把苏轼和苏辙两兄弟分为两类，他认为苏轼是"狂者"，而苏辙是"狷者"。这种分法有些出人意料。

李贽极度欣赏苏轼，除了在文章著作中再三高度评价苏轼，亦曾选录苏轼著作而编为《坡仙集》。他在与友人的书信中亦屡次谈及此书，如《寄京友书》："《坡仙集》我有披削旁注在内，每开看便自欢喜，是我一件快心却疾之书，今已无底本矣，千万交付深有来还我！大凡我书皆为求以快乐自己，非为人也。"又如《与焦弱侯》："《坡仙集》虽若太多，然不如是无以尽见此公生平。心实爱此公，是以开卷便如与之面叙也。""每开看便自欢喜""快心却疾之书""心实爱此公""开卷便如与之面叙"，这些语句饱含着深情，由此可见李贽与苏轼相契相印。

此外，他更强调《坡仙集》之选文，与世人对苏文之取舍颇有不同："弟于全刻抄出作四册，俱世人所未尝取者。世人所取者，世人所知耳，亦长公俯就世人而作者也。至其真洪钟大吕，大扣大鸣，小扣小应，俱系彼精神髓骨所在，弟今尽数录出，间时一披阅，平生心事宛然如见，如对长公披襟面语，朝夕共游也。"相较于世人之所知所取，李贽认为自己的选文才是真能见苏轼"平生心事""精神髓骨"之文章。

焦竑在《刻坡仙集抄引》中盛赞李贽诠择评点之功：古今之文至东坡先生无余能矣……独其简帙浩繁，部分丛杂，学者未睹其全，而妄以先入之言少之，故先生之文，学者未尽读，即读而弗知其味，犹弗读也。卓吾先生乃诠择什一，并为点定，见者忻然传诵，争先得之为幸。大若李光弼一入汾阳之军，而旌旗壁垒无不改色，此又一快也。

从焦竑的角度来看，李贽对东坡文章的选裁和批注不仅有功于后学，亦有大功于东坡。如果说李贽乃东坡的知音，应该没有人有异议。

以童心为思想核心的李贽，找到了进入东坡精神世界最好的角度——童心。在他看来，东坡先生一生的成就如此之高，和东坡的真心、童心是分不开的。只可惜他生得太晚，如果他能够生活在北宋，不知道会收到东坡先生多少个"呵呵"呢。

"东坡迷"翁方纲与"寿苏会"：为大文豪过生日

如果选择为一位你深爱的古代文人过生日，你会选择谁？我毫不犹豫地选择苏东坡。这绝非我一个人的选择。一生充满传奇并在无数领域达到顶峰的苏轼，千百年来被许多人喜爱。

第一个给苏东坡过生日的是他自己。

苏东坡四十六岁生日的这一天，他邀请数位好友在赤壁矶摆酒庆贺。这是他在人生低谷时期一个标志性的回暖事件。我在第七章写过《为自己过生日，归来仍是少年》一文，讲述了令人感动的"献曲求诗"的故事。

自那之后，一些文人雅士渐渐在苏东坡生日那天以"寿苏会"之名相聚，寿苏会逐渐演变为纪念东坡诞辰的传统活动。寿苏会在明清时期较为盛行，有的地区甚至连续多年举办。

清康熙三十九年（1700）十二月十九日，江宁巡抚宋荦，在宋刻残本《施顾注东坡先生诗》的补刊工作完成之际，开"寿苏会"先河——陈设供品、张挂画像、观览诗文集，并组织同人唱和。宋荦对东坡先生的热爱是贯穿始终的，他一生寻访过很多东坡遗迹，并留下了数量可观的诗文。

苏轼曾写有一部《天际乌云帖》，此帖又称《嵩阳帖》，是苏轼抄写的蔡襄的诗作。行书真迹曾由明代项元汴收藏，到了清代归翁方纲所藏，并有翁氏题跋。翁方纲不仅官做得大，还是有名的书法家、文学家、金石学家。翁方纲在这件了不起的书法作品上题跋了三十六行，计三百零七个字。《天际乌云帖》没有年款，根据翁方纲的考据，约在熙宁十年至元祐二年，应该说这是苏轼书法艺术处于比较成熟时期的作品。

翁方纲是苏轼的"铁粉"，也是当时非常有名望的藏书大家，相传他藏书多达三万余卷。翁方纲对苏东坡的崇拜程度超出我们的想象。他不但收藏了苏轼的《天际乌云帖》，还把当年宋荦收藏过的苏东坡诗的校注集《施顾注东坡先生诗》（残本）收入囊中。翁方纲所藏的这个版本，经明锡山安国、明末清初毛氏汲古阁、清宋荦及纳兰揆叙等名家递藏，属无价珍宝。他激动地说："文学号苏庵，则愿以苏名书室，窃附私淑前贤之意。"翁先生索性把他的藏书楼改名为"宝苏斋"。除此之外，翁方纲还邀请扬州画家罗聘为东坡画了一幅小像。小像是根据翁方纲的描绘创作的，大约四十岁年纪的东坡先生头戴毡笠，手折梅花，好一派清逸淡雅的文士之风！小像直接画在了翁方纲所得苏诗宋残本上，奉于宝苏斋，以成清供。

翁方纲受宋荦启发，开始在每年的腊月十九举办寿苏会。据记载，寿苏会的主事者会于中堂悬挂苏轼的画像，供桌上则摆满了苏轼喜爱的食物，如黄鸡、蜜酒、鳜鱼、笋脯等。另设几案摆设苏轼的诗文集、手稿或由后人整理创作的与苏轼有关的作品等，供与会者欣赏。这样的文人盛会自然免不了题咏唱和，往往由发起者根据人数以东坡诗文名句为题，与会者分韵，或大家自由发挥，但主题不能离开东坡。

翁方纲一生至少举办过二十次寿苏会，被他邀请来参会的文士前后多达百余人，其中就如桂馥、阮元等硕儒。他们留下了数量不菲的诗作，后人结集为《寿苏集》刊行。他还在寿苏会上接待过朝鲜燕行使金正喜与申纬。寿苏会也因此东传。1814 年，在朝鲜举办的寿苏会上，展示了金正喜得自翁方纲的

《东坡笠屐像》及其摹本。

翁方纲的寿苏会影响很大，陕西巡抚毕沅也组织了颇有影响力的寿苏盛会，晚清重臣郭嵩焘也续此风雅。著名学者王闿运便参加了郭嵩焘组织的"寿苏集饮"，他饱含深情地填写了一阕《八归》词，其中几句如下：

　　　　更有峨眉归客，戏著雪鸿爪。

　　　　借问寿苏故事，自罨溪去后，唯有杨家酒好。

　　　　三年梦里，八仙局外，又见尊前一笑。

此后寿苏会逐渐在各地盛行起来，并在 20 世纪东传至日本。

清乾嘉时期著名藏书家黄丕烈居苏州，藏书处名"百宋一廛"。他曾看到翁方纲旧藏宋本《施顾注东坡先生诗》，艳羡不已。翁方纲以"宝苏斋"为书堂名，可见爱之深切，黄丕烈不敢有非分之想。恰好书友周锡瓒藏有与翁本同版的两卷残本，为卷四十一和四十二，正是苏轼所作的"和陶诗"。黄丕烈欣喜万分，当即便想请购，无奈财力不足，只好暂时作罢。不过数年后，他还是花巨资买下，算是了却了一桩心愿。

同年腊月十九，黄丕烈欣然携书从"陶陶室"出发，寻访好友潘奕隽共祭苏东坡，不巧潘氏外出。夜深人静，黄丕烈想起早年翁方纲宝苏斋东坡生日的雅集，感慨万千，随即捧出这两卷"和陶诗"，题写绝句四首，其一为：

　　　　东坡生日是今朝，愧未焚香与奠椒。

　　　　却羡苏斋翁学士，年年设宴话通宵。

如今，每年的腊月十九，全国多地依然在举办各种形式的寿苏会，人们不会忘记这样一位文学艺术天才，不会忘记他豁达的人生态度和乐观的精神。这是属于全民族的宝贵遗产。

我不揣浅陋，步黄丕烈先生韵，续此风雅，作《酬坡翁》于此：

　　　　东坡生日是今朝，为献南飞拾玉箫。

　　　　一彻黄州山色里，知音千古问渔樵。

"东坡迷"伊秉绶：三鲜伊面发明者对前辈吃货的敬仰

伊秉绶，字组似，号墨卿，晚号默庵，清代书法家。伊秉绶喜绘画、治印，亦有诗集传世。他最为人称道的是其超尘脱俗的书法，在暮气沉沉的清代书坛堪称独放异彩，尤其是他的隶书自成高古博大气象，常令人叹为观止。

伊秉绶在读书时就特别仰慕苏东坡的为人与为文。嘉庆四年（1799），他从员外郎贬谪至惠州任知府。伊秉绶到任伊始便着手修葺白鹤峰东坡祠，重修朝云墓，题刻王朝云碑文。此举引起当时广东文化界广泛关注，诸多名流竞相题咏。

在修缮"东坡洗砚池"的过程中，匠人在池中的泥垢里意外地获得了一方砚台，便交给知府大人。伊秉绶接过砚一看，石块端砚，砚面稍凹，四周有细边，砚面前端有一小水槽，砚底刻有行草"轼"字和一枚篆刻方印"德有邻堂"。他一望便知是东坡先生用过的砚台。

这的确是东坡先生留下的砚台，他原本以为自己会终老于惠州，谁知白鹤新居刚落成没几个月，就接到了朝廷的敕命，被贬谪到更为遥远的海南儋州。由于路途遥远，前途未卜，启程时一切从简。他手抚两方砚台，留恋再三实难割爱，其子苏过力劝，便留下一砚交予惠州邻居翟秀才代管。东坡先生在海南生活了三年才遇赦北归，因为归程仓促，未经惠州，到了常州之后又一病不起，不久就病故了。翟秀才为了纪念东坡先生，雇人重修白鹤峰，并将墨砚沉放在砚池中，提笔立碑曰"东坡先生洗砚处"，以示对他崇敬亡友的怀念。于是，这方砚台就这样在砚池中躺了七百多年。

伊秉绶得到此砚如获至宝，还特地召开宝砚鉴赏酒会，请来当时的才子宋湘、冯敏昌、翁方纲等共赏，大家纷纷题咏，成一时之佳话。他亲笔题写"嘉庆五年，修白鹤峰东坡故居得此砚于墨沼，汀州伊秉绶记"，并刻在砚底。他的好朋友也都有题记。后来，伊秉绶命人把他们的题词在宝砚的砚背、砚侧和砚盖上镌刻下来，请人题诗题跋，这又使宝砚大增光彩。伊秉绶还特地配了一个精美的楠木盒，盒上有著名书法家翁方纲的题词"东坡先生德有邻堂之砚，先生书名在焉，惠州守伊公得之，盖去先生寓此七百有五年，辛酉四月翁方纲铭"。之后，伊秉绶送母亲返乡养老，将此砚带回宁化，珍藏于书斋，并名其书斋曰"赐砚斋"，亦名"守砚斋"。伊秉绶的不少墨宝均用此砚研墨书成，为此有人戏称其书法造诣之高得益于"东坡砚"，承袭了东坡先生的灵气。

这方砚台至今尚存于世，伊秉绶的后人上交宁化县政府，保存在宁化县博物馆。我希望日后有缘，可以亲往一观。

伊秉绶的书法的确不同凡响。他的隶书笔画平直，行笔过程中绝少提按，但线条厚实，书风雄伟。从表面上看，伊秉绶的书法是有些"愚笨"相的，缺少变化，但所表现出来的古意、刚猛、厚重却别具一格，充盈着磅礴的庙堂之气，被赞为"清代第一"。他抄写的东坡先生亲撰朝云墓志铭，由于掺入了他对东坡先生的深厚情感以及对朝云的无限感激，写得格外投入，堪称伊秉绶隶书的代表作。尤为难能可贵的是，墓志铭的落款，伊秉绶也是用隶书写的，足见其恭谨之态度。一般情况下，伊秉绶的隶书作品落款往往是行书。他的行书也非常有金石气，开合有度，格调高古。他曾戏称自己的隶书是浓抹，行书是淡妆，言下之意，"淡妆浓抹总相宜"，真是处处离不开东坡先生啊。

说起伊秉绶和东坡先生的因缘还真是挺深。嘉庆九年（1804），伊秉绶任扬州知府。这也是东坡先生曾经为官之地。他和东坡先生一样为官清廉，勤政爱民，深得扬州百姓的爱戴，更有"文章太守"之美誉。在任期间，伊秉绶治水灾、除盗匪，扬州百姓为感念他，在当地"三贤祠"（祀欧阳修、苏轼、王士禛三人之祠）中并祀伊秉绶，改称"四贤祠"。

伊秉绶不仅在为官、作文、翰墨等多方面以东坡先生为楷模，而且非常巧的是，他也是个爱吃的太守，不过他只喜欢吃面条。一次伊知府过生日，乡绅们投其所好，不约而同送上的寿礼都是面条。伊知府看着堆积如山的面条灵机一动，决定将寿筵改成面条宴。如此一来，热闹和清廉两不误，于是他吩咐家厨煮面条。由于决定太突然，家厨一下子变得手忙脚乱。原本准备做炸鸡炸鱼的大油锅早已烧热，家厨一紧张把面条扔进去一大堆，成了炸面条。家厨情知惹了大祸，一时之间不知如何是好，忙喊来伊知府。伊秉绶见状，拿起一把炸好的面条扔进开水锅里，过会儿捞起来尝了尝还满意地点点头说，就这样做吧，先炸再煮。家厨被伊大人的一番神操作惊呆了，来不及多想，只好照做。炸完再煮的面条被送上了餐桌，配着美味的菜卤，乡绅们吃得不亦乐乎，还纷纷要求打包。转瞬之间，"面条山"被夷为平地。很快，一传十、十传百，伊府面一时之间名声大振。再后来，伊面不断改进，发展成了方便面。至今，方便面阵营中还有一款受人欢迎的"三鲜伊面"。伊秉绶可谓方便面的鼻祖。他的发明和东坡先生相比似乎更接地气，操作也更简单，单看这一条，便足以和吃货前辈归为一类人了。

伊秉绶与偶像苏东坡跨越七百年，情志契合。为官时济世安民，失意时旷达泰然，而贯穿他们一生的则是令人高山仰止的文采风流。

"太守（伊秉绶）前身原玉局，丰湖重与勒今铭。"伊秉绶的好友张云璈在惠州写下了这样的句子，以称颂伊秉绶重修白鹤居、朝云墓的义举。苏轼晚年遇赦北还，复官朝奉郎，提举成都玉局观，人称"苏玉局"。我想，伊秉绶看到这样的诗句一定心里乐开了花——他对东坡先生的喜爱，早已超越了时空。

故国神游：苏东坡梦回三国

苏轼出生于四川眉山，这里曾经是三国时期的蜀国。幼年时期的苏轼一定听了很多关于三国的故事，不过他听到的故事一定更接近真实历史，因为那时候只有《三国志》而没有《三国演义》。

提起苏轼笔下的三国，最容易想到的是他的词作《念奴娇·赤壁怀古》和前后《赤壁赋》。在《念奴娇·赤壁怀古》中，我们看到了他的偶像周瑜。东坡先生掩饰不住自己对周瑜的喜爱，以至于把诸葛亮的标配羽扇纶巾生生安在了一代儒将周瑜的身上。赤壁怀古，没有提曹操，没有提诸葛亮，而是把更多的笔墨放在了周瑜身上。

事实上，苏轼和周瑜有着很多相似之处，两人都是年少成名，只不过人到中年时，周瑜的事业达到了巅峰，而苏东坡却因为政治斗争一直在走下坡路。这也许是苏轼羡慕和崇拜周瑜的真正原因。其实，周瑜并不像《三国演义》中描写的那样小气。历史记载，他谦虚宽容，性格豪爽，与江东文武关系都很好。东坡的内心深处或许很希望成为如周瑜一样的人吧，文武双全，风流倜傥，谈笑间，樯橹灰飞烟灭。然而，他只能站在远离权力中心的赤壁岸边，看着滚滚长江，想到自己早生华发，无限惆怅涌上心头。

关于周瑜的雅量，东坡还专门写文赞之："曹孟德所用，皆为人役者也。以子房待文若，然终不免杀之，岂能用公瑾之流度外之士哉！"

对于曹操，苏轼早年在《魏武帝论》中对其一生做了总结。他提出了"魏武长于料事，而不长于料人"的观点，指出曹操不应该以势取孙权，更不应该和刘备打持久战。曹操虽然雄强，却不能够化三为一，实在是令人扼腕叹息。

说到曹操与苏轼，大家自然想到"方其破荆州，下江陵，顺流而东也，舳舻千里，旌旗蔽空，酾酒临江，横槊赋诗，固一世之雄也"这样的句子。如此气势磅礴，浩浩荡荡，好不威风。然而，东风一来，赤壁一把火，曹军仓皇北撤。因此，《赤壁赋》感慨"而今安在哉"。这气吞万里的大军现在又在哪里呢？横槊赋诗的曹孟德又在哪里呢？在《赤壁赋》里，苏轼对于曹操既不是肯定的，也不是否定的，他笔下的曹操是一位颇有些沧桑意味的英雄。

苏轼被贬谪至黄州之后，曾去过刘备奋斗过的襄阳。那里有一个名叫檀溪的地方，正是《三国演义》第三十四回"刘皇叔跃马过檀溪"描写的地方。

后来东坡先生为刘备的坐骑的卢马写了一首诗，名为《卢马》，单咏跃马檀溪事。诗中有句"老去花残春日暮，宦游偶至檀溪路"。为了维护他心中的人物形象，生生把仓皇出逃写成了"宦游偶至"。苏轼在诗中对刘备的赞誉极其明显，"西川独霸真英主"。他认为刘备是英雄豪杰，这个评价相当高。而且他对刘备的历史遭遇也极为伤感，"檀溪溪水自东流，龙驹英主今何处"，字句中透露出深切惋惜之情。

而在一首《水调歌头·安石在东海》中，苏轼写下"一任刘玄德，相对卧高楼"的句子，"任凭刘备笑我无大志，我却甘愿身居平地，仰看他高卧百尺楼"。苏轼对刘备是敬仰的，也是同情的。《东坡志林》有这样一条记载："涂巷中小儿薄劣，其家所厌苦，辄与钱，令聚坐听说古话。至说三国事，闻刘玄德败，颦蹙有出涕者，闻曹操败，即喜唱快。"这说明至少从北宋起，在"说三国事"中已经形成"尊刘贬曹"的思想倾向，并引起大众共鸣。苏轼不仅延续了这样的传统，而且他本身便是蜀地人，这应该是苏轼走不出的浓浓的乡愁。

然而，苏轼对诸葛亮却给出了一分为二的评价。他二十几岁写的《隆中》一诗对诸葛亮是充满敬意的，他说：

> 诸葛来西国，千年爱未衰。今朝游故里，蜀客不胜悲。
>
> 谁言襄阳野，生此万乘师。山中有遗貌，矫矫龙之姿。
>
> 龙蟠山水秀，龙去渊潭移。空馀蜿蜒迹，使我寒涕垂。

而他在专写诸葛亮的文章中，对诸葛亮的评价却并不高，认为他处在仁义和欺诈之间不能自圆其说，所以失败。立论是对于处理刘表和刘璋的态度上，好容易积累的仁义的名声在面对刘璋的时候完全不成立了，于是得了四川，失了民心。后来又提到曹操死后曹丕与曹植互相残杀，苏轼认为诸葛亮没有把握这个好时机离间。

除了在《念奴娇·赤壁怀古》中，东坡实现了与周瑜故国神游的相会，他还曾经"穿越"回三国，替孙权给曹操写了一封回信——《拟孙权答曹操书》。面对曹操要求孙权"内取子布，外击刘备，以效赤心，同复前好"的胁迫，他予以严正的驳斥。文章通过征引史实和现实逐一辨析，剥尽其试图以诈迫谋取江东的野心。书信大意为：如果我听从你的话，把张昭和刘备都杀了，那我岂不是发了疯吗？古话说得好，"辅车相依，唇亡齿寒"，我和刘备当下就是唇齿相依的关系。足下之所以既不能取武昌，又不能取成都，就是因为我和刘备都在啊。现在假如我攻下了蜀国，那么我吴国也势必不能独存……如果我现在归附朝廷，只是一匹夫而已，还能有什么作为呢？即使您不加害于我，但以前两军交锋，杀伐不计其数，他们的父兄子弟现都在您的身边，我的仇家多了去了，又怎敢保证他们不加害我呢？孔文举、杨德祖都是海内奇士，你却狠心杀了他们，又怎会爱护我孙权呢？才能在您之上的，都要受害。一旦失去江东，还容我后悔吗？

的确是三国迷，分分钟"穿越"回去，他写过一首名为《答范淳甫》的诗，其中有这样的句子：

> 而今太守老且寒，侠气不洗儒生酸。犹胜白门穷吕布，欲将鞍马
> 事曹瞒。

这首诗在嘲讽吕布，明明已经身处穷途末路，竟然还幻想着能和曹操强强联合，争霸天下。结果曹操不领情，杀了吕布。看起来，这首诗不过是咏史诗而已。然而，其中的奥妙还是没有逃出会心者的法眼。有人解读，"吕布"明指三国吕布，暗指吕惠卿和曾布。苏东坡认为他们成为王安石一党，最后一定不会有什么好结果。诗中的"曹瞒"明指曹操，暗指王安石。

说起王安石，许多人认为他是苏轼的死对头，就连大名鼎鼎的林语堂也这样认为。我在前面的讲述中已经澄清了这一点，他们之间是君子之争，而且乌台诗案发生以后，王安石曾极力营救苏轼，苏轼黄州贬谪期满北归时，还专门去拜会王安石。

王安石是个治学非常严谨的人，他对于《三国志》的作者陈寿是有保留意见的。宋代王铚的《默记》中记载了苏东坡和刘壮舆的一段对话，大意是王安石提议让东坡重写《三国志》，东坡没敢接这活儿。他很有自知之明，说自己"于讨论非所工"，意思就是写写散文诗歌之类天马行空的文字恐怕还凑合，写议论文不是所长。

倘若苏轼真的写了《三国志》，不知会有多么惊艳呢。

在《水浒传》里寻找东坡：草莽英雄也喜爱大学士

《水浒传》是我国古代四大名著之一，故事主要背景发生在北宋徽宗宣和年间，有一部分故事发生得更早一些，在徽宗做皇帝之前，也就是哲宗时期。这段时间，刚好和苏轼生活的时代有部分重合。那么，在《水浒传》里，我们能找到苏轼的影子吗？答案是肯定的。苏轼不仅在《水浒传》小说里出现过，梁山泊还给他带来了不小的麻烦。

苏轼在徐州任上的时候，徐州被水围困，苏太守组织军民抗洪抢险，历经数十日，取得了胜利。《宋史·苏轼传》做了如下记载："河决曹村，泛于梁山泊，溢于南清河，汇于城下，涨不时泄，城将败，富民争出避水。轼曰：'富民出，民皆动摇，吾谁与守？吾在是，水决不能败城。'驱使复入。轼诣武卫营……轼庐于其上，过家不入，使官吏分堵以守，卒全其城。"可知梁山泊水势之大。

徐州在苏北，和梁山泊所在的鲁南地区毗邻，八百里水泊远远比今天梁山县境内的水域要大，黄河改道之前的北宋时期，梁山泊的确是个大蓄水湖。梁山泊水势一失控，遭殃的自然是徐州以及周边的一些城市。不过，这灾情也恰恰成就了以身许国的徐州父母官苏轼，他为了抗洪抢险，根本顾不上回家，和将士们一起住在城楼上，直到大水退去。

元末明初作家施耐庵所写的《水浒传》，主人公是草莽英雄和被逼上梁山的义士，整部书中大多数人喜欢舞枪弄棒、除暴安良，能提笔写字的少之又少。苏轼作为宋代风雅的代表人物，在《水浒传》中以真人出现只有一次，但书中引用"苏学士"的诗文、笑谈、书法及故事等却多达十一处。

苏东坡在《水浒传》中出场是第二回：高俅回到东京，小苏学士"荐他去驸马王晋卿府里，做个亲随"。其中提到的小苏学士，经后世考证就是苏轼，只是更多人从情感上不希望高俅这样的坏人与东坡先生有交集，故意写成小苏，即苏辙。苏轼推荐高俅，本是无意为之。如果没有苏轼的推荐，高俅绝不会走向上流社会从而发迹。后来，苏轼屡遭贬谪，蔡京等人残酷迫害苏轼一家，高俅此时并未落井下石，而是伸出了援手，对苏家多有照顾。

《水浒传》第三十回，张团练花钱买通张都监设计陷害武松。那是一个中秋月圆之夜，张都监设家宴款待武松，指派养女玉兰陪酒伴唱。玉兰芳唇轻启，唱的是东坡先生的《水调歌头·中秋》。《水浒传》里引的原文和传世词作有三处不同："又恐琼楼玉宇"在《水浒传》里被写成"只恐琼楼玉宇"，"转朱阁"被写成"高卷珠帘"，"千里共婵娟"被写成"万里共婵娟"。由此可见，施耐庵并非严谨的学术中人，而是通俗小说家，差不多就成。

在《水浒传》第三十九回中，梁山英雄为了救宋江，需要仿造信件让戴宗给江州知府蔡九送去。吴用说："如今天下盛行四家字体，是苏东坡、黄鲁直、米元章、蔡京四家。"第四十回中，黄文炳说："方今天下盛行苏、黄、米、蔡四家字体，谁不习学得。"

可巧的是，同样是在第三十九回，书中交代浔阳楼的牌匾，是苏东坡题写的。九江民间还流传苏东坡醉题浔阳楼的故事。相传北宋元丰年间（1078—1085），苏东坡游庐山时路过九江，到浔阳楼饮酒。酒家趁其微醉索请题写招牌，苏东坡挥笔题了"浔阳酒楼"四个大字。怎料有人不慎碰翻酒杯，洇了"酒"字。酒家只好将"浔阳楼"三字刻匾悬挂起来。

第四十四回，海和尚勾搭潘巧云，引用东坡先生所说"不秃不毒，不毒不秃；转秃转毒，转毒转秃"，此语出自苏轼的《问答录》之《纳佛印令》。东坡与佛印同饮。佛印出一令："不悭不富，不富不悭，转富转悭，悭则富，富则悭。"东坡见佛印挑事儿，便回答说："不秃不毒，不毒不秃；转秃转毒，转毒转秃，毒则秃，秃则毒。"这种问对显得并不高级，应该是后人附会。

第七十二回，宋江夜访李师师，宋江饮酒，"李师师低唱苏东坡大江西水词"。所谓"大江词"，自然指的是大江东去，也就是《念奴娇·赤壁怀古》："大江东去，浪淘尽，千古风流人物……"所谓"西水词"，自然指的是苏轼那首著名的《西江月·世事一场大梦》："世事一场大梦，人生几度秋凉。夜来风叶已鸣廊。看取眉头鬓上。酒贱常愁客少，月明多被云妨。中秋谁与共孤光。把盏凄然北望。"施耐庵在这里可以说是巧妙安排，"大江词"写于东坡先生被贬至黄州时，而"西水词"则写于被贬至海南时。空有一腔报国之志，却无处施展，正好应了宋江求招安的境况——渴望被朝廷重用，青史留名。

类似这种被偶然提到的东坡相关内容，在《水浒传》里还有好几处，有引用苏词、苏诗的，有借用苏轼谐隐谈趣的，有关于苏轼朋友的，还有东坡书法点缀楼阁台榭的。这些深化了《水浒传》的人文内涵，为充满江湖气息的阳刚之气注入了一种新鲜的文人空气，可谓"文武相济"，起到了中和的作用。也许是因为东坡的影响实在太大，社会不同阶层对其充满了喜爱与尊崇，即使草莽英雄对其也是如此。

在《红楼梦》里寻找东坡：三生石上旧因缘

《红楼梦》这部清代才出现的才子佳人小说，会和东坡先生有关联吗？

为了搞清楚这个问题，我很是下了一番功夫，先说结论吧，四大古典名著中和东坡先生关联最密切的就是《红楼梦》，而且作者曹雪芹是苏东坡的"铁粉"，整部《红楼梦》都是按照苏轼一生的故事取材的。

话说到这里，一准儿有读者朋友吐槽："我读了这么多遍《红楼梦》，怎么没发现和苏东坡有关系呢？"您先别急，听我慢慢道来。

大家在阅读《红楼梦》的时候，有没有注意到凡例呢？凡例中有四句诗：

浮生着甚苦奔忙，盛席华筵终散场。

悲喜千般同幻渺，古今一梦尽荒唐。

大意是：人生虚幻，瞎忙什么，再大的盛宴也会散去。悲也好，喜也好，不过是过眼云烟。人生如梦，古今相同。

看到这样的句子，您是否联想到了东坡先生呢？我们来看东坡先生的这首《满庭芳》：

蜗角虚名，蝇头微利，算来著甚干忙。事皆前定，谁弱又谁强。且趁闲身未老，须放我、些子疏狂。百年里，浑教是醉，三万六千场。

思量。能几许，忧愁风雨，一半相妨，又何须，抵死说短论长。幸对清风皓月，苔茵展、云幕高张。江南好，千钟美酒，一曲满庭芳。

哑摸哑摸，是不是觉得很像？甚至连东坡先生喜欢用的"着甚"二字，都直接用上了。"古今一梦尽荒唐"，古今一样的梦，曹雪芹说的"古"在哪里？是不是东坡先生呢？

《红楼梦》第一回中，茫茫大士、渺渺真人说起宝、黛、钗三人的前世今生。那僧笑道："此事说来好笑，竟是千古未闻的罕事。只因西方灵河岸上三生石畔，有绛珠草一株，时有赤瑕宫神瑛侍者，日以甘露灌溉，这绛珠草始得久延岁月。后来既受天地精华，复得雨露滋养，遂得脱却草胎木质，得换人形，仅修成个女体……"

这里"三生石"的故事，便出自苏轼所作《僧圆泽传》中的内容：

> 舟次南浦，见妇人锦裆负瓮而汲者，泽望而泣："吾不欲由此者，为是也。"源惊问之，泽曰："妇人姓王氏，吾当为之子，孕三岁矣！吾不来，故不得乳。今既见，无可逃者，公当以符咒助我速生。三日浴儿时，愿公临我，以笑为信。后十三年，中秋月夜，杭州天竺寺外，当与公相见。"

《僧圆泽传》借"三生石"讲友情，曹雪芹将之改为爱情。

> 三生石上旧精魂，赏月吟风不用论。
>
> 惭愧故人远相访，此身虽异性长存。

如果说这块石头还不明显，我们来看另一块。

甲戌本的脂砚斋批注《红楼梦》开篇就讲述了故事的起因：女娲为了补天炼了三万六千五百零一块顽石，补天之后剩下一块未用，弃在青埂峰下。这块被弃用的石头遂整日自怨自叹。忽一日，眼见远远来了一僧一道，席地而坐，谈起人间繁华之处，石头便动了凡心，央告两位老师想跟着一起去见识一下，僧道曰："人世的繁华虽好，可是并不长久，转瞬即过。你既想去，便随我走一朝。"袍袖一展，卷了石头而去，不知所踪。一僧一道将此石携到那"昌明隆盛之邦、诗礼簪缨之族、花柳繁华地、温柔富贵乡"，经历了一段人间生活。而此顽石也变成了贾宝玉出生时口中所衔的美玉，贾宝玉日日将其挂在项中，时时不离。这块石头和贾宝玉原本不二，石头的经历也就是贾宝玉的经历。

"补天石"原本承载的是令人羡慕的隐喻，而最早替补天所剩的石头哀叹"生不逢时"的却并非曹雪芹，而是东坡先生。

绍圣四年，苏轼在惠州再度被贬。这一次，他被贬往海南儋州任琼州别驾。苏轼在《儋耳山》中悲伤地写道：

> 突兀隘空虚，他山总不如。君看道傍石，尽是补天馀。

这首诗表达了苏轼不被重用的愤愤不平之气。因为不被朝廷重用，苏轼自喻为被遗落的补天石，被驱逐在这荒城不能施展抱负。

讲完了石头，我们再来看看《红楼梦》中的人物和东坡先生的关联。

第八回，两个清客詹光和单聘仁，说贾政正在小书房"梦坡斋"午睡。梦坡斋得名自苏东坡。脂砚斋甲戌侧批："妙！梦遇坡仙之处也。"

护官符说贾家"贾不假，白玉为堂金做马"，出处也是苏轼的号"玉堂仙"。

不光如此，贾政被外放任学政三年，去的就是海南岛。苏轼在海南岛办学、兴教育，结束了海南岛千百年没有科举中举的历史，与贾政去海南岛任学政异曲同工。

贾家不满皇帝的排斥，站错队伍后被陷害。苏轼在乌台诗案中被诬陷目无君上，迹同谋逆，差点被砍了脑袋。贾家这段经历与苏轼的人生也颇为类似。

此外，高僧转世下凡、与仙姑对话，还有二十把扇子、寒塘渡鹤影等，在东坡那里都可以找到原型。《红楼梦》里的史湘云，活脱脱是王朝云性情和东坡美学的翻版。东坡与朝云的故事表现在《红楼梦》里，一如宝玉与湘云的关系，并暗示他们的结局。

苏东坡被贬至黄州后，政治失意，心情郁闷，生活困苦不堪到了破灶烧湿苇的程度。为了排遣郁闷，他便在东坡外滩开垦了一片菜园，耕耕地、种种菜。在这十余亩荒芜的田地里，苏东坡还兴趣盎然地种了一片芹菜，他还专门给这片芹菜写了首诗，诗是这样写的：

泥芹有宿根，一寸嗟独在。雪芽何时动，春鸠行可脍。

我猜，曹雪芹似乎比东坡先生更爱芹菜。这一点，从他的名字中就可以读出来。曹雪芹祖上给他起的名字是"曹霑"，意思是能沾上皇家的恩宠，世代沐浴皇恩。他的字是梦阮，"雪芹"是他的号。另外，他还有"芹圃""芹溪"两个堂号，都和芹菜有关。可见，雪芹先生是多么喜欢芹菜。

苏东坡与《红楼梦》就这样不期而遇，在隔代知音曹雪芹的笔下，我们或许会发现更多的东坡影子。

过去两年光景，我几乎完全沉浸在东坡先生的世界里。

虽然疫情时期出行不便，但我还是见缝插针地走访了东坡先生一生中重要的若干个地点，每次出行，身上都带一本与东坡先生有关的书。

我对东坡先生的热爱，从最初的附会故事到后来通过阅读他的传记和诗文，渐渐变得清晰而笃定。他一生几度沉浮，始终以豁达和乐观面对；他忠君爱民，每一处地方官都做得兢兢业业，即便在贬谪中，依然不忘为百姓做事；他才华横溢，在诸多领域取得了非凡的成绩；当你品读他的作品时，他又是那样质朴、那样接地气。

"凛凛群惊国士风"，这是苏轼一生最要好的方外好友道潜对苏轼的赞誉。他称苏轼为国士，其实并非过誉。他不仅在诸多领域中是时代翘楚，更有一颗永恒不变的"以身许国"的心。有很多人把他称作"吃货""炼丹师"甚至"探险家"，但这就是百变东坡，任你千般解读，始终不离初心。

我不自觉地把苏轼当作我的人生榜样，虽然以我的才华，穷其一生，也不能及东坡先生万一，但我还是给自己起了个雅号——南坡。东南交会之处，便是江南，我希望每一次的江南之行都可以寻见最灿烂的东坡先生。

通过整理在喜马拉雅平台的《心态王者苏东坡》专辑讲稿，我又一次回顾了东坡先生的一生，神游了东坡先生一生走过的路。那些让我感动到哭、快乐到流泪的细节都还在。东坡之路，我会继续走下去；东坡的诗文，我也会继续读下去。这次整理仅仅是一个开始。

感谢著名诗人、学者余世存先生极具思想深度的"系辞"，他对苏东坡的解读发人所未发，带给人更多的思考。余先生对我的勉励也将成为我继续研究苏东坡的动力。

感谢复旦大学中文系主任朱刚先生、上海开放大学教授鲍鹏山先生，以及著名书画家、苏轼第三十一世孙苏肇平先生，他们都是我尊重的前辈，他们在百忙之中专为此书的出版写了推荐语。这对我来说，是莫大的鼓舞。

感谢张大千先生的嫡长孙张敬爰先生，见我爱东坡如醉如痴，遂将家藏张大千先生于20世纪40年代所绘东坡线描稿慷慨相赠。如此深情厚谊，令人感怀不已。我把这幅珍贵的画作设计成精美书签，如此一来，各位读者都可感受画作的神韵，也着实为此书增一亮点。

感谢李巍、王靖雯、林胜杰、白峥宇、李喆、于海波、战成仁、胡瑞、柏煜等师友在我讲述和写作这部传记过程中给予的悉心指导。

我在走访东坡之路过程中，先后得到了付宝、杨蜀涛、马泳宇、张珂、钱云香、赵晨宇、陆晞丹、孙凯、陈金莲、高洁、公虹、董书承、默崎、崇谛法师、延勇法师、任盈、黄其宏、余味、谢仿贤、钟雪平、林文友、蒙乐霜、曹涯等旧雨新知的接待或陪同，在此一并致谢。

感谢喜马拉雅平台前副总裁李海波、国学中心主编许长荣对我始终如一的支持。感谢喜马拉雅平台团队申浩和刘诗琪的启发与配合。

感谢磨铁图书公司总裁沈浩波的大力支持。感谢磨铁团队潘良、顾行军、张澈、董懿德等为此书顺利出版付出的努力。

感谢中国友谊出版公司的出版。

感谢每一位听众和读者，是你们的支持让我坚定前行。

我们终将相遇，在这样的字里行间，抑或在未来寻访东坡先生的一段旅程中。

2023 年 10 月 25 日

李阳泉于风雅山房

图书在版编目（CIP）数据

心态王者苏东坡 / 李阳泉著 . —— 北京 : 中国友谊
出版公司 , 2024.2

ISBN 978-7-5057-5769-1

Ⅰ . ①心 … Ⅱ . ①李 … Ⅲ . ①苏轼（1036-1101）—
传记 Ⅳ . ① K825.6

中国国家版本馆 CIP 数据核字（2023）第 225646 号

书名	心态王者苏东坡
作者	李阳泉
出版	中国友谊出版公司
发行	中国友谊出版公司
经销	新华书店
印刷	北京世纪恒宇印刷有限公司
规格	700 毫米 × 980 毫米　16 开
	17.75 印张　240 千字
版次	2024 年 2 月第 1 版
印次	2024 年 2 月第 1 次印刷
书号	ISBN 978-7-5057-5769-1
定价	52.00 元
地址	北京市朝阳区西坝河南里 17 号楼
邮编	100028
电话	（010）64678009

如发现图书质量问题，可联系调换。质量投诉电话：010-82069336